Fallbuch IDS

Fallbuch IDS

Die Intelligence and Development Scales in der Praxis

herausgegeben von

Alexander Grob und Priska Hagmann-von Arx

Prof. Dr. Alexander Grob, geb. 1958. 1979–1984 Studium der Entwicklungs- und Pädagogischen Psychologie, der Klinischen Psychologie sowie der Philosophischen Anthropologie in Freiburg im Üechtland (Schweiz). 1990 Promotion. 1997 Habilitation. 1997–1998 Forschungsaufenthalt als Senior Fellow an der University of Illinois at Urbana-Champaign. 1998–1999 Assistenzprofessor an der Universität Basel. 1999–2001 Inhaber der Professur für Entwicklungspsychologie und Pädagogische Psychologie an der Universität Bonn. 2001–2005 Ordinarius für Persönlichkeitspsychologie, Differentielle Psychologie und psychologische Diagnostik an der Universität Bern. Seit 2005 Ordinarius für Entwicklungs- und Persönlichkeitspsychologie an der Universität Basel, Leiter des Zentrums für Entwicklungs- und Persönlichkeitsdiagnostik sowie Direktor des postgradualen Studienganges in Schulpsychologie (MAS DDPC).

Dr. Priska Hagmann-von Arx, geb. 1979. 2000–2006 Studium der Persönlichkeitspsychologie, Differentiellen Psychologie, Diagnostik und Pädagogischen Psychologie in Bern. 2009 Promotion. 2009–2010 Projektmanagerin im Testverlag, Verlag Hans Huber, Hogrefe AG, Bern. Seit 2010 Oberassistentin am Lehrstuhl für Entwicklungs- und Persönlichkeitspsychologie der Universität Basel.

Wichtiger Hinweis: Der Verlag hat für die Wiedergabe aller in diesem Buch enthaltenen Informationen (Programme, Verfahren, Mengen, Dosierungen, Applikationen etc.) mit Autoren bzw. Herausgebern große Mühe darauf verwandt, diese Angaben genau entsprechend dem Wissensstand bei Fertigstellung des Werkes abzudrucken. Trotz sorgfältiger Manuskriptherstellung und Korrektur des Satzes können Fehler nicht ganz ausgeschlossen werden. Autoren bzw. Herausgeber und Verlag übernehmen infolgedessen keine Verantwortung und keine daraus folgende oder sonstige Haftung, die auf irgendeine Art aus der Benutzung der in dem Werk enthaltenen Informationen oder Teilen davon entsteht. Geschützte Warennamen (Warenzeichen) werden nicht besonders kenntlich gemacht. Aus dem Fehlen eines solchen Hinweises kann also nicht geschlossen werden, dass es sich um einen freien Warennamen handele.

Bibliografische Information der Deutschen Nationalbibliothek

Die Deutsche Nationalbibliothek verzeichnet diese Publikation in der Deutschen Nationalbibliografie; detaillierte bibliografische Daten sind im Internet über http://dnb.d-nb.de abrufbar.

© 2012 Hogrefe Verlag GmbH & Co. KG
Göttingen · Bern · Wien · Paris · Oxford · Prag · Toronto
Cambridge, MA · Amsterdam · Kopenhagen · Stockholm
Merkelstraße 3, 37085 Göttingen

http://www.hogrefe.de
Aktuelle Informationen · Weitere Titel zum Thema · Ergänzende Materialien

Das Werk einschließlich aller seiner Teile ist urheberrechtlich geschützt. Jede Verwertung außerhalb der engen Grenzen des Urheberrechtsgesetzes ist ohne Zustimmung des Verlages unzulässig und strafbar. Das gilt insbesondere für Vervielfältigungen, Übersetzungen, Mikroverfilmungen und die Einspeicherung und Verarbeitung in elektronischen Systemen.

Umschlagabbildung: © contrastwerkstatt – Fotolia.com
Satz: ARThür Grafik-Design & Kunst, Weimar
Druck: Hubert & Co, Göttingen
Printed in Germany
Auf säurefreiem Papier gedruckt

ISBN 978-3-8017-2412-2

Vorwort

Mit den *Intelligence and Development Scales* (IDS) können die allgemeine Intelligenz und entwicklungsrelevante Funktionsbereiche für Kinder von fünf bis zehn Jahren reliabel und valide erfasst werden. Die IDS stehen in der Tradition von Alfred Binet und Josefine Kramer und integrieren die aktuellen Erkenntnisse der Entwicklungspsychologie. Im Fokus steht die Dynamik bereichsspezifischer Stärken und Schwächen des Kindes. Diese werden sowohl zum individuellen Entwicklungsprofil als auch zu jenem der Altersgruppe in Beziehung gesetzt.

Die IDS wurden im Jahre 2009 publiziert und finden in der psychologischen, psychiatrischen und pädiatrischen Praxis rege Anwendung. Die wachsende Erfahrung ermöglicht es, die IDS vertieft zu diskutieren und kritisch zu analysieren. Mit diesem Fallbuch möchten wir die Erfahrungsvielfalt an weitere Testanwenderinnen und -anwender weitergeben.

In einem ersten Kapitel erfolgt eine theoretische Einführung in die IDS. Das zweite Kapitel umfasst jeweils zwei Falldarstellungen zu zehn unterschiedlichen diagnostischen Aufgabenstellungen und zeigt auf, wie in den Fallbeispielen mit den IDS gearbeitet wurde. Die Ausführungen sind vergleichbar aufgebaut. Die Testbefunde werden detailliert dokumentiert und interpretiert. Eine abschließende Zusammenfassung beleuchtet die mit den IDS gewonnenen Informationen kritisch auf den Mehrwert. Das IDS-Fallbuch schließt mit einem Glossar, in welchem häufig gestellte Fragen zu den IDS beantwortet werden. Das vorliegende Fallbuch orientiert sich somit an dem Fallbuch HAWIK-IV (2009) und dem Fallbuch SON-R 2½-7 (2010).

Unser Dank richtet sich an die Autorinnen und Autoren, die bereit waren, sich vertieft mit den IDS auseinanderzusetzen und aus ihrer praktischen Arbeit Fallberichte nach unseren formalen Vorgaben zu bearbeiten. Zudem danken wir dem Hogrefe Verlag für die erfahrene Unterstützung.

Wir freuen uns auch weiterhin auf Rückmeldungen und Testerfahrungen zu den IDS. Als Austauschplattform nutzen wir die IDS Homepage:

www.intelligence-and-development-scales.com

Gerne können Sie uns auch direkt kontaktieren (E-Mail: alexander.grob@unibas.ch; priska.hagmann@unibas.ch).

Basel, im März 2011
Alexander Grob und
Priska Hagmann-von Arx

Inhaltsverzeichnis

I Einführung in die IDS

1 IDS: Grundlagen und Auswertungsstrategien
Priska Hagmann-von Arx & Alexander Grob 13

1.1 Struktur der IDS 15
1.2 Durchführung und Auswertung der IDS 21
1.3 Interpretation der Testwerte 31
1.4 Zusammenfassung 35

II Fallbeispiele

2 Einschulung
Eveline Schlegel 39

2.1 Diagnostische Aufgabenstellung des Kindes 39
2.2 Einsatz der IDS 41
2.3 Fallbeispiel 1: Marcel (6;2) mit regulärer Einschulung 42
2.4 Fallbeispiel 2: Laura (5;11) mit Einschulung in die Einführungsklasse ... 47
2.5 Zusammenfassung 51

3 Lese- und Rechtschreibstörung
Jeannine Mätzler & Simon Walther 55

3.1 Diagnostische Aufgabenstellung des Kindes 55
3.2 Einsatz der IDS 58
3.3 Fallbeispiel 1: Tim (8;8) mit einer Lese- und Rechtschreibstörung 59
3.4 Fallbeispiel 2: Anna (8;10) mit einer Lese- und Rechtschreibstörung 64
3.5 Zusammenfassung 69

4 Spezifische Sprachentwicklungsstörungen
Claudia Zuber-Jenni 73

4.1 Diagnostische Aufgabenstellung des Kindes 73
4.2 Einsatz der IDS 74
4.3 Fallbeispiel 1: Kim (7;2) mit einer spezifischen Sprachentwicklungsstörung 75
4.4 Fallbeispiel 2: Florian (8;3) mit einer spezifischen Sprachentwicklungsstörung 80
4.5 Zusammenfassung 85

5 Geistige Behinderung
Jürgen Gruber & Priska Hagmann-von Arx 89

5.1 Diagnostische Aufgabenstellung des Kindes 89
5.2 Einsatz der IDS 91
5.3 Fallbeispiel 1: Lena (6;2) mit einer leichten geistigen Behinderung und Störung der expressiven und rezeptiven Sprachentwicklung 92
5.4 Fallbeispiel 2: Michael (5;8) mit einer globalen Entwicklungsverzögerung 97
5.5 Zusammenfassung 101

6 Lernbehinderung
Lea Erbacher, Graziella Roselli Köster & Urs Schuhmacher 103

6.1 Diagnostische Aufgabenstellung des Kindes 103
6.2 Einsatz der IDS 104
6.3 Fallbeispiel 1: Larissa (9;2) mit einer Lernbehinderung 105
6.4 Fallbeispiel 2: Jasmin (7;3) mit Schulschwierigkeiten 111
6.5 Zusammenfassung 117

7 Hochbegabung
Letizia Gauck 119

7.1 Diagnostische Aufgabenstellung des Kindes 119
7.2 Einsatz der IDS 120
7.3 Fallbeispiel 1: Thomas (6;6), sehr intelligent, nachdenklich und in der Schule oft unaufmerksam 121
7.4 Fallbeispiel 2: Benedikt (6;1), extrem sprachbegabt, im Zeichen talentiert und in der Schule unterfordert 125
7.5 Zusammenfassung 129

8 Aggressive Verhaltensauffälligkeit
Karin Banholzer & Klaus Schmeck 133

8.1 Diagnostische Aufgabenstellung des Kindes 133
8.2 Einsatz der IDS 134
8.3 Fallbeispiel 1: Konrad (8;0) mit einer Anpassungsstörung mit gemischter Störung von Gefühlen und Sozialverhalten 134
8.4 Fallbeispiel 2: Marie (5;5) mit einer kombinierten Störung des Sozialverhaltens und der Emotionen 140
8.5 Zusammenfassung 146

9 Störungen des Sozialverhaltens
Tania Pérez & Marc Schmid 149

9.1 Diagnostische Aufgabenstellung des Kindes 149
9.2 Einsatz der IDS 151

9.3	Fallbeispiel 1: Jan (5;9) mit einer Störung mit Oppositionellem Trotzverhalten	152
9.4	Fallbeispiel 2: Till (9;7) mit einer Störung des Sozialverhaltens	157
9.5	Zusammenfassung	161

10 Asperger-Syndrom
Matthias Huber, Maria Asperger Felder, Esther Manser, Wilhelm Felder & Dorothée Loppacher 165

10.1	Diagnostische Aufgabenstellung des Kindes	165
10.2	Einsatz der IDS	166
10.3	Fallbeispiel 1: Theo (10;3) mit Asperger-Syndrom	167
10.4	Fallbeispiel 2: Peter (8;2) mit Asperger-Syndrom	172
10.5	Zusammenfassung	177

11 Neuropädiatrische Auffälligkeiten
Peter Weber & Djana Albert 181

11.1	Diagnostische Aufgabenstellung des Kindes	181
11.2	Einsatz der IDS	182
11.3	Fallbeispiel 1: Jonas (9;9) mit Rolando-Epilepsie	182
11.4	Fallbeispiel 2: Elena (7;10) Status nach neonatalem Stroke links	187
11.5	Zusammenfassung	191

III Anhang

Glossar für die Praxis	195
Testverzeichnis	203
IDS-Testalteräquivalente	205
Die Autorinnen und Autoren des Bandes	208

I Einführung in die IDS

1 IDS: Grundlagen und Auswertungsstrategien

Priska Hagmann-von Arx & Alexander Grob

Die *Intelligence and Development Scales* (IDS; Grob, Meyer & Hagmann-von Arx, 2009) liefern einen Intelligenzwert wie auch eine Entwicklungsprofilanalyse in den Funktionsbereichen *Kognition*, *Psychomotorik*, *Sozial-Emotionale Kompetenz*, *Mathematik*, *Sprache* und *Leistungsmotivation* für den Altersbereich von fünf bis zehn Jahre.

Die Impulse zur Entwicklung der IDS gingen von einem Anliegen der psychologischen Praxis aus. Der leistungsdiagnostische Ansatz des Kramer-Tests (Kramer, 1972), der sich seinerseits direkt auf die *Echelle métrique d'intelligence* von Binet und Simon (1905) bezieht, sollte auf einen zeitgemäßen Stand gebracht werden. Bald war evident, dass eine moderate Überarbeitung des Kramer-Tests nicht ausreichen konnte und die Testrevision umfassend auf modernen intelligenz-, entwicklungs- und testpsychologischen Erkenntnissen aufgebaut werden musste. Zudem wurde klar, dass innerhalb der Entwicklungspsychologie eine zunehmende Differenzierung dazu geführt hat, dass die Entwicklung einzelner Bereiche wie Wahrnehmung, Sprache oder Motorik als eigenständige psychologische Phänomenbereiche dargestellt wurden (Karmiloff-Smith, 1992). In der Entwicklungsdiagnostik zeigt sich dies darin, dass für Vorschulkinder allgemeine Entwicklungstests zur Verfügung stehen, die eine Orientierung über ein breites Spektrum der kindlichen Entwicklung ermöglichen, dass hingegen für ältere Kinder spezifische Entwicklungstests bereit gestellt werden, die jeweils einen einzelnen Bereich differenziert einschätzen. Gerade aber für den Altersbereich der Einschulung und der ersten Schuljahre erscheint eine isolierte Betrachtung einzelner Bereiche als unzureichend. Die IDS überwinden diese Partikularisierung für Kinder im Einschulungsalter und führen die Bereiche, die aufgrund ihrer Komplexität zwar eigenständige Forschungsbereiche darstellen, zu einer ganzheitlichen Betrachtung des Kindes zusammen (Grob et al., 2009; Hagmann-von Arx, Meyer & Grob, 2008).

Die IDS erweitern die Altersspanne zur Nutzung der allgemeinen Entwicklungsdiagnostik „nach oben" und stellen für Kinder von fünf bis zehn Jahren einen allgemeinen Entwicklungstest bereit, der gleichzeitig eine spezifische Einschätzung der Intelligenz erlaubt. Die IDS bieten somit für den Bereich der Einschulung und der ersten Schuljahre eine ganzheitliche Diagnostik und ermöglichen, Anfänge von Störungsbildern zu erkennen und rechtzeitig Fördermaßnahmen einzuleiten. Die IDS eignen sich für die Entwicklungs- und Leistungsdiagnostik, für die Schuleingangsdiagnostik sowie für den klinischen Bereich.

Die wichtigsten Eckdaten zu den IDS können Tabelle 1 entnommen werden.

Tabelle 1: Steckbrief zu den IDS

Allgemeine Testinformation	Autoren	Grob, Meyer & Hagmann-von Arx
	Erscheinungsjahr	2009
	Verlag	Hans Huber, Bern
	Altersbereich	5;0 bis 10;11 Jahre
	Durchführungszeit	90–120 Minuten (Kognition 45 Minuten, weitere Funktionsbereiche je ca. 10–15 Minuten)
	Setting	Einzeltest
Übergeordnete Werte	Gesamtfähigkeiten	– Kognition (mit Intelligenzwert, IQ) – Psychomotorik – Sozial-Emotionale Kompetenz – Mathematik – Sprache – Leistungsmotivation
	Untertests	19 Untertests (Kognition 7, Psychomotorik 3, Sozial-Emotionale Kompetenz 4, Mathematik 1, Sprache 2, Leistungsmotivation 2)
Auswertung	Verfügbare Werte	– IQ-Werte (mit Vertrauensintervall und Prozenträngen) – Wertpunktmittelwerte für Funktionsbereiche – Wertpunkte für Untertests – Testalteräquivalente für Untertests (im Fallbuch)
	Wertebereich für IQ-Werte	55–145 (100 ± 15)
	Wertebereich für Wertpunktmittelwerte der Funktionsbereiche und der Gesamtentwicklung	1–19 (Kognition 10 ± 1.6, Psychomotorik 10 ± 1.9, Sozial-Emotionale Kompetenz 10 ± 1.9, Mathematik 10 ± 3, Sprache 10 ± 2.6, Leistungsmotivation 10 ± 2.6, Gesamtentwicklung 10 ± 1.3)
	Wertebereich für Wertpunkte	1–19 (10 ± 3)
Normstichprobe	Stichprobenumfang	1.330
	Zeitraum der Datenerhebung	2007–2008
	Stichprobenbeschreibung; Schichtungsvariablen	– Alter – Geschlecht (668 Mädchen, 662 Jungen) – Geografische Region (Deutschland, Schweiz, Österreich)

Tabelle 1 (Fortsetzung): Steckbrief zu den IDS

Testmaterial	Manual	– Grundlagen – Durchführung, Auswertung, Interpretation – Konstruktion – Gütekriterien – Normtabellen
	Protokollbogen	Protokollierung der Antworten
	Aufstellordner	– Kognitive Entwicklung (Kognition) – Allgemeine Entwicklung (Psychomotorik, Sozial-Emotionale Kompetenz, Mathematik, Sprache, Leistungsmotivation)
	Box mit 7 Kärtchensets, Unterlage Bäume	Wahrnehmung Visuell
	Testbogen Aufmerksamkeit Selektiv, Auswerteschablone, Bleistift	Aufmerksamkeit Selektiv
	Rechteckige und dreieckige Klötzchen, Unterlage unbedruckt	Denken Bildlich
	Seil, Tennisball	Grobmotorik
	Perlen, Würfel, Band	Feinmotorik
	Block A6, Bleistift	Visuomotorik
	Würfel, Holzfiguren, Aufgabenblatt Mathematik, Unterlage unbedruckt, Bleistift	Denken Logisch-Mathematisch
	Holzfiguren	Sprache Rezeptiv

1.1 Struktur der IDS

Funktionsbereiche und Untertests. Die IDS schätzen die *Kognitive Entwicklung* sowie die *Allgemeine Entwicklung* des Kindes ein. Die kognitive Entwicklung umfasst den Funktionsbereich *Kognition*, der sich aus sieben Untertests zusammensetzt. Die sieben Untertests können zu einem Intelligenzwert verrechnet werden. Der allgemeinen Entwicklung sind die Funktionsbereiche *Psychomotorik* (drei Untertests), *Sozial-Emotionale Kompetenz* (vier Untertests), Mathematik (ein Untertest), *Sprache* (zwei Untertests) und *Leistungsmotivation* (zwei Untertests) zugeordnet. Die Struktur der IDS ist in Abbildung 1 dargestellt.

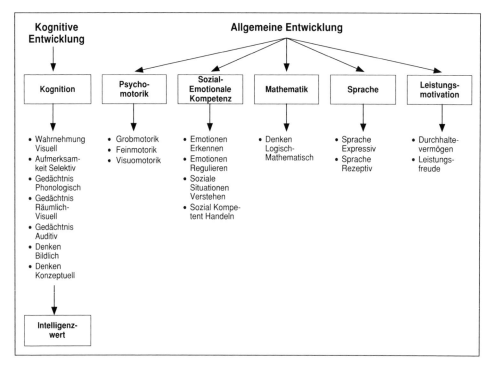

Abbildung 1: Struktur der IDS

Funktionsbereich Kognition

Die Untertests des Funktionsbereiches *Kognition* bestehen aus 7 bis 24 qualitativ ähnlichen Aufgaben mit aufsteigendem Schwierigkeitsgrad. Die Beispiele sind in die erste Aufgabe integriert. Anschließend erfolgt der Testeinstieg in Abhängigkeit vom Alter des Kindes. Ausgenommen ist hier der Untertest *Gedächtnis Auditiv*, bei dem alle Kinder dieselben Aufgaben lösen. Ein anderes Aufgabenformat weist der Untertest *Aufmerksamkeit Selektiv* auf, der als Speed-Test konzipiert ist und bei dem der eigentlichen Aufgabenbearbeitung eine Beispielaufgabe vorangestellt ist, die mit dem Kind gemeinsam erarbeitet wird und die nicht mit in die Bewertung einfließt.

Wahrnehmung Visuell. Im Untertest *Wahrnehmung Visuell* soll das Kind unterschiedlich lange Striche in eine Rangreihe bringen. Dieser Untertest erfasst die visuelle Diskriminationsfähigkeit auf sensorischer Wahrnehmungsebene, die Fähigkeit zu Größenvergleichen durch Paarbildung sowie die Fertigkeit zur Seriation.

Aufmerksamkeit Selektiv. Hier soll das Kind Enten mit spezifischen Merkmalen aus Zeilen verschiedener Enten möglichst schnell und richtig durchstreichen. Dieser Untertest verlangt die Fokussierung der visuellen Aufmerksamkeit, das Ignorieren von Störreizen, Ausdauer und Persistenz, Verarbeitungsgeschwindigkeit sowie motorische Fähigkeiten.

Gedächtnis Phonologisch. Im Untertest *Gedächtnis Phonologisch* soll das Kind Zahlen und Buchstaben unmittelbar und vorwärts nachsprechen. Dieser Untertest überprüft somit das auditive Kurzzeitgedächtnis, Aufmerksamkeit und Konzentration für verbale Information sowie die Fertigkeit zur Seriation.

Gedächtnis Räumlich-Visuell. Im Untertest *Gedächtnis Räumlich-Visuell* wird das Wiedererkennen von geometrischen Figuren aus einer Auswahl ähnlicher Figuren verlangt, wobei die Farbe der Figuren als Distraktor gilt. Dieser Untertest erfordert das räumlich-visuelle Arbeitsgedächtnis, die Differenzierung von geometrischen Muster sowie Aufmerksamkeit und Konzentration für visuelle Information.

Gedächtnis Auditiv. In diesem Untertest soll das Kind eine semantisch sinnvolle Geschichte frei und gestützt erinnern. Mit diesem Untertest wird die Erfassung, Speicherung und Wiedergabe eines sprachlich formulierten, logischen Zusammenhangs, sprachliche Kompetenz sowie strukturelles Wissen erfasst.

Denken Bildlich. Im Untertest *Denken Bildlich* soll das Kind geometrische Figuren mit Hilfe von drei- und viereckigen Klötzchen nachlegen. Dieser Untertest misst die Fähigkeit zur Teil-Ganz-Konstruktion, visuelle Wahrnehmung, Mustererkennung, Raum-Lage-Wahrnehmung, mentale Rotation sowie visuomotorische Fähigkeiten.

Denken Konzeptuell. Im Untertest *Denken Konzeptuell* soll das Kind bei drei Bildern das Gemeinsame (das Konzept) erkennen und dazu aus fünf weiteren Bildern zwei passende auswählen. Erfasst werden das Erkennen von Gemeinsamkeiten und Unterschieden, die Bildung von Mengen und Schnittmengen, die Konstruktion von Oberbegriffen sowie das Vornehmen von Klassifikationen.

Intelligenzwert. Die sieben kognitiven Untertests lassen sich zu einem Intelligenzwert verrechnen. Der Funktionsbereich *Kognition* basiert nicht auf einem konkreten Intelligenzmodell, berücksichtigt aber folgende drei Erkenntnisse der Intelligenz- und entwicklungspsychologischen Forschung:
1. Übereinstimmend mit Spearman (1904), der davon ausgeht, dass alle kognitiven Leistungen auf einem Generalfaktor basieren, werden die sieben kognitiven Untertests der IDS zu einem Intelligenzwert verrechnet.
2. Weiter wird die Theorie von Baltes (1990) berücksichtigt, die besagt, dass Kognition sowohl fluide Mechanik als auch kristallisierte Pragmatik umfasst. Während die fluide Mechanik sich auf die grundlegende Architektur eines informationsverarbeitenden Systems bezieht, das sich aus Basisoperationen (z. B. elementare Gedächtnisoperationen) zusammensetzt, handelt es sich bei der Pragmatik um die Anwendung der Mechanik auf Wissenssysteme im sozialen Kontext. Die IDS verfolgen das Ziel, mit dem Intelligenzwert ein von Vorwissen relativ unabhängiges Maß bereitzustellen, mit welchem das Potenzial eines Kindes, sich Wissen anzueignen, eingeschätzt werden kann. Der Funktionsbereich *Kognition* ist daher eher im Bereich der fluiden Mechanik einzuordnen, während die Einschätzung pragmatischer Kognitionsbereiche in den IDS separat durch die Funktionsbereiche *Mathematik* und *Sprache* erfolgt.
3. Die Untertestauswahl der kognitiven Entwicklung berücksichtigt zudem, dass nicht nur komplexe Aufgaben Intelligenz einzuschätzen vermögen, sondern bereits elementare Fähigkeiten wie die Wahrnehmungsdifferenzierung essenzielle Aspekte der

Intelligenz abdecken (vgl. Spearman, 1904; Deary, Bell, Bell, Campbell & Fazal, 2004; Meyer, Hagmann-von Arx, Lemola & Grob, 2010). Die IDS schätzen dementsprechend kognitive Fähigkeiten mit unterschiedlichen Komplexitätsgraden ein. So werden basale (z. B. *Wahrnehmung Visuell*) wie auch komplexe (z. B. *Denken Bildlich*) kognitive Prozesse berücksichtigt.

Funktionsbereich Psychomotorik

Die Untertests des Funktionsbereiches *Psychomotorik* bestehen aus qualitativ unterschiedlichen Aufgaben, die unabhängig vom Alter allen Kindern vorgelegt werden. Insgesamt umfassen die Aufgaben 5 bis 16 Bewertungskriterien.

Grobmotorik. Im Untertest *Grobmotorik* soll das Kind auf einem Seil balancieren (Einschätzung der taktilen Wahrnehmung, dynamischen Gleichgewichtsfähigkeit und Richtungskonstanz), einen Ball fangen und werfen (Einschätzung der Bewegungssteuerung und Auge-Hand-Koordination) sowie seitlich über ein Seil springen (Einschätzung der ganzkörperlichen Bewegungsgeschwindigkeit).

Feinmotorik. Der Untertest *Feinmotorik* erfordert schnelles Auffädeln von Perlen und Würfeln nach einer Bildvorlage. Dieser Untertest verlangt die Präzision simultaner Bewegungen zwischen Augen, Händen und Fingern.

Visuomotorik. Hier soll das Kind geometrische Figuren abzeichnen. Gefordert werden eine visuelle Kontrolle des Nachzeichnenvorganges und dabei Aufmerksamkeit, Kurzzeitgedächtnis sowie geometrische Kompetenzen.

Psychomotorik. Der Funktionsbereich *Psychomotorik* berücksichtigt nach Tradition der Entwicklungsdiagnostik (vgl. Petermann & Macha, 2005) die Grob-, Fein- und Visuomotorik. In der *Grobmotorik* werden insbesondere koordinative Fähigkeiten eingeschätzt, die primär durch Informationsverarbeitung und weniger durch energetische Prozesse determiniert sind (vgl. Bös & Ulmer, 2003). *Feinmotorik* umfasst Bewegungen, die mit der Hand und den Fingern ausgeführt werden und zeigt gegenüber der Grobmotorik eine engere Beziehung zur kognitiven Tätigkeit. In der *Visuomotorik* steht das Zusammenspiel von visueller Wahrnehmung und feinmotorischer Leistung im Fokus.

Funktionsbereich Sozial-Emotionale Kompetenz

Die Untertests des Funktionsbereiches *Sozial-Emotionale Kompetenz* bestehen aus qualitativ unterschiedlichen Aufgaben, die unabhängig vom Alter allen Kindern vorgelegt werden. Die Aufgaben umfassen 6 bis 12 Bewertungskriterien. Es gibt keine Beispielaufgaben.

Emotionen Erkennen. Im Untertest *Emotionen Erkennen* sollen auf Fotos Emotionen von Kindern anhand ihres Gesichtsausdrucks erkannt und benannt werden. Dieser Untertest verlangt die Diskriminierung, Identifikation und Verbalisierung von mimischen Emotionsausdrücken sowie Sprachfähigkeiten.

Emotionen Regulieren. Hier soll das Kind Strategien zur Regulation der Emotionen Wut, Angst und Trauer angeben. Eingeschätzt werden die Kenntnisse über Emotionsregulationsstrategien zur Bewältigung negativer Emotionen. Zusätzlich verlangt dieser Untertest Sprachfähigkeiten.

Soziale Situationen Verstehen. In diesem Untertest soll das Kind soziale Situationen auf zwei Bildern verstehen und erklären. Dieser Untertest schätzt die Kenntnisse über situative und kognitive Ursachen von Emotionen, Hinweisreize von Emotionen und Darbietungsregeln für das Ausleben von Emotionen ein. Zudem verlangt dieser Untertest die Fähigkeit zum Perspektivenwechsel und Einfühlungsvermögen in andere Personen (Theory of Mind) wie auch Sprachfähigkeiten.

Sozial Kompetent Handeln. In diesem Untertest soll das Kind sozial kompetentes Verhalten nach bildlicher Vorgabe einer sozialen Situation nennen. Dieser Untertest verlangt Kenntnisse über adäquate Verhaltensweisen in Konflikt-, Beziehungs- und anderebezogenen Notsituationen sowie Sprachfähigkeiten.

Sozial-Emotionale Kompetenz. Der Funktionsbereich *Sozial-Emotionale Kompetenz* erfasst die Fähigkeiten *Emotionen Erkennen*, *Emotionen Regulieren*, *Soziale Situationen Verstehen* und *Sozial Kompetent Handeln*. Die Konstruktion erfolgte theoretisch begründet auf Basis des Pyramidenmodells der Sozialen Kompetenzen von Rose-Krasnor (1997) und dem weiterführenden Prozessorientierten Windradmodell der affektiven sozialen Kompetenz von Halberstadt, Denham und Dunsmore (2001).

Funktionsbereich Mathematik

Der Funktionsbereich *Mathematik* umfasst einen Untertest mit 18 qualitativ unterschiedlichen Aufgaben. Es gibt keine Beispielaufgaben. Der Testeinstieg erfolgt in Abhängigkeit vom Alter des Kindes.

Denken Logisch-Mathematisch. In diesem Untertest soll das Kind logisch-mathematische Verständnisaufgaben lösen. Die qualitativ unterschiedlichen Aufgaben verlangen Kenntnis der Zählwörter und Schriftzeichen, Herstellung von Kardinalität, Erhaltung von Mengen, Grundrechenarten, abstraktes räumliches Vorstellungsvermögen, Umgang mit Termen und das Zerlegen von großen Zahlen.

Mathematik. Der Funktionsbereich *Mathematik* umfasst den Untertest *Denken Logisch-Mathematisch*, der eine Synthese herstellt zwischen einem quantitativen testdiagnostischen Verfahren und einer qualitativen Forschungsmethode, die Ginsburg (1997) als flexibles Interview bezeichnet. Dies erlaubt eine optimale Annäherung an die Prozesshaftigkeit und Systematik des logisch-mathematischen Denkens von Kindern.

Funktionsbereich Sprache

Die Untertests des Funktionsbereiches *Sprache* bestehen aus jeweils 12 qualitativ ähnlichen Aufgaben mit aufsteigendem Schwierigkeitsgrad. Die Beispiele sind in die erste Aufgabe integriert. Anschließend erfolgt der Testeinstieg in Abhängigkeit vom Alter des Kindes.

Sprache Expressiv. Im Untertest *Sprache Expressiv* soll das Kind aus Nomen semantisch sinnvolle und grammatikalisch korrekte Sätze bilden. Dieser Untertest erfordert Wortverständnis, Wortschatz, die angemessene Anwendung der Sprachproduktionsregeln, sprachliche Ausdrucksfähigkeit sowie die Herstellung von logischen Zusammenhängen.

Sprache Rezeptiv. Hier soll das Kind von der Testleiterin oder vom Testleiter vorgesprochene Sätze mit Holzfiguren nachspielen. Dies erfordert das Verständnis von Wörtern, die syntaktische Analyse grammatikalischer Beziehungen von Wörtern sowie verbales Arbeitsgedächtnis.

Sprache. Der Funktionsbereich *Sprache* integriert zwei Untertests (*Sprache Expressiv*, *Sprache Rezeptiv*). Zur Konstruktion wurden sowohl allgemein- (z. B. Hemforth & Konieczny, 2002) wie auch entwicklungspsychologische (z. B. Grimm & Weinert, 2002) Erkenntnisse der Sprachproduktion und dem Sprachverständnis hinzugezogen.

Funktionsbereich Leistungsmotivation

Die Einschätzung der *Leistungsmotivation* erfolgt für alle Altersgruppen auf dieselbe Weise. Nach Ende der Testung soll die Testleiterin oder der Testleiter die Leistungsmotivation des Kindes während der Testung auf zwei Dimensionen mit je vier Items einschätzen.

Durchhaltevermögen. Hier erfolgt die Einschätzung der Testleiterin oder des Testleiters, wie beharrlich ein Kind an den Aufgaben arbeitete. *Durchhaltevermögen* verlangt vom Kind Aufmerksamkeit auf die Aufgabe, keine Ablenkung von vorgegebenen Zielen sowie Selbstkontrolle.

Leistungsfreude. Die Testleiterin/der Testleiter schätzt ein, ob das Kind Freude an seiner Leistung zeigte. Vom Kind werden Leistungsstolz und das Erfahren von affektiven Konsequenzen für das Lösen bzw. Nichtlösen von Aufgaben verlangt.

Leistungsmotivation. Mit dem Funktionsbereich *Leistungsmotivation* berücksichtigen die IDS das Wissen, dass Leistungen in einer diagnostischen Untersuchung stets auch in Bezug auf die Anstrengung gesehen werden müssen (vgl. Schmidt-Atzert, 2006).

Anwendungsfelder der IDS

Die IDS können durch Fachkräfte der Entwicklungs- und Schulpsychologie, Erziehungs- und Familienberatung, klinischen Kinderpsychologie, Kinderpsychiatrie und Pädiatrie eingesetzt werden. Die IDS eignen sich für die Entwicklungs- und Leistungsdiagnostik, für die Schuleingangsdiagnostik sowie für den klinischen Bereich. Beispielsweise dient die Intelligenzeinschätzung der IDS im diagnostischen Prozess als Rahmenkonzept zur Bestimmung der Schulart und des Schulniveaus (z. B. Einschulungsfragen, Sonderbeschulung) und zur Einschätzung von Begabung (z. B. Minder- und Hochbegabung). Weiter ergeben sich aus den individuellen Stärken und Schwächen häufig Hinweise auf das

Vorliegen klinisch bedeutsamer Störungsbilder und mögliche Ansätze für Trainings- und Therapiemaßnahmen. Die IDS liefern Hinweise zur Diagnosestellung von umschriebenen Entwicklungsstörungen schulischer Fertigkeiten wie Lese- und Rechtschreibstörung oder tiefgreifenden Entwicklungsstörungen wie Asperger-Syndrom. Weiter liefern die IDS Hinweise zu Sprachentwicklungsstörungen oder bieten eine Grundlage für diagnostische Abklärungen und Interventionsplanungen bei Verhaltens- und emotionalen Störungen wie Störungen des Sozialverhaltens. Anzumerken ist, dass es *nicht zulässig* ist, aus den IDS-Testergebnissen *eine klinische Diagnose abzuleiten*, da die Diagnose selbst auf störungsspezifischen Informationen gründen muss.

Altersbereich. Die IDS sind für den Altersbereich 5;0 bis 10;11 Jahre normiert. Das anschauliche Testmaterial und die altersangepasste Testvorgabe sorgen dafür, dass der Test auch bei schwierig zu testenden Kindern gut angewendet werden kann. Anzumerken ist, dass für jüngere Kinder insbesondere in den Untertests *Emotionen Regulieren* und *Sprache Expressiv* Bodeneffekte vorliegen. Für die älteren Kinder zeigen sich insbesondere in den Untertests *Emotionen Erkennen*, *Sozial Kompetent Handeln* und *Sprache Expressiv* Deckeneffekte. Dies bedeutet, dass die IDS in den Altersrandgruppen in den genannten Untertests die Leistungen der Kinder weniger gut differenzieren als in den mittleren Altersgruppen. Auf die Boden- und Deckeneffekte wird im IDS-Manual hingewiesen (S. 197 ff.).

Kulturelle und sprachliche Anforderungen in den Untertests der IDS. Die IDS sind kein sprachfreies Verfahren. Demzufolge empfiehlt sich der Einsatz der IDS nicht bei Kindern die kein Deutsch sprechen oder die gar nicht sprechen. Fremdsprachige Kinder, mit Deutsch als Zweitsprache, können aufgrund der Sprache geringere Leistungen zeigen in den Untertests *Gedächtnis Auditiv* sowie in den beiden Untertests des Funktionsbereichs *Sprache* (*Sprache Expressiv* und *Sprache Rezeptiv*). Bei Kindern mit geringen Deutschkenntnissen oder mit Sprachschwierigkeiten ist zudem auch bei der Durchführung des Funktionsbereiches *Sozial-Emotionale Kompetenz* Vorsicht geboten. Hier gilt es zu beobachten, ob ein Kind mit geringen Testleistungen mangels sprachlicher Kompetenzen die Aufgaben nicht zu lösen vermag oder ob tatsächlich Leistungs- und Wissensdefizite in den untersuchten Bereichen vorliegen. Kulturell bedingte Übungseffekte können sich insbesondere im Bereich der allgemeinen Entwicklung ergeben. Beispielsweise können Kinder, die durch einen Mangel an Übung selten mit Faden und Perlen gearbeitet haben, geringere Leistungen im Untertest *Feinmotorik* zeigen.

1.2 Durchführung und Auswertung der IDS

Allgemeine Hinweise zur Durchführung

Die Testdurchführung der IDS erfolgt mit den beiden Aufstellordnern *Kognitive Entwicklung* und *Allgemeine Entwicklung* sowie den zugehörigen Testmaterialien. Hier sehen die Testleiterin und der Testleiter auf der ihnen zugewandten Seite alle Instruktionen, während das Kind auf seiner Seite die entsprechenden Aufgaben präsentiert erhält. Auf dem Protokollbogen finden sich zudem die Angaben zu den altersentsprechenden Einstiegsaufgaben, zu Umkehr-, Abbruch-, Zeit- und Bewertungsregeln, sodass das IDS-

Manual für die Testdurchführung nicht benötigt wird. Die Reihenfolge der Untertests ist durch die Aufstellordner vorgegeben und darf nicht verändert werden. Die Reihenfolge der Funktionsbereiche kann hingegen frei gewählt werden. Die IDS müssen nicht vollständig durchgeführt werden. Je nach Fragestellung und individueller Ausgangslage können einzelne Funktionsbereiche auch unabhängig voneinander eingesetzt werden. Nach dem Aufbau einer Beziehung zum Kind wird diesem erklärt, dass es nun Aufgaben bearbeiten soll, die meist einfach beginnen und dann immer schwieriger werden. Dem Kind soll nahe gebracht werden, dass die Aufgaben so schwierig werden können, dass es sie vielleicht gar nicht mehr lösen kann. Das Kind soll aber ermuntert werden, in jedem Fall sein Bestes zu geben. Es ist nicht erlaubt, dem Kind eine Rückmeldung zu seinen Leistungen zu geben („Das hast du richtig gemacht!"). Das Mitmachen des Kindes darf hingegen gelobt werden („Du machst ganz gut mit!").

Die Testdauer ist angesichts der Breite an Informationen als zeitökonomisch zu bezeichnen und beträgt für die kognitive und allgemeine Entwicklung jeweils ca. 45 Minuten. Altersabhängige Einstiegsaufgaben, festgelegte Abbruchkriterien und Zeitgrenzen tragen dazu bei, die Motivation eines Kindes aufrechtzuerhalten.

Funktionsbereich Kognition

Der Funktionsbereich Kognition benötigt für die Durchführung ca. 45 Minuten. Die Untertestreihenfolge ist so gewählt, dass das Kind eine gute Abwechslung zwischen auditiven und visuellen Aufgaben erfährt. Durch die standardisierten Testanweisungen und eindeutigen Auswertungsrichtlinien gilt die Durchführungs- und Auswertungsobjektivität als gewährleistet.

Wahrnehmung Visuell. Der Untertest *Wahrnehmung Visuell* besteht aus sieben Aufgaben. In der Einstiegsaufgabe soll das Kind vier Kärtchen mit unterschiedlich langen Strichen in eine Rangreihe legen. Hierzu steht dem Kind eine Unterlage zur Verfügung, auf welcher vier Kästchen in einer Reihe abgebildet sind. Die Testleiterin oder der Testleiter legt das Kärtchen mit dem längsten Strich auf dasjenige Kästchen, oberhalb dessen ein großer Baum abgedruckt ist. Anschließend soll das Kind die weiteren Kärtchen in absteigender Reihenfolge der Striche auf die verbleibenden Kästchen legen, bis schließlich das Kärtchen mit dem kürzesten Strich auf dasjenige Kästchen gelegt wird, oberhalb dessen ein kleiner Baum abgedruckt ist. Nach dieser Einstiegsaufgabe wird die Schwierigkeit erhöht, indem das Kind sieben Kärtchen in eine Rangreihe bringen muss. Zusätzlich wird die Schwierigkeit über die Aufgaben durch die abnehmende Strichlängendifferenz (Variation von 10 mm bis 0.25 mm) größer. Pro Aufgabe besteht eine maximale Bearbeitungszeit von 90 Sekunden. Es gilt das Positionsauswertungsverfahren. Das bedeutet, dass dem Kind pro Kärtchen, das richtig gelegt wurde, ein Punkt gutgeschrieben wird. Insgesamt können 46 Punkte erzielt werden.

Gedächtnis Auditiv – Teil 1. Im ersten Teil des Untertests *Gedächtnis Auditiv* wird dem Kind eine Geschichte erzählt. Das Kind wird aufgefordert, gut zuzuhören, da es später nach dieser Geschichte befragt wird. Während dem Erzählen der Geschichte sollen hervorgehobene Wörter betont werden, da diese Wörter Hauptgedanken der Geschichte darstellen, die das Kind am Ende der Testung der kognitiven Entwicklung erinnern soll. Als Gedächtnisstütze kann sich das Kind während dem Erzählen ein Bild eines Jungen anschauen, der in der Geschichte vorkommt. Nach dem Erzählen der Geschichte wird mit dem nächsten Untertest weitergefahren.

Aufmerksamkeit Selektiv. Im Untertest *Aufmerksamkeit Selektiv* soll das Kind Enten, die nach rechts schauen und zwei orange Merkmale aufweisen (zwei orange Schnabelhälften und keine orangen Füße; zwei orange Füße und keine orangen Schnabelhälften; einen orangen Fuß und eine orange Schnabelhälfte) aus Zeilen verschiedener Enten durchstreichen. Auf der einen Seite des Testbogens Aufmerksamkeit Selektiv erfolgt die Einführung der durchzustreichenden Enten und eine Beispielzeile. Anschließend wird der Testbogen umgedreht. Die zweite Seite enthält neun Zeilen mit jeweils 25 unterschiedlichen Enten. Das Kind hat pro Zeile 15 Sekunden Zeit, die Enten mit den zuvor eingeführten Zielmerkmalen durchzustreichen. Nach 15 Sekunden sagt die Testleiterin oder der Testleiter „Stopp. Nächste Reihe!". Das Kind soll dann zügig bei der nächsten Zeile weiterfahren, bis es alle neun Zeilen bearbeitet hat. Das Abdecken der unteren Zeilen ist nicht erlaubt, da dies die Aufgabe vereinfachen würde. Für die Auswertung wird die Anzahl fehlerhaft bearbeiteter Enten bestimmt (ausgelassene Enten oder fälschlicherweise durchstrichene Enten) und von der Anzahl der insgesamt bearbeiteten Enten subtrahiert. Maximal können 225 Punkte erzielt werden.

Gedächtnis Phonologisch. Der Untertest *Gedächtnis Phonologisch* besteht aus 12 Aufgaben. Das Kind soll von der Testleiterin oder vom Testleiter vorgesprochene Zahlen- und Buchstabenfolgen unmittelbar und in derselben Reihenfolge wiedergeben. Die Vorgabe von Zahlen- und Buchstabenfolgen erfolgt alternierend. Die Buchstaben werden vokalisiert vorgesprochen. Eine standardisierte Vorgabe der Zahlen- und Buchstabenfolgen ist unabdingbar. So soll im Sekundentakt, ohne Rhythmus und monoton vorgesprochen werden. Die Schwierigkeit nimmt mit aufsteigender Anzahl an Zahlen und Buchstaben pro Folge zu. Pro richtig gesprochene Zahlen- oder Buchstabenfolge wird dem Kind ein Punkt gutgeschrieben. Insgesamt können 12 Punkte erzielt werden.

Gedächtnis Räumlich-Visuell. Der Untertest *Gedächtnis Räumlich-Visuell* umfasst 11 Aufgaben. In der ersten Aufgabe sieht das Kind eine symmetrische Figur, deren Form es sich merken soll. Zusätzlich wird das Kind darauf hingewiesen, dass die Farbe der Figur nicht wichtig ist. Nach fünf Sekunden wird umgeblättert. Nun wird dem Kind eine Auswahl von drei Figuren präsentiert, aus denen es die zuvor betrachtete Figur wiedererkennen soll. In der Auswahl ist die Zielfigur in einer anderen Farbe abgebildet. Die Schwierigkeit nimmt zu, indem die Figuren zunehmend asymmetrischer werden, immer mehr Figuren erinnert werden müssen (ein bis sechs Figuren, die je nach Anzahl fünf bis zehn Sekunden betrachtet werden können) und die Auswahl der Figuren immer größer wird (drei bis 12 Figuren). Nur wenn das Kind alle Figuren einer Aufgabe richtig erinnert, wird ihm ein Punkt gutgeschrieben. Insgesamt können 11 Punkte erzielt werden.

Denken Bildlich. Dieser Untertest besteht aus zehn Aufgaben. In der ersten Aufgabe legt die Testleiterin oder der Testleiter eine Figur mit zwei rechteckigen Holzklötzchen vor und fordert das Kind auf, dieselbe Figur mit zwei weiteren rechteckigen Holzklötzchen auf eine weiße Unterlage zu legen. Für die weiteren Aufgaben finden sich die Vorlagen der nachzulegenden Figuren im Aufstellorder. Die Schwierigkeit der Aufgaben nimmt zu, indem das Kind zunächst mit rechteckigen Holzklötzchen und anschließend mit dreieckigen Holzklötzchen Figuren nachlegen muss. Zudem sind in den ersten Aufgaben die Linien zwischen den Holzklötzchen erkennbar, während sie in den schwierigeren Aufgaben nicht mehr abgedruckt sind. Das Kind erhält zur Durchführung der Aufgaben immer die richtige Anzahl an Holzklötzchen. Für die einfacheren Aufgaben stehen dem Kind 30 Sekunden, für die schwierigeren Aufgaben 45 Sekunden Bearbeitungszeit zur Verfügung. Wird eine Figur innerhalb der vorgegebenen Zeitgrenze richtig gelegt, erhält das Kind einen Punkt. Insgesamt können zehn Punkte erzielt werden.

Denken Konzeptuell. Der Untertest *Denken Konzeptuell* besteht aus 12 Aufgaben. Bei drei Bildern soll das Kind das Gemeinsame (das Konzept) erkennen und dann aus einer Auswahl aus fünf weiteren Bildern zwei heraussuchen, die konzeptuell zu den ersten drei Bildern gehören. Es reicht aus, wenn das Kind auf die zwei Bilder zeigt, es muss das Konzept nicht benennen. Die Schwierigkeit nimmt zu, indem zunächst konkrete und anschließend abstrakte Konzepte erfragt werden. Nur wenn das Kind beide Bilder pro Aufgabe richtig zeigt, wird ihm ein Punkt gutgeschrieben. Insgesamt können 12 Punkte erzielt werden.

Gedächtnis Auditiv – Teil 2. Nach dem Untertest *Denken Konzeptuell* erfolgt der zweite Teil des Untertests *Gedächtnis Auditiv*. Dem Kind wird erneut das Bild des Jungen präsentiert und es wird aufgefordert, alles zu erzählen, was es zu der Geschichte, die am Anfang der Testung erzählt wurde, noch weiß. Für das freie Erinnern eines Hauptgedankens werden dem Kind zwei Punkte gutgeschrieben. Nachdem es fertig erzählt hat, erfolgt die Kontrolle, zu welchen Hauptgedanken das Kind nichts erwähnt hat. Zu diesen Hauptgedanken wird das gestützte Erinnern durchgeführt. Dabei werden dem Kind Fragen zu den Hauptgedanken gestellt, für deren richtige Beantwortung es einen Punkt erhält. Zum Schluss werden alle im freien und gestützten Erinnern erzielten Punkte zusammengezählt. Für die Erinnerung aller 24 Hauptgedanken können maximal 48 Punkte erzielt werden.

Funktionsbereich Psychomotorik

Werden die IDS an einem Testungstermin durchgeführt, empfiehlt es sich nach der Durchführung des Funktionsbereiches *Kognition* den Funktionsbereich *Psychomotorik* durchzuführen, da das Kind in den motorischen Aufgaben aufstehen und sich bewegen kann. Die Durchführung des Funktionsbereichs *Psychomotorik* nimmt 10 bis 15 Minuten in Anspruch. Durch die standardisierten Testanweisungen gilt die Durchführungsobjektivität als gewährleistet. Zur Auswertungsobjektivität insbesondere des Untertests *Visuomotorik* tragen im Manual ausführlich beschriebene Auswertungsregeln bei.

Grobmotorik. Der Untertest *Grobmotorik* besteht aus drei Aufgaben mit insgesamt fünf Bewertungseinheiten. Zur Durchführung dieses Untertests soll das Kind die Schuhe ausziehen. Ein Seil von 3 m Länge wird auf den Boden gelegt. Das Kind soll anschließend mit ausgestreckten Armen und geschlossenen Augen über das Seil balancieren. Es empfiehlt sich, die Übung vorzuzeigen. Danach soll das Kind eine Länge üben, bevor es im zweiten Durchgang bewertet wird. Beim zweiten Durchgang schätzt die Testleiterin oder der Testleiter ein, ob das Kind neben das Seil tritt oder mit den Armen zu rudern beginnt (Abweichung aus der Horizontalen um mehr als 30°). Je nachdem, wie oft diese beiden Fehler vorkommen, erhält das Kind jeweils zwei Punkte (kein Fehler), einen Punkt (ein Fehler) oder null Punkte (mehr als ein Fehler). Öffnet das Kind die Augen während dem Balancieren, wird dies nicht als Fehler gewertet. Das Kind wird aber aufgefordert, die Augen wieder zu schließen und so bis ans Ende des Seils zu gehen. Nach dem Balancieren stellt sich das Kind an ein Ende des Seils und die Testleiterin oder der Testleiter an das andere Ende des Seils. Nun wird ein Tennisball fünf mal hin und her geworfen. Die Bewertung des Werfens erfolgt qualitativ. Für mehrheitlich unkoordiniertes Werfen erhält das Kind null Punkte, für teilweise koordiniertes Werfen einen Punkt und für koordiniertes Werfen zwei Punkte. Die Bewertung des Fangens erfolgt quantitativ. Für null bis einen Fang erhält das Kind null Punkte, für zwei bis drei Fänge einen Punkt und für vier bis fünf Fänge zwei Punkte. Zum Schluss soll das Kind seitlich beidbeinig über das Seil hüpfen. Es empfiehlt sich, auch diese Übung vorzuzeigen und das Kind üben zu lassen. Anschließend soll das Kind während zehn Sekunden so schnell wie möglich über das Seil hüpfen. Die Testleiterin oder der Testleiter zählt die Anzahl Hüpfer. Steht das Kind auf das Seil oder springt es auf einem Bein, wird der Hüpfer nicht mitgezählt. Je nach Anzahl Hüpfer erhält das Kind null bis vier Punkte. Insgesamt kann das Kind im Untertest *Grobmotorik* 12 Punkte erreichen.

Feinmotorik. Der Untertest *Feinmotorik* besteht aus einer Aufgabe mit fünf Bewertungseinheiten. Das Kind soll Perlen und Würfel nach einer Bildvorlage auffädeln. Hierzu betrachtet das Kind zunächst während zehn Sekunden ein Bild einer Halskette, die aus fünf Perlen und fünf Würfeln besteht, die alternierend aufgefädelt sind. Anschließend wird das Bild umgedreht und das Kind soll die Halskette so schnell wie möglich nachmachen. Die Zeitmessung beginnt, sobald das Bild der Halskette entfernt wird und endet, wenn das Kind den letzten Würfel aufgefädelt hat. Die Testleiterin oder der Testleiter misst die Zeit, die das Kind zur Erstellung der Halskette benötigt. Macht das Kind einen Fehler in der Reihenfolge der Perlen und Würfel, erhält es einen Zeitzuschlag von zehn Sekunden. Je schneller das Kind die Halskette nachmacht, desto mehr Punkte erzielt es (null bis vier Punkte). Zusätzlich wird das Greifen und Auffädeln der Perlen und Würfel qualitativ bewertet. Es wird beobachtet, ob das Kind nach den Perlen statt nach den Würfeln greift und umgekehrt oder ob dem Kind die Perlen und Würfel aus den Fingern springen. Weiter wird beobachtet, ob das Kind das Band zu weit vorne oder hinten hält oder ob es das Loch nicht im ersten Anlauf trifft. Je nach Anzahl der Fehler erhält das Kind jeweils null Punkte (Fehler kommt mehrmals vor), einen Punkt (Fehler kommt einmal vor) oder zwei Punkte (Fehler kommt nie vor). Insgesamt können im Untertest *Feinmotorik* 12 Punkte erzielt werden.

Visuomotorik. Im Untertest *Visuomotorik* soll das Kind zwei Bilder mit jeweils zwei geometrischen Figuren abzeichnen. Das Kind erhält Papier und Bleistift aber keinen Radiergummi. Jedes Bild wird auf acht Fehler untersucht: (1) Linien überschneiden sich, (2) Figuren sind offen, (3) Striche sind ungerade, (4) Ecken sind abgerundet oder Rundungen sind nicht weich, (5) Symmetrien sind nicht eingehalten, (6) Größen sind unter- oder überschritten, (7) Figuren überschneiden sich oder stehen in falscher Lage zueinander und (8) Figuren sind nicht erkennbar. Für die Bewertung spielt es keine

Rolle, wie häufig ein Fehler vorkommt. Sobald ein Fehler mindestens einmal registriert wird, erhält das Kind null Punkte, kommt ein Fehler nicht vor, erhält es einen Punkt. Pro Bild sind acht Punkte und insgesamt 16 Punkte erreichbar.

Funktionsbereich Sozial-Emotionale Kompetenz

Der Funktionsbereich *Sozial-Emotionale Kompetenz* besteht aus vier Untertests, die in einer Gesprächssituation mit dem Kind durchgeführt werden. Die Durchführung dieses Funktionsbereiches dauert ca. 15 Minuten. Durch die standardisierten Testanweisungen gilt die Durchführungsobjektivität als gewährleistet. Zur Sicherstellung der Auswertungsobjektivität sollen die Antworten des Kindes im Protokollbogen notiert werden. Nach der Testung können mit Hilfe des Manuals, in dem detaillierte Bewertungshilfen beschrieben sind, die Antworten des Kindes kategorisiert und bewertet werden.

Emotionen Erkennen. Dieser Untertest besteht aus zehn Aufgaben. Auf Fotos soll das Kind Emotionen von Kindern anhand ihres Gesichtsausdrucks erkennen und verbalisieren. Es werden die fünf Emotionen Freude, Wut, Angst, Trauer und Überraschung abgefragt, die einmal von einem Mädchen und einmal von einem Jungen dargestellt werden. Wird die Emotion richtig identifiziert und verbalisiert, erhält das Kind einen Punkt. Insgesamt können zehn Punkte erzielt werden.

Emotionen Regulieren. Der Untertest *Emotionen Regulieren* besteht aus neun Aufgaben. Die Durchführung der Aufgaben erfolgt integriert in den Untertest *Emotionen Erkennen*. Nachdem das Kind im Untertest *Emotionen Erkennen* die Fotos 2 (Wut), 3 (Angst) und 4 (Trauer) betrachtet und die Emotion genannt hat, wird jeweils mit der Instruktion für den Untertest *Emotionen Regulieren* weitergefahren. Das Kind wird gefragt, (a) was dieses Kind tun könnte, damit es nicht mehr wütend ist/Angst hat/traurig ist, (b) was es selbst tun würde, damit es nicht mehr wütend ist/Angst hat/traurig ist und (c) was es sonst noch tun könnte, damit es nicht mehr wütend ist/Angst hat/traurig ist. Das Kind gibt eine offene Antwort, die im Anschluss kategorisiert werden muss. Für die Nennung einer maladaptiven Emotionsregulationsstrategie (Strategien, mit denen Kinder ihre Emotionen regulieren können, sich oder anderen dadurch jedoch schaden) erhält das Kind null Punkte, für die Nennung einer adaptiven Emotionsregulationsstrategie (Strategien, mit denen Kinder ihre Emotionen für sich und andere nutzvoll regulieren) erhält das Kind zwei Punkte und für weitere Strategien (Strategien, mit denen Kinder ihre Emotionen regulieren können, ohne sich oder anderen zu schaden, aber jedoch nicht aktiv etwas tun, um ihren negativen emotionalen Zustand in einen positiven zu überführen) erhält das Kind einen Punkt. Insgesamt können 18 Punkte erreicht werden.

Soziale Situationen Verstehen. Dieser Untertest besteht aus 12 Aufgaben. Das Kind soll auf zwei Bildern die sozialen Situationen verstehen und erklären. Jedes Bild erfordert die Interpretation von sechs Hauptpunkten zu Beziehungen und Emotionen der Personen. Zunächst soll das Kind frei erzählen, was auf den Bildern los ist und wie sich die Personen fühlen. Nennt das Kind in seiner Beschreibung einen der sechs Hauptpunkte, erhält es zwei Punkte. Hat das Kind fertig erzählt, erfolgt die Kontrolle, zu welchem Hauptpunkt das Kind nichts gesagt hat. Zu diesen Hauptpunkten erfolgen Kontrollfragen, deren richtige Beantwortung jeweils einen Punkt ergeben. Zum Schluss werden die Punkte für beide Bilder zusammengezählt. Insgesamt können 12 Punkte erzielt werden.

Sozial Kompetent Handeln. In diesem Untertest müssen sechs Aufgaben gelöst werden. Dem Kind werden sechs Bilder mit sozialen Situationen präsentiert, zu denen das Kind sozial kompetente Verhaltensweisen (prosoziales Verhalten, Konfliktfähigkeit, Beziehungsfähigkeit) nennen soll. Das Kind gibt jeweils eine offene Antwort, die im Anschluss kategorisiert werden muss. Für die Nennung eines sozial nicht kompetenten Verhaltens (z. B. das andere Kind schlagen, zu weinen anfangen) erhält das Kind null Punkte, für ein sozial kompetentes indirektes Verhalten (z. B. die Mutter oder die Lehrerin zu Hilfe holen) erhält das Kind einen Punkt und für die Nennung eines sozial kompetenten direkten Verhaltens (z. B. das Kind fragen warum es gemein ist, das andere Kind trösten) erhält das Kind zwei Punkte. Insgesamt können 12 Punkte erzielt werden.

Funktionsbereich Mathematik

Der Funktionsbereich *Mathematik* umfasst einen Untertest, der in ca. 10 Minuten durchgeführt werden kann. Durch die standardisierten Testanweisungen und eindeutigen Auswertungsrichtlinien gilt die Durchführungs- und Auswertungsobjektivität als gewährleistet.

Denken Logisch-Mathematisch. Der Untertest *Denken Logisch-Mathematisch* besteht aus 18 qualitativ unterschiedlichen Aufgaben mit zunehmendem Schwierigkeitsgrad. Zur Durchführung dieses Untertests werden Würfel, Holzfiguren und das Aufgabenblatt Mathematik eingesetzt. In der ersten Aufgabe (Zählen) soll das Kind fünf Würfel zählen. In der nächsten Aufgabe (Ordinalität) soll es den zweiten und vierten Würfel zeigen. In den Aufgaben zu Mengenbegriffen soll das Kind ohne zu zählen drei respektive vier Würfel auf Anhieb erkennen. Anschließend soll das Kind auf dem Aufgabenblatt Mathematik die Ziffer 3 erkennen. Die beiden nächsten Aufgaben erfordern das Erkennen und Erklären der Invarianz. In den Aufgaben zur mentalen Addition soll das Kind zeigen, ob es den Zehner- respektive Hunderterübergang beherrscht. Eine weitere Aufgabe erfordert die Fertigkeit, das Einer- und Zehnersystem einer zweistelligen Ziffer zu erkennen. In den Aufgaben zu Proportionen sollen nach Vorgaben der Testleiterin oder des Testleiters Würfel an Holzfiguren verteilt und die vorgenommenen Rechnungsschritte erläutert werden. Anschließend folgen Aufgaben zur mentalen Addition, um einzuschätzen, ob das Kind den Hunderter- und Tausenderübergang beherrscht. In den nächsten beiden Aufgaben soll erkannt werden, aus wievielen Würfeln eine Würfelgruppe besteht. Schließlich sollen in den letzten beiden Aufgaben fünfstellige Zahlen in eine Gleichung zerlegt werden. Für die letzten vier Aufgaben besteht eine Zeitbegrenzung von 90 Sekunden. In jeder Aufgabe kann ein Punkt erzielt werden. Insgesamt können 18 Punkte erreicht werden.

Funktionsbereich Sprache

Der Funktionsbereich *Sprache* besteht aus zwei Untertests, deren Durchführung ca. 10 Minuten dauert. Durch die standardisierten Testanweisungen gilt die Durchführungsobjektivität als gewährleistet. Zur Sicherstellung der Auswertungsobjektivität sollen im Untertest

Sprache Expressiv die Antworten des Kindes im Protokollbogen notiert werden. Nach der Testung können mit Hilfe des Manuals, in dem detaillierte Bewertungshilfen beschrieben sind, die Antworten des Kindes bewertet werden.

Sprache Expressiv. Der Untertest *Sprache Expressiv* besteht aus 12 Aufgaben, in welchen das Kind aus Nomen einen sinnvollen Satz bilden soll. Der Untertest beginnt mit einer Beispielaufgabe, in welcher die Testleiterin oder der Testleiter mit einem vorgegebenen Nomen einen Satz bildet. Anschließend soll das Kind mit einem anderen Nomen einen Satz bilden. Nach dieser Einführung erfolgt der altersentsprechende Einstieg. Die Aufgaben werden schwieriger, indem zunächst aus einem Nomen und anschließend aus zwei und drei Nomen ein Satz gebildet werden muss. Zudem wird es immer schwieriger, die Nomen in einen sinnvollen Zusammenhang zu bringen. Macht das Kind im Satz einen Fehler (als Fehler gelten grammatikalische Fehler, Auslassungen vorgegebener Wörter, eine Aneinanderreihung bzw. Aufzählung der Wörter, die Bildung von zwei oder mehr Sätzen, unsinnige Sätze oder die Bildung eines Satzes, in dem die Wörter nicht in einem Zusammenhang stehen), wird die Aufgabe mit null Punkten und bei keinem Fehler mit einem Punkt bewertet. Bei fremdsprachigen Kindern werden ansonsten richtige Sätze mit Fehlern im grammatikalischen Geschlecht mit einem halben Punkt bewertet. Insgesamt können 12 Punkte erzielt werden.

Sprache Rezeptiv. Der Untertest *Sprache Rezeptiv* besteht aus 12 Aufgaben. Die Testleiterin oder der Testleiter spricht Sätze vor, die das Kind mit Holzfiguren nachspielen soll. Die Aufgaben werden zunehmend schwieriger, indem sie grammatikalisch komplexer werden (z. B. Passivsatz, Temporalsatz, Nebensatz) und in der Länge zunehmen. Spielt ein Kind einen Satz inhaltlich richtig und in der richtigen Reihenfolge nach, erhält es einen Punkt. Spielt das Kind den Inhalt richtig aber in der falschen zeitlichen Reihenfolge nach, erhält es einen halben Punkt. Bei falsch nachgespieltem Inhalt erhält das Kind null Punkte. Insgesamt können 12 Punkte erzielt werden.

Funktionsbereich Leistungsmotivation

Zum Schluss der Testung haben die Testleiterin und der Testleiter die Möglichkeit, die Leistungsmotivation des Kindes während der Testsituation einzuschätzen. Dies nimmt einige wenige Minuten in Anspruch. Durch die standardisierten Testanweisungen und eindeutigen Auswertungsrichtlinien gilt die Durchführungs- und Auswertungsobjektivität als gewährleistet.

Durchhaltevermögen. Mit vier Items schätzt die Testleiterin oder der Testleiter ein, wie beharrlich ein Kind an den Aufgaben arbeitete. Hierzu werden vier Aussagen vorgegeben, die auf einer Skala von „fast nie" (ein Punkt) bis „fast immer" (vier Punkte) bewertet werden. Insgesamt können 16 Punkte erzielt werden.

Leistungsfreude. Mit vier Items schätzt die Testleiterin oder der Testleiter ein, ob das Kind Freude an seiner Leistung zeigte. Hierzu werden vier Aussagen vorgegeben, die auf einer Skala von „fast nie" (ein Punkt) bis „fast immer" (vier Punkte) bewertet werden. Insgesamt können 16 Punkte erzielt werden.

Allgemeine Hinweise zur Auswertung

Die IDS-Testergebnisse werden mit Normwerten einer umfassenden Gruppe gleichaltriger Kinder verglichen. Im Fokus steht die Analyse des Intelligenz- und Entwicklungsprofils im Vergleich zur Normstichprobe (interindividuelle Analyse) und innerhalb des Kindes (intraindividuelle Analyse). Die IDS-Testergebnisse können manuell auf den ersten beiden Seiten des Protokollbogens eingetragen und grafisch illustriert oder vom Auswerteprogramm automatisch erstellt werden. Das Auswerteprogramm ermöglicht, zwischen den beiden Ansichten der interindividuellen und intraindividuellen Analyse hin und her zu wechseln. Die Auswertungen können für die weitere Arbeit abgespeichert und ausgedruckt werden.

Interindividuelle Analyse. Die interindividuellen Analysen dienen zur Bestimmung, ob bei einem Kind im Vergleich zu gleichaltrigen Kindern in den verschiedenen Funktionsbereichen ein Entwicklungsrückstand respektive -vorsprung vorliegt. Hierzu werden zunächst die einzelnen Aufgaben bewertet und die Rohwertsummen pro Untertest gebildet. Anschließend erfolgt die Umrechnung der Rohwertsummen in Wertpunkte ($M=10$, $SD=3$, Wertebereich von 1 bis 19). Die Normtabellen der Wertpunkte beziehen sich immer auf ein Altersintervall von sechs Monaten. Durch Boden- und Deckeneffekte ist es nicht möglich, in jedem Alter die Extremwerte zu erreichen.

Zur Bildung der Wertpunktmittelwerte der Funktionsbereiche werden pro Funktionsbereich die Wertpunkte der Untertests addiert und durch die Anzahl Untertests dividiert. Die Wertpunktmittelwerte können für die Funktionsbereiche *Kognition*, *Psychomotorik*, *Sozial-Emotionale Kompetenz*, *Sprache* und *Leistungsmotivation* berechnet werden. Für den Funktionsbereich *Mathematik* ist diese Berechnung nicht möglich, da er nur aus einem Untertest besteht. Hier entspricht der Wertpunktmittelwert dem Wertpunkt des Untertests *Denken Logisch-Mathematisch*. Zur Bildung des Wertpunktmittelwertes der Gesamtentwicklung werden die Wertpunktmittelwerte der Funktionsbereiche (inklusive des Funktionsbereiches *Mathematik*) addiert und durch die Anzahl Funktionsbereiche dividiert. Die Mittelwerte der Wertpunktmittelwerte liegen bei $M=10$ bei variierender Standardabweichung (*Kognition* $SD=1.6$, *Psychomotorik* $SD=2.0$, *Sozial-Emotionale Kompetenz* $SD=1.9$, *Mathematik* $SD=3$, *Sprache* $SD=2.6$, *Leistungsmotivation* $SD=2.6$, *Gesamtentwicklung* $SD=1.3$).

Zur Bildung des Intelligenzwertes wird die Wertpunktsumme der kognitiven Untertests gebildet und zu einem standardisierten Wert mit $M=100$, $SD=15$ und einem Wertebereich von 55 bis 145 umgerechnet. Zusätzlich zum Intelligenzwert kann der Prozentrang angegeben werden. Der Prozentrang kennzeichnet die Position der Leistung eines Kindes innerhalb der Vergleichsgruppe. Beispielsweise bedeutet ein Prozentrang von 68 % ($IQ=107$), dass 68 % der Vergleichsgruppe dieselbe oder eine niedrigere Leistung gezeigt haben und gleichzeitig 32 % der Vergleichsgruppe ein besseres Ergebnis erreicht haben. Zusätzlich kann mit dem Konfidenzintervall angegeben werden, in welchem Wertebereich der Intelligenzwert eines Kindes mit einer 90 %igen Wahrscheinlichkeit liegt.

Intraindividuelle Analyse. Die intraindividuellen Analysen geben Auskunft über Stärken und Schwächen des Kindes in Relation zu seinen eigenen Fähigkeiten. Intraindividuelle Analysen können einerseits auf der Ebene der Funktionsbereiche untertestspezifisch und andererseits auf der Ebene der Gesamtentwicklung funktionsbereichspezifisch stattfinden. Um intraindividuelle Stärken und Schwächen auf der Ebene der Funktionsbereiche zu berechnen, werden die Wertpunktmittelwerte pro Funktionsbereich benötigt. Zu jedem Wertpunktmittelwert wird die Wertpunktstandardabweichung der Normstichprobe des entsprechenden Funktionsbereiches addiert sowie subtrahiert, sodass ein Wertpunktband entsteht. Um intraindividuelle Stärken und Schwächen über die sechs erfassten Funktionsbereiche hinweg auf der Ebene der Gesamtentwicklung zu berechnen, wird der Wertpunktmittelwert der Gesamtentwicklung benötigt. Zum Wertpunktmittelwert der Gesamtentwicklung wird die Wertpunktstandardabweichung der Normstichprobe der Gesamtentwicklung addiert sowie subtrahiert, sodass ebenfalls ein Wertpunktband entsteht. Tabelle 2 gibt eine Übersicht zu den standardisierten Werten in den IDS.

Tabelle 2: Standardisierte Werte in den IDS

Werte	Funktionsbereiche	M	SD	Wertebereich
Wertpunkte	Untertests	10	3.0	1–19
Intelligenzwert	Intelligenzwert*	100	15.0	55–145
Wertpunktmittelwerte	Kognition	10	1.6	1–19
	Psychomotorik	10	2.0	1–19
	Sozial-Emotionale Kompetenz	10	1.9	1–19
	Sprache	10	2.6	1–19
	Leistungsmotivation	10	2.6	1–19
	Gesamtentwicklung	10	1.3	1–19

Anmerkung: * Weitere Angaben: Prozentränge, Konfidenzintervalle

Zusätzliche Auswertungen. Der Anhang dieses Fallbuches liefert zu jedem Untertest die Testalteräquivalente, die im IDS-Manual nicht abgedruckt sind. Weiter kann die Differenz zwischen dem niedrigsten und höchsten Wertpunkt eines Funktionsbereiches einen Hinweis zur Homogenität/Heterogenität des Intelligenz- und Entwicklungsprofils geben. In Kapitel 1.3 in diesem Fallbuch werden hierzu weitere Angaben gemacht, die im IDS-Manual nicht abgedruckt sind.

Intelligenzwertschätzung bei einem fehlenden Untertest. Ein Intelligenzwert kann nur berechnet werden, wenn alle sieben kognitiven Untertests durchgeführt werden. Kann der Intelligenzwert nicht berechnet werden, da ein Untertest abgebrochen werden musste, kann es hilfreich sein, den Intelligenzwert zu schätzen. Hierzu soll der fehlende Untertest durch den Wertpunktmittelwert der durchgeführten Untertests ersetzt werden. Der so geschätzte Wertpunkt des fehlenden Untertests und die Wertpunkte der durchgeführten Untertests sollen schließlich zur geschätzten Wertpunktsumme addiert werden.

Die Schätzung des Intelligenzwertes erfolgt anschließend auf Basis der geschätzten Wertpunktsumme. Die Intelligenzwerte werden im IDS-Manual in Anhang B (Normwerttabelle IQ-Äquivalente) nachgeschlagen. Eine Intelligenzwertschätzung mit dem Auswerteprogramm ist nicht möglich, sondern kann nur manuell vorgenommen werden.

Zur Veranschaulichung dient folgendes Beispiel:

Beispiel

Wahrnehmung Visuell = 7 WP; *Aufmerksamkeit Selektiv* = 9 WP; *Gedächtnis Phonologisch* = 10 WP; *Gedächtnis Räumlich-Visuell* = 6 WP; *Gedächtnis Auditiv* = abgebrochen; *Denken Bildlich* = 5 WP; *Denken Konzeptuell* = 11 WP.

1. Berechnung der Wertpunktsumme der durchgeführten Untertests:
   7 + 9 + 10 + 6 + 5 + 11 Wertpunkte = 48 Wertpunkte

2. Berechnung des Wertpunktmittelwertes der durchgeführten Untertests:
   48 Wertpunkte : 6 Untertests = 8 Wertpunkte

3. Ergänzung der Wertpunktsumme der durchgeführten Untertests mit dem berechneten Wertpunktmittelwert (= geschätzte Wertpunktsumme):
   48 Wertpunkte + 8 Wertpunkte = 56 Wertpunkte

4. Intelligenzwertschätzung auf Basis der geschätzten Wertpunktsumme:
   56 Wertpunkte = 89 IQ-Punkte

Es wird darauf hingewiesen, dass diese Art der Intelligenzwertschätzung nicht mit der Berechnung des Intelligenzwertes vergleichbar ist und der so geschätzte Intelligenzwert mit einem entsprechenden Vermerk versehen werden muss. Konnten zwei oder mehr Untertests nicht (vollständig) durchgeführt werden, ist keine Schätzung des Intelligenzwertes erlaubt.

1.3 Interpretation der Testwerte

Allgemeine Hinweise zur Interpretation

Die IDS liefern einen Intelligenzwert und eine Entwicklungsprofilanalyse in den Funktionsbereichen *Kognition*, *Psychomotorik*, *Sozial-Emotionale Kompetenz*, *Mathematik*, *Sprache* und *Leistungsmotivation*. Es versteht sich, dass die IDS erst nach einer ausführlichen Besprechung der Ausgangslage und systematisch erhobener Anamnese durchgeführt werden. Die Interpretation der IDS-Testergebnisse erfolgt auf der Grundlage dieser Hintergrundinformationen. Der Gesamttest lässt bereichsspezifische Stärken und Schwächen eines Kindes erkennen, auf deren Basis entsprechende Förder- und Therapiemaßnahmen eingeleitet werden können. Klinische Diagnosen können aber alleine aus den IDS-Testergebnissen nicht abgeleitet werden. Für eine klinische Diagnosestellung müssen zusätzliche Tests durchgeführt werden, welche die auffälligen Funktionsbereiche weiter differenzieren.

Interpretation des Intelligenzwertes. Zusammen mit dem dazugehörigen 90%-Konfidenzintervall stellt der Intelligenzwert einen zweckmäßigen Indikator des Intelligenzniveaus eines Kindes dar. Bei der Interpretation des Intelligenzwertes wird auf die in Tabelle 3 beschreibenden Kategorien zurückgegriffen.

Tabelle 3: Inhaltliche Beschreibung der Intelligenzwerte der IDS

IQ	Beschreibung	Klassifikation	Anteil
131–≥145	weit überdurchschnittliche Leistung	Hochbegabung	2.1%
130	Übergang von über- zu weit überdurchschnittlicher Leistung		
116–129	überdurchschnittliche Leistung		13.6%
115	Übergang von durch- zu überdurchschnittlicher Leistung		
86–114	durchschnittliche Leistung		68.2%
85	Übergang von unter- zu durchschnittlicher Leistung		
71–84	unterdurchschnittliche Leistung	Lernbehinderung	13.6%
70	Übergang von weit unter- zu unterdurchschnittlicher Leistung		
≤55–69	weit unterdurchschnittliche Leistung	Intelligenzminderung	2.1%

Interpretation der Wertpunkte. Obwohl der Intelligenzwert und die Wertpunktmittelwerte der Funktionsbereiche die reliabelsten und daher aussagekräftigsten Werte darstellen, können auch die Leistungen in den Untertests Hinweise zu inter- und intraindividuellen Stärken und Schwächen eines Kindes liefern.

Tabelle 4: Inhaltliche Beschreibung der Wertpunkte der IDS

Wertpunkte	Beschreibung
17–19	weit überdurchschnittliche Leistung
16	Übergang von über- zu weit überdurchschnittlicher Leistung
14–15	überdurchschnittliche Leistung
13	Übergang von durch- zu überdurchschnittlicher Leistung
8–12	durchschnittliche Leistung
7	Übergang von unter- zu durchschnittlicher Leistung
4–6	unterdurchschnittliche Leistung
3	Übergang von weit unter- zu unterdurchschnittlicher Leistung
1–2	weit unterdurchschnittliche Leistung

Interpretation der interindividuellen Analyse. Für die interindividuelle Analyse können die einzelnen Wertpunkte der Untertests wie in Tabelle 4 dargestellt, interpretiert und verbal umschrieben werden.

Bei der Interpretation gilt es zu beachten, dass die einzelnen Wertpunkte immer vor dem Hintergrund der Testgütekriterien und der Normwerte interpretiert werden müssen. Dies wird in folgendem Beispiel deutlich:

Beispiel
Löst ein Kind im Alter von 5;0 Jahren im Untertest *Gedächtnis Phonologisch* insgesamt sechs Aufgaben richtig, erhält es 12 Wertpunkte, was im Vergleich zur entsprechenden Altersgruppe einer durchschnittlichen Leistung entspricht. Löst dieses Kind nur eine Aufgabe mehr, erzielt es eine Rohwertsumme von sieben Punkten und erhält somit 15 Wertpunkte, was bereits einer Leistung am oberen Ende des überdurchschnittlichen Bereiches entspricht.

Dem Manual kann zudem entnommen werden, in welchen Untertests je nach Alter Boden- und Deckeneffekte zu verzeichnen sind. Ein Bodeneffekt liegt beispielsweise vor, wenn ein 5;6-jähriges Kind im Untertest *Sprache Expressiv* eine Rohwertsumme von Null erzielt, aber dennoch fünf Wertpunkte erhält. Aufgrund zu wenig leichter Aufgaben kann hier nicht weiter unterschieden werden, ob diese Leistung einer unterdurchschnittlichen oder sogar weit unterdurchschnittlichen Leistung entspricht. Zu interpretieren ist dieser Wert dahingehend, dass das Kind eine Leistung unter dem Mittelwert der Altersgruppe erzielt hat, aber nicht genau festgestellt werden kann, wo unter dem Mittelwert der Altersgruppe die Leistung liegt. Im Gegensatz dazu können bei älteren Kindern Deckeneffekte vorkommen. Wenn beispielsweise ein 10;6-jähriges Kind im Untertest *Sprache Expressiv* eine Rohwertsumme von 12 erzielt, erhält es 14 Wertpunkte. Aufgrund zu wenig schwieriger Aufgaben kann hier nicht weiter unterschieden werden, ob diese Leistung einer überdurchschnittlichen oder sogar einer weit überdurchschnittlichen Leistung entspricht. Zu interpretieren ist dieser Wert dahingehend, dass das Kind eine Leistung über dem Mittelwert der Altersgruppe erzielt hat, aber nicht genau festgestellt werden kann, wo über dem Mittelwert der Altersgruppe die Leistung liegt.

Interpretation der intraindividuellen Analyse. Für die intraindividuelle Analyse können die Wertpunkte der einzelnen Untertests zum Wertpunktmittelwert des entsprechenden Funktionsbereiches in Beziehung gesetzt werden. Liegt ein Wertpunkt eines Untertests innerhalb eines Wertpunktbandes, weicht der Wertpunkt vom Wertpunktmittelwert nicht bedeutsam ab, sodass dieser Wertpunkt als durchschnittliche Leistung des Kindes interpretiert werden kann. Liegen Leistungen jedoch oberhalb oder unterhalb des Wertpunktbandes, bedeutet dies, dass sich diese Werte bedeutsam vom Wertpunktmittelwert unterscheiden und das Kind in diesen Untertests eine individuelle Stärke respektive Schwäche zeigt.

Bevor Untertestleistungen als Stärken und Schwächen interpretiert werden, sollen auch qualitative Charakteristika der Untertests beachtet werden, da auch externe sowie kognitive Merkmale den Grund für außergewöhnliche Testergebnisse bieten können. Hinweise, welche Leistungen in den Untertests gefordert sind, sind in Kapitel 1.1 in diesem Fallbuch oder in Kapitel 5.2 im IDS-Manual dargestellt.

Weiter kann interpretiert werden, ob das Kind über die Gesamtentwicklung Stärken und Schwächen zeigt. Hierzu wird der Wertpunktmittelwert über die Gesamtentwicklung und das entsprechende Wertpunktband hinzugezogen. Liegt ein Wertpunktmittelwert eines Funktionsbereiches innerhalb dieses Wertpunktbandes, handelt es sich für das Kind um eine durchschnittliche Leistung. Liegt ein Wertpunktmittelwert eines Funktionsbereiches oberhalb oder unterhalb des Wertpunktbandes, handelt es sich für das Kind um eine Stärke respektive Schwäche.

Interpretation der Testalteräquivalente. Die Testalteräquivalente sind im IDS-Manual nicht abgedruckt, können aber dem Anhang A des Fallbuches entnommen werden. Testalteräquivalente kennzeichnen das Alter in Jahren und Monaten, in denen eine bestimmte Rohwertsumme der durchschnittlichen Leistung (respektive 10 Wertpunkten) einer Altersstufe entspricht. Testalteräquivalente sind auch für Nichtexperten in der Regel gut verständlich. Anzumerken ist aber, dass Testalteräquivalente die relative Position eines Kindes im Vergleich zu gleichaltrigen Kinder und die beträchtliche Variabilität normaler Entwicklung nicht berücksichtigen und daher nur eine vereinfachte und grobe Einschätzung des kindlichen Entwicklungsstandes geben.

Differenz zwischen niedrigstem und höchstem Wertpunkt. Die Entwicklung verläuft in einzelnen Bereichen in der Regel unterschiedlich, sodass in den IDS viele Kinder einzelne Stärken und Schwächen zeigen. Zur Interpretation der Homogenität/Heterogenität der Intelligenz- und Entwicklungsprofile können die Differenzen zwischen dem niedrigsten und höchsten Wertpunkt innerhalb eines Funktionsbereiches hinzugezogen werden. Tabelle 5 gibt an, bei welcher Differenz zwischen dem niedrigsten und höchsten Wertpunkt von einer homogenen respektive heterogenen Entwicklung gesprochen werden kann. Beispielsweise wird ersichtlich, dass die durchschnittliche Differenz zwischen dem höchsten und niedrigsten Wertpunkt im Funktionsbereich *Kognition* bei $M = 7.06$ Wertpunkten ($SD = 2.31$) liegt, sodass Unterschiede zwischen den Untertests mit 9 Wertpunkten noch als durchschnittlich homogenes Intelligenzprofil interpretiert werden können.

Tabelle 5: Differenzen zwischen dem höchsten und niedrigsten Wertpunkt pro Funktionsbereich

Funktionsbereich	Min	Max	M	SD	M+1SD	Heterogenes Profil
Kognition	1	18	7.06	2.31	9.37	≥10 Wertpunkte
Psychomotorik	0	16	4.55	2.49	7.04	≥8 Wertpunkte
Sozial-Emotionale Kompetenz	0	13	5.00	2.14	7.17	≥8 Wertpunkte
Sprache	0	12	2.58	2.03	4.16	≥5 Wertpunkte
Leistungsmotivation	0	11	2.17	1.89	4.06	≥5 Wertpunkte

1.4 Zusammenfassung

Die IDS ermöglichen eine auf Ressourcen ausgerichtete umfassende Diagnostik lern- und leistungsspezifischer Kompetenzen von Kindern im Alter von fünf bis zehn Jahren. Interindividuelle Analysen ermöglichen die Testergebnisse eines Kindes ins Verhältnis zu den Leistungen seiner Altersgruppe zu setzen, während intraindividuelle Analysen Auskunft über Stärken und Schwächen in Relation zu den Fähigkeiten des Kindes selber geben. Dabei sei vermerkt, dass die IDS – wie auch andere entwicklungsdiagnostische Verfahren – nur eine Informationsquelle zur Beschreibung des kindlichen Verhaltens und Erlebens darstellen. Erst eine Integration verschiedener Quellen wie standardisierte Testverfahren, Beobachtungen und eine fundierte Anamnese ergeben eine valide Standortbestimmung der kindlichen Entwicklung.

Wie die oben beschriebenen Auswertungsstrategien und Interpretationsmöglichkeiten in der Praxis umgesetzt werden können, zeigen die Fallbeispiele in den folgenden Kapiteln.

Literatur

Baltes, P. B. (1990). Entwicklungspsychologie der Lebensspanne. Theoretische Ansätze. *Psychologische Rundschau, 23,* 611–626.

Binet, A. & Simon, T. (1905). Méthodes nouvelles pour le diagnostic du niveau intellectuel des anormaux. *L'Année Psychologique, 17,* 191–201.

Bös, K. & Ulmer, J. (2003). Motorische Entwicklung im Kindesalter. *Monatsschrift Kinderheilkunde, 151,* 14–21.

Deary, I. J., Bell, P. J., Bell, A. J., Campbell, M. L. & Fazal, N. D. (2004). Sensory discrimination and intelligence: Testing Spearman's other hypothesis. *American Journal of Psychology, 117,* 1–18.

Ginsburg, H. P. (1997). *Entering the child's mind.* New York: Cambridge University Press.

Grimm, H. & Weinert, S. (2002). Sprachentwicklung. In R. Oerter & L. Montada (Hrsg.), *Entwicklungspsychologie* (5., vollständig überarbeitete Aufl., S. 517–550). Weinheim: Beltz.

Grob, A., Meyer, C. S. & Hagmann-von Arx, P. (2009). *IDS: Intelligence and Development Scales. Intelligenz- und Entwicklungsskalen für Kinder von 5–10 Jahren.* Bern: Hans Huber.

Hagmann-von Arx, P., Meyer, C. S. & Grob, A. (2008). Intelligenz- und Entwicklungsdiagnostik im deutschen Sprachraum. *Kindheit und Entwicklung, 17,* 232–242.

Halberstadt, A. G., Denham, S. A. & Dunsmore, J. C. (2001). Affective social competence. *Social Development, 10,* 79–119.

Hemforth, B. & Konieczny, L. (2002). Sätze und Texte verstehen und produzieren. In J. Müsseler & W. Prinz (Hrsg.), *Allgemeine Psychologie.* Heidelberg: Spektrum.

Karmiloff-Smith, A. (1992). *Beyond modularity. A developmental perspective on cognitive science.* Cambridge, MA: MIT Press.

Kramer, J. (1972). *Intelligenztest: mit einer Einführung in Theorie und Praxis der Intelligenzprüfung* (4., revidierte Aufl.). Solothurn: Antonius.

Meyer, C. S., Hagmann-von Arx, P., Lemola, S. & Grob, A. (2010). Correspondence between the general ability to discriminate sensory stimuli and general intelligence. *Journal of Individual Differences, 31,* 46–56.

Petermann, F. & Macha, T. (2005). Entwicklungsdiagnostik. *Kindheit und Entwicklung, 14,* 131–139.

Rose-Krasnor, L. (1997). The nature of social competence: A theoretical review. *Social Development, 6,* 111–135.

Schmidt-Atzert, L. (2006). Leistungsrelevante Rahmenbedingungen/Leistungsmotivation. In K. Schweizer (Hrsg.), *Leistung und Leistungsmotivation* (S. 223–241). Heidelberg: Springer.

Spearman, C. E. (1904). „General intelligence", objectively determined and measured. *American Journal of Psychology, 15,* 201–293.

II Fallbeispiele

2 Einschulung

Eveline Schlegel

2.1 Diagnostische Aufgabenstellung des Kindes

Bei der Einschulung handelt es sich um den für die Schullaufbahn eines Kindes wichtigen Übergang vom Kindergarten in die Grundschule[1]. Für Kinder mit erhöhtem Förderbedarf oder Entwicklungsrückständen in einzelnen oder mehreren Bereichen gibt es in der Schweiz je nach Gemeinde die Möglichkeit, in der ersten Regelklasse zusätzlichen Förderunterricht zu erhalten oder eine Einschulungsklasse (auch Einführungsklasse) zu besuchen. Die Einschulungsklasse dauert ein oder zwei Jahre. Das Ziel der einjährigen Einschulungsklasse ist die Vorbereitung auf die Lernanforderungen in der ersten Regelklasse. In der zweijährigen Einschulungsklasse werden die Lernziele der ersten Regelklasse auf zwei Schuljahre verteilt. Ziel ist der Übertritt und die Integration in die zweite Regelklasse. Weiter gibt es auch integrative Varianten, die eher in jahrgangsdurchmischten Klassen eingesetzt werden. Hier wechselt ein Kind nach etwa eineinhalb Jahren von der Einschulungsklasse in die laufende erste Regelklasse. Der Zeitpunkt wird so gewählt, dass das Kind nicht nochmals beim Erlernen der Buchstaben dabei ist, aber mit einem kleinen Vorsprung im Schulstoff startet.

Bei Unklarheiten oder Uneinigkeiten rund um die Einschulung können sich Eltern wie auch Fachpersonen der Schule in der Schweiz an den Schulpsychologischen Dienst wenden. Dieser kann im Sinne einer Prozessbegleitung den Übergang zwischen Kindergarten und Schule als außerhalb der Schule stehende Stelle begleiten und koordinieren. Die Schulpsychologinnen und -psychologen machen sich im Auftrag der Schule und der Eltern, manchmal auch im Auftrag der Schulbehörden, ein Bild des kindlichen Entwicklungsstandes. Nebst der Diagnostik hat die Beratung der Eltern und schulischen Fachpersonen, aber auch der meist mit Laien besetzten Schulbehörde einen wichtigen Stellenwert.

Die Anzahl der in der Schweiz beim Schulpsychologischen Dienst angemeldeten Kinder, die sich im Übergang vom Kindergarten zur Grundschule befinden, variiert von Kanton zu Kanton, manchmal auch von Gemeinde zu Gemeinde stark. Dies hängt nebst der Organisation und dem Auftrag der Schulpsychologischen Dienste auch von vorhandenen Unterstützungsmöglichkeiten wie integrativen oder separativen Einschulungsklassen sowie von Ressourcen für heilpädagogische, logopädische und psychomotorische Förderung ab. Bis zu 20 % der Kinder der deutschsprachigen Schweiz besuchen nach dem Kindergarten nicht direkt die erste Regelklasse, sondern entweder ein drittes

---

[1] Vielerorts beginnt die obligatorische Schulzeit bereits mit dem Eintritt in den Kindergarten. Für diesen Eintritt wird der Begriff Einschulung ebenso verwendet wie für den Übergang vom Kindergarten in die Grundschule. Das schulische Angebot verändert sich mit der Einführung von sogenannten Grund- und Basisstufen (Verbindung Kindergarten und erstes/zweites Schuljahr), die den Übergang zwischen Kindergarten und Schule flexibler gestalten.

Kindergartenjahr oder eine ein- bis zweijährige Einschulungsklasse. Kinder mit Migrationshintergrund machen von diesen sonderpädagogischen Angeboten überzufällig häufig Gebrauch (vgl. Wannack, Sörensen & Gilliéron, 2006 oder Stamm & Edelmann, 2010).

In den Diagnosesystemen ICD-10 und DSM-IV finden sich keine Kriterien für eine gelingende Einschulung. Die Thematik der Passung eines Kindes an die schulische Umgebung ist in der ICD-10 hingegen unter Z55.4 als Faktor, der den Gesundheitszustand beeinflusst, erwähnt: „Mangelnde Anpassung an schulische Anforderungen oder Unstimmigkeit mit Lehrern und Mitschülern" (S. 884). Viele der in der ICD-10 oder dem DSM-IV umschriebenen Störungsbilder können das Gelingen der Einschulung jedoch wesentlich beeinflussen, seien dies nun tiefgreifende Entwicklungsstörungen oder Umweltfaktoren, die zentrale Entwicklungsbereiche wie Motorik und Sprache fördern oder behindern können.

Die Einschulungsdiagnostik umfasst die Einschätzung der Schulfähigkeit, Schulreife oder Schulbereitschaft. *Schulfähigkeit* bezeichnet denjenigen Bereich, der eher medizinisch als psychologisch eingeschätzt wird. Es geht um die Frage der körperlichen Konstitution, also ob ein Kind physisch und gesundheitlich in der Lage ist, dem Schulunterricht zu folgen. Für die Schulfähigkeit sind laut Krenz (2003) beim Kind nebst der körperlichen Konstitution auch kognitive Voraussetzungen und vor allem Kompetenzen im sozialen, emotionalen und motorischen Bereich wichtig, die in Tabelle 1 dargestellt sind.

Tabelle 1: Basiskomponenten für die Schulfähigkeit nach Krenz (2003, S. 85)

Emotionale Schulfähigkeit	Soziale Schulfähigkeit
– Belastbarkeit besitzen – Enttäuschungen ertragen können – Neue, unbekannte Situationen angstfrei wahrnehmen – Zuversicht besitzen	– Zuhören können – Sich in einer Gruppe angesprochen fühlen – Regelbedeutungen erfassen und Regeln einhalten können – Konstruktive Konfliktlösungsstrategien zeigen
Motorische Schulfähigkeit	**Kognitive Schulfähigkeit**
– Visuo-motorische Koordination, Finger- und Handgeschicklichkeit besitzen – Eigeninitiative zeigen – Belastungen erkennen und aktiv verändern können – Gleichgewichtssinn, taktile und kinästhetische Wahrnehmung haben	– Konzentrationsfähigkeit, Ausdauer und Aufmerksamkeit besitzen – Ausgeprägtes auditives Kurzzeitgedächtnis, auditive Merkfähigkeit und ein visuelles Gedächtnis haben – Neugierdeverhalten und Lerninteresse zeigen, folgerichtiges Denken besitzen, Beziehungen und Gesetzmäßigkeiten erkennen

Der Begriff der *Schulreife* gilt heute als veraltet, geht er doch davon aus, dass einfach ein bestimmter Reifungsstand im Kind vorhanden sein muss, um die Schule besuchen zu können (Griebel & Minsel, 2007). In Ausnahmefällen kann ein weiteres Kindergartenjahr empfohlen werden, wenn der Eindruck besteht, ein Kind werde ein Jahr später für die Schule bereit sein. Der Begriff der Schulreife wird nach wie vor häufig verwendet. In der Regel wird aber der aktuelle Entwicklungsstand und der Förderbedarf eines Kindes festgestellt und das Kind bei mangelnder Schulfähigkeit mit zusätzlicher Förderung in die erste Regelklasse oder in eine ein- oder zweijährige Einschulungsklasse eingeschult.

Die Schulfähigkeit wird nicht nur von den Voraussetzungen des Kindes, sondern auch von Anforderungsfaktoren der Schule an die Kinder, Klassenverbände und die Familiensysteme bestimmt. Der Bedeutung der systemischen Umgebung der Schule Rechnung trägt am ehesten der Begriff der *Schuleignung* (Knoers & Mönks, 1996). Dieser wird jedoch in der schulpsychologischen Praxis nicht häufig verwendet. Aktuell hat sich der Begriff *Schulbereitschaft* durchgesetzt. Um die Schulbereitschaft eines Kindes zu erreichen, müssen nach Stamm (2008) alle an der Erziehung eines Kindes beteiligten Personen mitwirken. Kritisch beschreibt sie (politische) Entwicklungen, die vor allem den Übertritt in den Kindergarten rein aufgrund des Alters festlegen und für obligatorisch erklären wollen.

In der (schulpsychologischen) Diagnostik der Schulbereitschaft eines Kindes sind die Erfahrungen aus dem Kindergarten, insbesondere auch über den Zeitraum der Kindergartenzeit gesehen als zentral wichtig einzubeziehen (zur Wichtigkeit der systemischen oder auch ökologisch-systemischen Sichtweise vgl. Nickel, 1990). Bei der Einschulungsdiagnostik ist das Ziel, nebst dem Einbezug der Umweltfaktoren, den Entwicklungsstand eines Kindes in verschiedenen Entwicklungsbereichen festzustellen. Dieser wird mit den Anforderungen der Schule verglichen.

2.2 Einsatz der IDS

Die IDS eignen sich für denjenigen Teil der diagnostischen Aufgabenstellung, der den Entwicklungsstand des Kindes feststellt. Die IDS erfassen nicht nur wichtige Komponenten der Kognition wie visuelle und auditive Wahrnehmung, Gedächtnis und logisches Schlussfolgern, sondern beziehen auch andere wichtige Entwicklungsbereiche zur Erfassung der Schulbereitschaft mit ein. Insbesondere sind dies die Bereiche *Psychomotorik*, *Sozial-Emotionale Kompetenz* und Selbstkompetenzen wie *Durchhaltevermögen* und *Leistungsmotivation*. Zudem werden auch Fertigkeiten, die näher an den in der Schule zu erwerbenden Kulturtechniken liegen (wie Mathematik und sprachliche Fähigkeiten), mit den IDS erfasst.

Alternativen oder Ergänzungen zu den IDS sind auf verschiedenen Ebenen anzutreffen: Es existieren verschiedenste Verfahren, die für lokale Begebenheiten entwickelt wurden. Hierzu gehören beispielsweise Schulreifegruppentests, die von Fachpersonen im Kindergarten angewendet werden, die Diagnostischen Einschätzskalen zur Beurteilung des Entwicklungsstandes und der Schulfähigkeit (DES; Barth, 2008) und Lernstandserhebungen wie Wortgewandt und Zahlenstark (Berweger, 2007). Zur Erfassung des kognitiven Potenzials stehen in der deutschen Sprache in dieser Altersstufe den Diagnostikerinnen und Diagnostikern beispielsweise die K-ABC (Melchers & Preuss, 1994), die

WPPSI-III (Petermann, 2009) oder der SON-R 2½-7 (Laros, Tellegen & Winkel, 2006) zur Verfügung.

Die IDS stellen ein umfassenderes Instrument dar als die nur auf die Kognition fokussierenden Intelligenztests. Die IDS füllen somit als Screening-Entwicklungstest, der die Entwicklung verschiedener Bereiche vergleichbar macht, eine Lücke in der Einschulungsdiagnostik.

2.3 Fallbeispiel 1: Marcel (6;2) mit regulärer Einschulung

2.3.1 Anamnese und Problembeschreibung

Marcel ist beim Erstkontakt 6;2 Jahre alt. Er wohnt mit seiner Familie in einer eher ländlichen Gemeinde. Seine Eltern sind verheiratet, der Vater ist selbstständig tätig, die Mutter arbeitet Teilzeit im Betrieb ihres Ehemannes mit. Familiensprache ist deutsch. Marcel hat eine Schwester, die zum Zeitpunkt des Erstkontaktes die zweite Regelklasse besucht. Marcels motorische Entwicklung verlief nach Aussagen der Eltern unauffällig. Die Sprachentwicklung ging im Vergleich zur Schwester verzögert vonstatten. Im Gegensatz zu Marcel sei diese auch schon vor dem Schuleintritt am Lesen interessiert gewesen. Zu Beginn der Kindergartenzeit sei Marcel sehr verträumt gewesen. Es bestanden Trennungsschwierigkeiten von der Mutter. Die Situation habe sich nach einem halben Jahr normalisiert.

Die Eltern beschreiben Marcel als Knaben, der sich gerne sportlich betätigt, sich in diesem Bereich einiges zutraut und ausprobiert. Er sei sozial in der Kindergartenklasse gut integriert, werde häufig zu Kindergartenkollegen eingeladen und nehme aktiv mit anderen Kindern Kontakt auf. Die Eltern beschreiben ihren Sohn als Frohnatur, er sei durchsetzungsfähig und pragmatisch. Er mache etwas nur dann, wenn er den Sinn für die Aufgabe einleuchtend finde. Im Bereich der Feinmotorik erhielt Marcel im Kindergarten Förderung – auch zu Hause wurde in diesem Bereich geübt. Die Eltern denken, dass dieser zusätzliche Aufwand sich gelohnt hat, weil Marcel heute im feinmotorischen Bereich mehr Sicherheit habe. Sie hätten heute beide keine Bedenken bezüglich regulärem Übergang in die Schule, sind aber auch offen für Vorschläge zur Förderung.

Nach Aussagen der Kindergärtnerin und der Heilpädagogin zeige Marcel bei manchen Bewegungsabläufen Unsicherheiten, z. B. beim Ausschneiden, und er halte den Stift verkrampft. Zudem sei er ablenkbar, außerordentlich harmoniebedürftig und im Vergleich mit anderen der Gruppe langsam im Tempo. Beide erwähnen Fragen in Bezug auf seine emotionale Reife – trotz großen Entwicklungsschritten im Umgang mit den Trennungsschwierigkeiten, die vor allem im ersten Kindergartenjahr bestanden.

Da Marcel für die Einschulung in die erste Regelklasse relativ jung ist und beim Entwicklungsstand Unsicherheiten vorhanden sind, erfolgt durch die anstehende Einschulung eine Untersuchung von Marcel. Es wird eingeschätzt, ob Marcel via Regelklasse oder Einschulungsklasse eingeschult werden soll. Weiter soll die Untersuchung aufzeigen, in welchen Bereichen Marcel zusätzlich unterstützt werden kann.

2.3.2 IDS-Testergebnisse

Kognitive Entwicklung. Marcels intellektuelle Leistungsfähigkeit liegt mit IQ = 101 (90 %-Konfidenzintervall IQ = 94–108) insgesamt im mittleren Durchschnittsbereich. Die Testwerte aller Untertests der kognitiven Entwicklung liegen innerhalb des Durchschnittsbereiches (*Wahrnehmung Visuell* 8 WP, *Aufmerksamkeit Selektiv* 12 WP, *Gedächtnis Phonologisch* 11 WP, *Gedächtnis Räumlich-Visuell* 11 WP, *Denken Bildlich* 9 WP, *Denken Konzeptuell* 8 WP, *Gedächtnis Auditiv* 9 WP).

Allgemeine Entwicklung. Im Bereich der *Psychomotorik* zeigt Marcel einen unterdurchschnittlichen Wert in der *Feinmotorik* (5 WP), eine überdurchschnittliche Leistung in der *Grobmotorik* (16 WP) und eine durchschnittliche Leistung in der *Visuomotorik* (9 WP). Im Bereich der *Sozial-Emotionalen Kompetenz* erzielt Marcel in *Emotionen Erkennen* (8 WP) und *Soziale Situationen Verstehen* (8 WP) durchschnittliche Werte. Im Untertest *Emotionen Regulieren* (14 WP) zeigt Marcel mit seiner überdurchschnittlichen Leistung, dass er bereits sehr gut weiß, wie er Angst, Wut oder Trauer regulieren kann. Im Untertest *Sozial Kompetent Handeln* erzielt Marcel ein unterdurchschnittliches Ergebnis (6 WP). Dies weist darauf hin, dass ihm zum sozial kompetenten Handeln noch passende Strategien fehlen. Die Leistungen in den Funktionsbereichen *Mathematik* (*Denken Logisch-Mathematisch* 13 WP), *Sprache* (*Sprache Expressiv* 8 WP, *Sprache Rezeptiv* 13 WP) und *Leistungsmotivation* (*Durchhaltevermögen* 10 WP, *Leistungsfreude* 7 WP) fallen durchschnittlich aus. Marcels IDS-Profil für die Funktionsbereiche ist in Abbildung 1 dargestellt.

Stärken und Schwächen. Insgesamt kann Marcels kognitives Entwicklungsprofil als seinem Alter entsprechend und relativ ausgeglichen bezeichnet werden. Eine tendenzielle intraindividuelle Stärke zeigt sich in *Aufmerksamkeit Selektiv*. Ebenfalls können Marcels Resultate in den Untertests *Wahrnehmung Visuell* sowie *Denken Konzeptuell* tendenziell als intraindividuelle Schwächen interpretiert werden. Im Bereich der *Allgemeinen Entwicklung* sind die Resultate von Marcel breiter gestreut. Am extremsten zeigt sich dies im Bereich der *Psychomotorik*, in dem Marcel während einigen Monaten speziell gefördert wurde. In der *Feinmotorik* weist Marcel einen Entwicklungsrückstand und eine intraindividuelle Schwäche auf. Im Bereich der *Grobmotorik* zeigt Marcel eine inter- und intraindividuelle Stärke. Fast ebenso unterschiedlich sind die Resultate im Bereich der *Sozial-Emotionalen Kompetenz*. Während Marcel im Untertest *Emotionen Regulieren* eine inter- und intraindividuelle Stärke zeigt, ist seine Leistung im Untertest *Sozial Kompetent Handeln* als inter- und intraindividuelle Schwäche zu beurteilen. Wird das Profil der Gesamtentwicklung betrachtet (s. Abb. 2), zeigt sich eine intraindividuelle Stärke von Marcel im Funktionsbereich *Mathematik*. Er zeigt eine Leichtigkeit im Umgang mit Zahlen, einiges an Wissen sowie eine adäquate Vorstellung des Zahlenraums. Das Abbruchkriterium wurde erreicht, als spezifisches Vokabular (Zehner/Einer) erfragt wurde und die Zahlen größer wurden. Die Einschätzung der *Leistungsmotivation* durch die Testleiterin fällt im Vergleich zu gleichaltrigen Kindern knapp durchschnittlich aus und stellt eine intraindividuelle Schwäche dar.

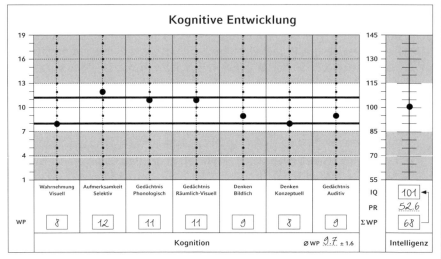
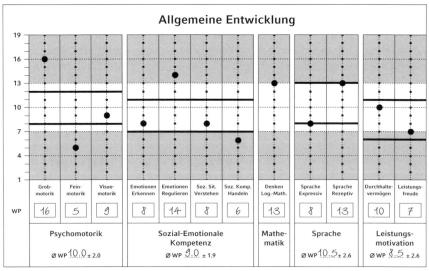

Abbildung 1: IDS-Profil von Marcel

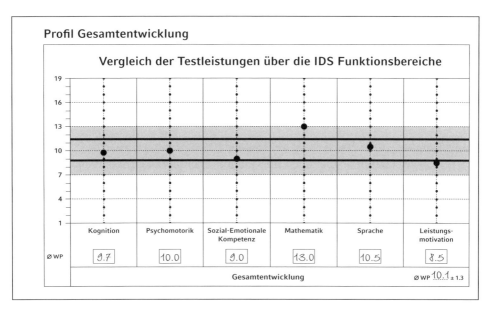

Abbildung 2: IDS-Gesamtprofil von Marcel

2.3.3 Weitere Untersuchungsergebnisse

Verhaltensbeobachtung. Marcel zeigt sich bereits beim Gespräch mit den Eltern, aber auch im Zweierkontakt als aufgeweckter, vifer, charmanter Knabe. Auf seinen Wunsch bleibt die Mutter während der gesamten Testabklärung im Raum oder ganz nahe außerhalb der Zimmertür. Auf Nachfrage hin meint er, er möge es, wenn die Mutter ihm zuschaue. Zudem sei es für die Testleiterin spannender, wenn nicht nur er da sei. Für visuo- bzw. graphomotorische Aufgaben braucht Marcel viel Energie. Die Stifthaltung in der rechten Hand fällt bei korrektem Griff als verkrampft auf. Marcel benutzt intelligente Strategien, um mehr Schreibaufwand zu vermeiden (nimmt Abkürzung, malt groß). Allgemein hat er hohe Ansprüche an sich, insbesondere auch bei für ihn schwierigen Aufgaben. Er korrigiert sich ab und zu oder beginnt nochmals von vorne. Seine Ausdauer ist als altersgemäß einzustufen, das Tempo passt er je nach Bedarf den Anforderungen an. Er zeigt eine altersgemäße Frustrationstoleranz. Die ganze IDS-Testung wird in gut 90 Minuten bewältigt. Marcels Arbeitsweise ist fokussiert – bei gutem Instruktionsverständnis.

Weitere Testbefunde. Zu Vergleichszwecken wurden die Aufgaben des sechsten und siebten Jahres des Kramer-Tests (Kramer, 1972) durchgeführt. Der Kramer-Test kann als Screening für die Schulreife eingesetzt werden. Aufgrund der Testergebnisse können die Kinder im Kindergarten in schulreife (≥ 12 Punkte), fraglich schulreife (9 bis 11 Punkte) und nicht schulreife Kinder (≤ 8 Punkte) eingeteilt werden. Der Kramer-Test weist im Vergleich zu den IDS eine größere Anzahl von sprachlichen Aufgaben auf (z.B. Sätze nachsprechen, Bildbeschreibung aus dem Gedächtnis, Erzählen einer Bildergeschichte). Marcels sprachliche Stärken kommen hier im Gegensatz zur IDS-Testung stärker zum

Tragen und ergänzen das IDS Entwicklungsprofil. Außerdem zeigt Marcel in der Kramer-Testung eine Stärke im Bereich der visuellen und auditiven Merkfähigkeit. Mit insgesamt 12½ Punkten ist Marcel laut Schulreifeskala schulreif, was die Resultate der IDS grundsätzlich bestätigt.

2.3.4 Interpretation und Intervention

Interpretation. Nach den Testergebnissen der IDS und des Kramer-Tests, sowie nach der Verhaltensbeobachtung und den Informationen aus der Anmeldung und Anamnese ist Marcel aufgrund seines Entwicklungsstandes als schulbereit einzustufen. Es zeigen sich aber auch die von den Eltern und Kindergärtnerin berichteten Schwierigkeiten in der Feinmotorik und Graphomotorik. Marcel wird in diesen Bereichen zu Hause und von der schulischen Heilpädagogin im Kindergarten gefördert. Die kognitiven Voraussetzungen helfen ihm dabei, einerseits gewisse Schwierigkeiten zu kompensieren, andererseits neue, auch komplexere Kompetenzen wie etwa der Koordination von Augen und Hand oder die Sprache beim Zählen von Objekten zu erwerben.

Intervention. Aufgrund der Resultate werden Eltern, Kindergärtnerin und Heilpädagogin beim Auswertungs- und Beratungsgespräch wie folgt beraten: Der Eindruck der Eltern im Hinblick auf den altersentsprechenden Entwicklungsstand ihres Sohnes wird bestätigt. Die Kindergärtnerin wird soweit beruhigt, dass sie nichts übersehen hat und in der Richtigkeit ihrer Anmeldung bestärkt. Eine Einigung unter allen Beteiligten bezüglich sonderpädagogischen Maßnahmen ist somit gut möglich. Da in der Wohngemeinde eine erste Klasse mit einer kleinen Schülerzahl gebildet wird, kann Marcel, ohne zusätzliche Ressourcen in Anspruch zu nehmen, individuell betreut werden. Bis Ende der Kindergartenzeit sollen die integrativen Stunden mit der Heilpädagogin dazu genutzt werden, mehr Sicherheit in den Bereichen der Feinmotorik und Graphomotorik zu erlangen. Dies soll den Möglichkeiten vor Ort entsprechend integrativ und/oder in einer Kleingruppe geschehen, um dem sozialen Aspekt Rechnung zu tragen. Das Ziel für Marcel ist vorerst, Sicherheit in sich selbst und seine Fähigkeiten zu gewinnen. Ein Vorteil ist, dass die Heilpädagogin, die Marcel schon kennt, mit ihm auch in der Schule weiterarbeiten wird.

Um die momentane Freude an der taktil-kinästhetischen Wahrnehmung als Ressource zu nutzen, werden die Eltern dahingehend beraten, sich dies für feinmotorisches spielerisches Üben zunutze zu machen: schneiden, kneten, mitunter auch kombiniert mit Bewegung.

Im Ergebnisprofil der IDS, bestätigt durch andere Testergebnisse, wird sichtbar, dass Marcel grundsätzlich gute Voraussetzungen zum Lernen mit bringt. Er zeigt Interesse für die Schule, insbesondere auch für Zahlen(räume) und bringt eine ausreichende Arbeitshaltung für den Schulbesuch mit. Marcel wird ohne besonderen Status in die erste Klasse übertreten. Die schulische Heilpädagogin und die Kindergärtnerin nutzen die Zeit bis Ende Kindergarten, um Marcel im Bereich der Feinmotorik und Graphomotorik zu unterstützen und Sicherheit zu geben. Bei Bedarf wird über die Schule eine Anmeldung zur Psychomotoriktherapie erfolgen.

2.4 Fallbeispiel 2: Laura (5;11) mit Einschulung in die Einführungsklasse

2.4.1 Anamnese und Problembeschreibung

Laura ist zum Zeitpunkt des Kontakts mit dem Schulpsychologischen Dienst 5;11 Jahre alt. Sie wohnt mit Eltern und einem älteren Bruder in einem kleinstädtischen Umfeld. Familiensprache ist albanisch, die Geschwister sprechen aber seit Kindergarteneintritt von Laura vermehrt deutsch miteinander. Der Vater ist aktuell arbeitslos, die Mutter arbeitet im Schichtbetrieb in der produzierenden pharmazeutischen Industrie. Die Entwicklung Lauras sei ohne nennenswerte Auffälligkeiten verlaufen. Laura schlafe eher viel. Sie esse kein Gemüse und wurde wegen Eisenmangels behandelt.

Kindergärtnerin und Heilpädagogin im Kindergarten sind beide unsicher, ob sie Laura in die Regelklasse oder in die einjährige Einschulungsklasse einteilen würden oder ob Laura ein drittes Jahr den Kindergarten besuchen soll. Ein diskrepantes Profil im von der Heilpädagogin durchgeführten Wiener Entwicklungstest (WET; Kastner-Koller & Deimann, 2002) verstärkt die Unsicherheiten der anmeldenden Fachpersonen. Sie wünschen sich durch eine Drittmeinung und Außensicht der Schulpsychologin mehr Klarheit. Als Lauras Stärken beschreiben sie ihre Intelligenz, Agilität, Kreativität, ihre sozial-emotionalen Fertigkeiten, guten Umgangsformen sowie ihre Begeisterungsfähigkeit. Als fremdsprachiges Kind wird Laura durch Unterricht in Deutsch als Zweitsprache unterstützt. Sie habe sprachlich große Fortschritte gemacht. In der visuellen Wahrnehmung sei Laura stärker als in der auditiven. Momentan sei für sie das Spielen noch sehr wichtig; wenn sie selbst die Wahl habe, wähle sie nie das schulnähere Lernspiel.

Die Eltern beschreiben Laura als pflichtbewusstes, hilfsbereites Mädchen, das die Aufgaben für den Deutschunterricht (Deutsch als Zweitsprache) immer vor allem anderen erledigt haben will. Sie interessiere sich sehr für alles Schulische, das sie bei ihrem Bruder sehe. Sie verstehen den Anlass zur Untersuchung nicht ganz, mit ihr sei doch alles in Ordnung, ebenso wie beim älteren Bruder, bei dem der Schulstart gut geglückt sei.

2.4.2 IDS-Testergebnisse

Kognitive Entwicklung. Laura zeigt eine intellektuelle Leistungsfähigkeit im Durchschnittsbereich (IQ = 99, 90 %-Konfidenzintervall IQ = 92–106). Deutlich überdurchschnittlich fällt die Leistung im *Denken Konzeptuell* (17 WP) aus. Die Leistung im *Gedächtnis Phonologisch* (4 WP) liegt unter dem Durchschnitt. Dieses Resultat deckt sich mit der Beobachtung der Kindergärtnerin einer auditiven Schwäche in der Merkfähigkeit. Im Untertest *Gedächtnis Auditiv* interessierte sich Laura sehr für die Geschichte von Daniel und hat sich offensichtlich ein inneres Bild gemacht, so dass sie mit ihrem ausreichenden Verständnis der deutschen Sprache ein Resultat im Durchschnittsbereich erzielte (*Gedächtnis Auditiv* WP 9). Die weiteren Leistungen liegen ebenfalls im Durchschnittsbereich (*Wahrnehmung Visuell* 8 WP, *Aufmerksamkeit Selektiv* 8 WP, *Gedächtnis Räumlich-Visuell* 11 WP, *Denken Bildlich* 9 WP).

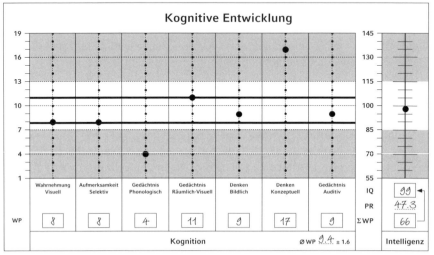
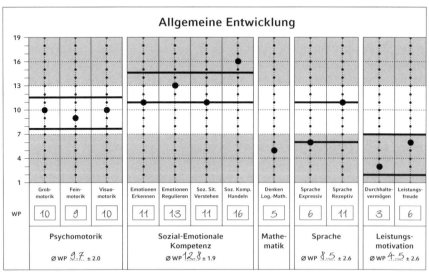

Abbildung 3: IDS-Profil von Laura

Allgemeine Entwicklung. Die Resultate aller Untertests der *Psychomotorik* liegen im Durchschnittsbereich (*Grobmotorik* 10 WP, *Feinmotorik* 9 WP, *Visuomotorik* 10 WP). Im Bereich der *Sozial-Emotionalen Kompetenz* zeigt Laura im Untertest *Sozial Kompetent Handeln* eine überdurchschnittliche Leistung (16 WP). Die Leistungen in den anderen Untertests fallen durchschnittlich aus (*Emotionen Erkennen* 11 WP, *Emotionen Regulieren* 13 WP, *Soziale Situationen Verstehen* 11 WP). In der *Mathematik* erzielt Laura ein unterdurchschnittliches Resultat (*Denken Logisch-Mathematisch* 5 WP). Im Bereich der *Sprache* erzielt Laura im Untertest *Sprache Expressiv* ein unterdurchschnittliches (6 WP) und im Untertest *Sprache Rezeptiv* ein durchschnittliches (11 WP) Ergebnis. Deutlich unterdurchschnittlich fällt die Einschätzung der *Leistungsmotivation* aus (*Durchhaltevermögen* 3 WP, *Leistungsfreude* 6 WP).

Stärken und Schwächen. Im Bereich der *Kognitiven Entwicklung* ist Lauras Leistung im Untertest *Denken Konzeptuell* nicht nur als interindividuelle, sondern auch als intraindividuelle Stärke zu interpretieren. Laura hat demnach sprachliche Konzepte gut verinnerlicht und ihre Sprache organisiert. Lauras Resultate in der *Allgemeinen Entwicklung* sind stark divergent. Über die Gesamtentwicklung ist Lauras Leistung im Bereich der *Sozial-Emotionalen Kompetenz* als intraindividuelle Stärke zu betrachten. Insbesondere im Untertest *Sozial Kompetent Handeln* zeigt Laura, dass sie für unterschiedliche soziale Situationen adaptive Handlungsstrategien kennt. Der Funktionsbereich *Mathematik* ist nicht nur als interindividuelle, sondern auch als intraindividuelle Schwäche zu betrachten. Im Bereich der *Sprache* besteht eine große Differenz zwischen der expressiven Sprache, in der Laura (typisch für ein fremdsprachiges Kind) im Leistungsstand noch unter dem Durchschnitt ihrer Altersgruppe zurückliegt. Dies ganz im Gegensatz zur rezeptiven Sprache, wo Laura mit einer Leistung im mittleren Durchschnittsbereich

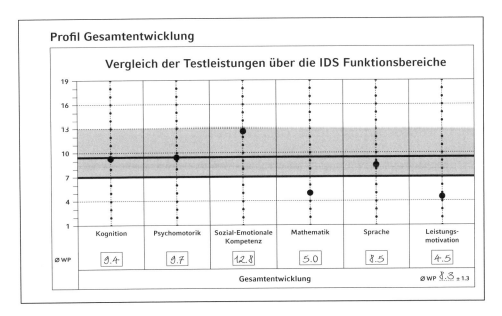

Abbildung 4: IDS-Gesamtprofil von Laura

zeigt, dass sie im Bereich des Sprachverständnisses mit deutschsprachigen Kindern mithalten kann. Deutlich reduziert wird Lauras *Leistungsmotivation* eingeschätzt. Lauras IDS-Profile sind für die Funktionsbereiche in Abbildung 3 und für die Gesamtentwicklung in Abbildung 4 dargestellt.

2.4.3 Weitere Untersuchungsergebnisse

Verhaltensbeobachtung. Laura zeigt im Beisein ihrer Eltern, aber auch in der Zweiersituation, ab und zu kleinkindliche Verhaltensweisen wie Daumenlutschen. Sie spricht fast nicht, ohne dazu aufgefordert zu sein. Sie trennt sich ohne Schwierigkeiten von der Mutter. Als die Eltern weg sind, kommt zunehmend Lauras kontaktfreudige, aktive, auch charmante Seite zum Vorschein. Grundsätzlich arbeitet Laura etwas überhastet, korrigiert sich aber oft selber. Trotz Fremdsprachigkeit hat Laura einen angemessenen Wortschatz und versteht die deutsche Sprache ausreichend. Sie kann sich noch nicht korrekt ausdrücken und macht typische Fehler wie „am gernsten" statt „am liebsten". Solche Fehlerarten weisen darauf hin, dass sich das Mädchen mit der deutschen Sprache und mit der damit verbundenen Kommunikation auseinandersetzt. Sie ermüdet rasch und vermag ihre Aufmerksamkeit nur kurz auf die gestellten Aufgaben richten. Sie braucht Bewegung nach kurzen Sequenzen, um wieder voll da sein zu können. Laura ist noch auf viel Führung und Anleitungen angewiesen.

Weitere Testbefunde. Grobmotorische Aufgaben löst Laura innerhalb des Durchschnittsbereiches ihrer Altersgruppe. Mit einem weichen Ball zu spielen bereitet ihr Unbehagen, es ist fast keine Kraftdosierung möglich. Beim Fangen des Balles hält sie abwehrend beide Hände schützend vors Gesicht. Beim zeichnerischen Selbstporträt zeichnet sie sich klein, aber mit altersgemäßen Proportionen und Detailreichtum. Bei der Kramer-Schulreifeskala erreicht sie 9 Punkte, ihr Resultat liegt damit im fraglichen Bereich der Schulreife. Teilweise gilt hier, dass sprachliche Aufgaben wegen Fremdsprachigkeit nicht gelöst werden können. Außerdem ist Lauras auditive Merkfähigkeit für Sätze und Zahlen reduziert und die Differenzierung von rechts und links noch nicht genügend sicher.

2.4.4 Interpretation und Intervention

Interpretation. Insgesamt macht Lauras Verhalten manchmal einen wenig reifen, fast kleinkindlichen Eindruck. Es fehlt ihr eine für die Schule notwendige Reife in der Erscheinung und Arbeitshaltung. Ihr kognitives Potenzial befindet sich im Durchschnittsbereich und die meisten der anderen mit IDS erfassten Entwicklungsbereiche sind so weit entwickelt, dass ein drittes Kindergartenjahr nicht in Betracht kommt. Insbesondere bei Kindern mit durchschnittlich kognitivem Potenzial kann sich ein Zwischenjahr mit verstärkten Fördermöglichkeiten lohnen, um ressourcenorientiert arbeiten und im individuellen Tempo Sicherheiten gewinnen zu können. Starke Divergenzen innerhalb eines Entwicklungs- bzw. Intelligenzprofils können eine solche Maßnahme sinnvoll machen. Damit wird die Wahrscheinlichkeit eines erfolgreichen schulischen Einstiegs erhöht. Lauras intraindividuelle (aber auch interindividuelle) Schwäche in der auditiven

Merk- und Differenzierungsfähigkeit könnte zu Schwierigkeiten im Schriftspracherwerb führen und muss noch genauer untersucht werden.

Intervention. Trotz einiger altersentsprechend entwickelter Bereiche, vor allem des kognitiven und motorischen Bereiches, wird eine Einschulung in die einjährige (vor Ort angebotenen separativen) Einschulungsklasse empfohlen. Diese Empfehlung gründet auf den vorhandenen Ressourcen, die Laura zurzeit wegen noch gering entwickelter Motivation, Ausdauer und ihrer Fremdsprachigkeit nicht optimal umsetzen kann. Der kleinere Rahmen einer Einschulungsklasse bietet Laura Zeit, sich gemäß ihres Entwicklungsstandes weiterzuentwickeln. Er bietet aber auch einen engeren Beobachtungsraum für die betreuenden Fachpersonen, um Hinweise zu erhalten, ob und in welchen Bereichen Laura später unterstützt werden sollte. Die Empfehlung der Einschulungsklasse wird sowohl von der Kindergärtnerin als auch von der schulischen Heilpädagogin gestützt. Als nächster Schritt ist ein Besuch der jetzigen Einschulungsklasse angezeigt, aufgrund dessen sich die Eltern entscheiden sollen, ob sie mit der Maßnahme einverstanden sind. Zusätzlich wird eine genauere Abklärung des Gehörs empfohlen, um Hörschwierigkeiten als Ursache der Schwierigkeiten in der auditiven Differenzierung und Merkfähigkeit in der Förderplanung entweder ausschließen oder einbeziehen zu können.

2.5 Zusammenfassung

Zusammenfassend lässt sich sagen, dass sich der Einsatz der IDS für die Einschulungsdiagnostik sehr gut eignet. Ihr größter Vorteil gegenüber anderen Verfahren besteht in der Möglichkeit, innerhalb des gleichen Testverfahrens alle für die Einschulung wichtigen Entwicklungsbereiche direkt miteinander zu vergleichen. Der Bereich *Sozial-Emotionale Kompetenz* und die *Leistungsmotivation* sind in keinem anderen Test so ausführlich und normiert erfassbar. Diese Bereiche sind für die Beurteilung der Schulbereitschaft wichtig – nebst dem kognitiven Potenzial und bereits vorhandenen Fertigkeiten in der Sprache, im Umgang mit Zahlen sowie der Motorik. Wenn ein Kind in vielen Bereichen unterdurchschnittlich abschneidet bzw. einen Entwicklungsrückstand zeigt, dann ist ein zusätzliches Vorschuljahr oder zusätzliche Unterstützung empfehlenswert. Das intraindividuelle Stärken-Schwächen-Profil kann für die Förderplanung sehr hilfreich sein. Die oft als Screening gestalteten Aufgaben geben genügend Hinweise auf Bereiche, in denen Förderung angebracht ist oder die genauer beobachtet und untersucht werden sollen. Für die Beratung hilfreich sind Profile auch deshalb, weil nicht nur auf vorhandene Schwächen, sondern auch auf Stärken fokussiert werden kann (ressourcenorientierte Beratung und Förderung).

Die Kinder, die aufgrund von Fragen zur Einschulung mit den IDS getestet werden, liegen am unteren Rand der Altersgruppe 5 bis 10 Jahre, für die der Test konzipiert und normiert ist. Das Testmaterial ist ansprechend und genügend spielerisch gestaltet, somit besteht eine gute Akzeptanz der Kinder für den Test.

Eine Schwäche der IDS für die Einschulungsdiagnostik liegt darin, dass sprachliche Aufgaben ein zu geringes Gewicht haben. Der kleine sprachliche Anteil ist zwar für die

Vergleichbarkeit von Kindern mit deutschem und fremdsprachigem Hintergrund ein wichtiger Vorteil der IDS. Es entspricht aber der schulischen Realität, dass die sprachlichen Anforderungen oft hoch sind. Sprachfertigkeiten, insbesondere phonologische Bewusstheit, sind wichtig für den Schulerfolg (vgl. Breuer & Weuffen, 2006). Der geringe Anteil sprachlicher Fähigkeiten muss bei der Interpretation der Testergebnisse berücksichtigt werden.

Teilweise sind für fremdsprachige oder weniger sprachbegabte Kinder die Instruktionen in den IDS sprachlich zu komplex (z. B. Untertest *Aufmerksamkeit Selektiv*), so dass wegen mangelndem Instruktionsverständnis die Aufgaben nicht richtig gelöst werden. Hier schleicht sich unkontrolliert doch eine sprachliche Barriere ein. Die IDS differenzieren gut zwischen verschiedenen Entwicklungsbereichen, wenn ein Kind weder extrem schwach noch extrem stark abschneidet.

Vorsicht ist bei der Interpretation des Untertests *Aufmerksamkeit Selektiv* geboten, wenn das Kind die Strategie verfolgt, möglichst alle Items zu bearbeiten. Diese instruktionswidrige Bearbeitung wird belohnt, da trotz sehr vielen Fehlern wegen der hohen Anzahl der bearbeiteten Zeichen ein hoher Testwert erreicht wird. Ein sinnvoller Umgang mit einer solchen Problemstellung kann sein, diesen Untertest nicht als gültig zu bewerten und den IQ-Wert aufgrund der sechs anderen Untertests nur zu schätzen (s. Kap. 1.2 in diesem Fallbuch).

Der zeitliche Aufwand für die Durchführung der gesamten IDS ist recht hoch. Oft können in einer Sitzung nicht alle Untertests durchgeführt werden oder es sind vermehrt zusätzliche Erklärungen, Strukturierung und Pausen notwendig. Der ganze Test sollte daher aus ökonomischen Gründen nur bei Kindern angewendet werden, bei denen wirklich das ganze Profil erfasst werden muss. Bei einzelnen Bereichen wie den sozial-emotionalen Kompetenzen kann sich die Diagnostikerin auch auf Aussagen der Fachpersonen im Kindergarten abstützen. Mit dem Baukastensystem, in dem nicht alle Bereiche erfasst werden müssen, bieten die IDS einen Ausweg an.

Literatur

Barth, K. (2008). *DES Diagnostische Einschätzskalen zur Beurteilung des Entwicklungsstandes und der Schulfähigkeit* (5. Aufl.). München: Ernst Reinhardt.
Berweger, S. (2007). *Wortgewandt und Zahlenstark. Lern- und Entwicklungsstand bei 4- bis 6-Jährigen. Testhandbuch.* St. Gallen: Lehrmittelverlag.
Breuer, H. & Weuffen, M. (2006). *Lernschwierigkeiten am Schulanfang: Lautsprachliche Lernvoraussetzungen und Schulerfolg.* Weinheim: Beltz.
Deutsches Institut für Medizinische Dokumentation und Information (Hrsg.). (2010). *ICD 10. Internationale statistische Klassifikation der Krankheiten und verwandter Gesundheitsprobleme 10. Revision.* WHO-Ausgabe. http://www.dimdi.de/static/de/klassi/diagnosen/icd10/htmlgm2011/block-z55-z65.htm [On-Line].
Griebel, W. & Minsel, B. (2007). Schulfähigkeit – ein Begriff im Wandel. Vom Reifekonzept zum Transitionsansatz. *Theorie und Praxis der Sozialpädagogik (TPS) 3*, 16–20.
Huismann-Guidon, L. (2007). *Die Abklärung der Einschulungsfrage durch den schulpsychologischen Dienst.* Diplomarbeit, Hochschule für Angewandte Psychologie, Zürich.

Käser, R. (1993). *Neue Perspektiven in der Schulpsychologie. Handbuch der Schulpsychologie auf ökosystemischer Grundlage.* Bern: Haupt.

Kastner-Koller, U. & Deimann, P. (2002). *WET Wiener Entwicklungstest.* Göttingen: Hogrefe.

Knoers, A. & Mönks, F. (1996). *Lehrbuch der Entwicklungspsychologie.* München: Ernst Reinhardt.

Kramer, J. (1972). *Intelligenztest: mit einer Einführung in Theorie und Praxis der Intelligenzprüfung* (4., revidierte Aufl.). Solothurn: Antonius.

Krenz, A. (2003). *Ist mein Kind schulfähig?: Ein Orientierungsbuch.* München: Kösel.

Laros, J., Tellegen, P. & Winkel, M. (2006). *Snijders-Oomen Non-verbaler Intelligenztest.* Göttingen: Hogrefe.

Melchers, P. & Preuss, U. (1994). *Kaufman Assessment Battery for Children: K-ABC* (2., korr. und erg. Aufl.). Frankfurt/Main: Swets & Zeitlinger.

Nickel, H. (1990). Das Problem der Einschulung aus ökologisch-systemischer Perspektive. *Psychologie in Erziehung und Unterricht, 37,* 217–227.

Petermann, F. (Hrsg.). (2009). *Wechsler Preschool and Primary Scale of Intelligence – III (WPPSI-III) – Deutsche Version.* Frankfurt/Main: Pearson.

Stamm, M. (2008). Schulpflicht ohne Schulreife. Die frühere Einschulung ist nicht für jedes Kind das richtige Rezept. *NZZ,* Bildungsbeilage Nr. 209, B1 vom 8.9.2008. Verfügbar unter: http://perso.unifr.ch/margrit.stamm/forschung/fo_downloads/fo_dl_publ/NZZ_frueher.pdf

Stamm, M. & Edelmann, D. (Hrsg.). (2010). *Frühkindliche Bildung, Betreuung und Erziehung: Was kann die Schweiz lernen?* Chur/Zürich: Rüegger.

Wannack, E., Sörensen Cribiez, B. & Gilliéron Giroud, P. (2006). *Frühere Einschulung in der Schweiz. Ausgangslage und Konsequenzen.* Bern: Schweizerische Konferenz der kantonalen Erziehungsdirektoren (EDK).

3 Lese- und Rechtschreibstörung

Jeannine Mätzler & Simon Walther

3.1 Diagnostische Aufgabenstellung des Kindes

Die Lese- und Rechtschreibstörung ist nach der ICD-10 unter den umschriebenen Entwicklungsstörungen schulischer Fertigkeiten (F81) klassifiziert. Es werden folgende Störungsbilder unterschieden:
- *F81.1 Lese- und Rechtschreibstörung*, bei der eine deutlich beeinträchtigte Entwicklung der Lesefertigkeiten besteht, welche häufig mit Rechtschreibstörungen einhergeht. In der späteren Kindheit und im Erwachsenenalter sind die Rechtschreibprobleme meist größer als die Defizite in der Lesefähigkeit.
- *F81.2 Isolierte Rechtschreibstörung*, bei der eine eindeutige Störung in der Entwicklung der Rechtschreibung vorliegt ohne vorher aufgetretene umschriebene Lesestörung.
- *F81.3 Kombinierte Störung schulischer Fertigkeiten*, bei der sowohl Lese- und Rechtschreib- als auch Rechenfähigkeiten eindeutig beeinträchtigt sind.

Die Lese- und/oder Rechtschreibleistung muss deutlich unter dem Niveau liegen, das aufgrund des Alters, der allgemeinen Intelligenz und der Beschulung zu erwarten ist. Wesentlich bei der Definition ist, dass die Störung nicht durch unzureichenden Unterricht, allgemeine Intelligenzminderung, Hör- oder Sehstörungen, neurologische oder psychische Erkrankungen sowie extreme Unzulänglichkeiten im Unterricht und in der Erziehung bedingt ist (Remschmidt, Schmidt & Pouska, 2006).

Die Prävalenzraten einer Lese- und/oder Rechtschreibstörung schwanken auf Grund unterschiedlicher Definitionskriterien. Hasselhorn und Schuchardt (2006) geben auf Basis epidemiologischer Studien an, dass die Häufigkeit bei Achtjährigen bei etwa 7 bis 8 %, bei Zwölfjährigen bei etwa 6 % und im jungen Erwachsenenalter bei etwa 4 % liegt. Es ist davon auszugehen, dass diese Abnahme auch mit den Auswirkungen von Fördermaßnahmen zusammenhängt. Jungen sind von einer Lese- und/oder Rechtschreibstörung etwa doppelt so häufig betroffen wie Mädchen.

Die Symptomatik der Lesestörung kann sich in Defiziten der Lesegenauigkeit, des Lesetempos und des Leseverständnisses zeigen. Im Vordergrund der Rechtschreibstörung steht die große Anzahl von Rechtschreibfehlern, wobei diese vom schulischen Entwicklungsstand des Kindes abhängen. Die konkreten Defizite können von Kind zu Kind stark variieren, weshalb es keine diagnosespezifische Fehlertypologie gibt. Die charakteristischen Symptome der Lese- und Rechtschreibstörung sind in Tabelle 1 zusammengefasst.

Für die Lese- und Rechtschreibstörung muss eine mehrdimensionale Ätiologie angenommen werden, wobei eine genetische Disposition als gesichert gilt. Insgesamt wird heute davon ausgegangen, dass neurobiologische Ursachen im Wesentlichen für die Entstehung einer Lese-Rechtschreibstörung verantwortlich sind. Insbesondere Defizite in der phonologischen Informationsverarbeitung spielen eine besondere Rolle. Von aus-

Tabelle 1: Symptome der Lese- und Rechtschreibstörung (nach Warnke & Plume, 2008)

Lesestörung	– Auslassen, Ersetzen, Verdrehen oder Hinzufügen von Wörtern oder Wortteilen – Niedrige Lesegeschwindigkeit – Startschwierigkeiten beim Vorlesen, langes Zögern oder Verlieren der Zeile im Text – Vertauschen von Wörtern im Satz oder von Buchstaben in den Wörtern – Eingeschränktes Leseverständnis: Unfähigkeit, Gelesenes wiederzugeben, aus Gelesenem Schlüsse zu ziehen oder Zusammenhänge zu sehen
Rechtschreibstörung	– Reversionen: Verdrehungen von Buchstaben im Wort (b-d; p-q; u-n) – Reihenfolgefehler der Buchstaben im Wort (die-dei) – Auslassungen oder Einfügungen von Buchstaben – Regelfehler (Dehnung, Groß-/Kleinschreibung) – Wahrnehmungsfehler (Verwechslung von d-t, g-k) – Fehlerinkonstanz: ein- und dasselbe Wort wird unterschiedlich fehlerhaft geschrieben

schlaggebender Bedeutung sind Defizite in der sogenannten „phonologischen Bewusstheit", welche die Erkennung und Analyse von lautsprachlichen Einheiten wie Silben und Phoneme in der gesprochenen Sprache ermöglicht. Bei einer kleinen Gruppe von Betroffenen ist auch die visuelle Informationsverarbeitung beeinträchtigt (Klicpera, Schabmann & Gasteiger-Klicpera, 2007; Rüsseler, 2006; Schulte-Körne, Warnke & Remschmidt, 2006; Warnke, 2005).

Nicht selten sind bei Kindern mit einer Lese- und Rechtschreibstörung Begleitsymptome und Komorbiditäten vorhanden. Ein großer Teil der betroffenen Kinder weist bereits im Vorschulalter Defizite in der Sprachentwicklung auf. Häufig ist die Störung mit Aufmerksamkeitsschwierigkeiten, Hyperaktivität und Impulsivität verknüpft (z. B. Klicpera et al., 2007; Warnke, Hemminger & Plume, 2004). Die Lese- und Rechtschreibstörung tritt auch häufig in Kombination mit einer Rechenstörung auf (kombinierte Störung schulischer Fertigkeiten) (Hasselhorn & Schuchardt, 2006). Kinder mit einer Lese- und Rechtschreibstörung haben zudem meist ein defizitäres Selbstkonzept ihrer schulischen Fähigkeiten und begleitend treten oftmals emotionale Probleme und Verhaltensauffälligkeiten auf (Gasteiger-Klicpera, Klicpera & Schabmann, 2006; Carroll, Maughan, Goodman & Meltzer, 2005).

Für die Diagnosestellung muss nach ICD-10 eine allgemeine Intelligenz mit einem IQ über 70 vorliegen und das doppelte Diskrepanzkriterium erfüllt sein. Demnach soll erstens eine Diskrepanz der Lese- bzw. Rechtschreibleistung zur Normgruppe vorliegen. Zweitens wird eine bedeutsame Diskrepanz zwischen der allgemeinen Intelligenz und der unterdurchschnittlichen Lese- bzw. Rechtschreibleistung gefordert. Bezüglich der Größe dieser Diskrepanz besteht bislang wenig Einheitlichkeit. Die Angaben und Empfehlungen reichen von minimal einer Standardabweichung (z. B. Klicpera et al., 2007) bis maximal zwei Standardabweichungen (Forschungskriterien ICD-10). Üblicherweise legt man ein Diskrepanzkriterium von 1.2 bis 1.5 Standardabweichungen (12 bis 15 T-Wertpunkte) zugrunde, wodurch die Lese- bzw. Rechtschreibleistung mindestens unter einem Prozentrang von 16 liegen muss (Hasselhorn & Schuchardt, 2006). Bei sehr niedriger oder sehr hoher Intelligenz kann es sein, dass das oben genannte IQ-Diskrepanzkriterium dem klinischen Befund nicht entspricht. Schulte-Körne, Deimel und Remschmidt (2001) schlagen deshalb das Regressionsmodell vor. Es handelt sich dabei um die Anwendung eines kombinierten Kriteriums aus Lese- oder Rechtschreibleistung kleiner Prozentrang 16 und regressionsbasierter IQ-Diskrepanz von 1.5 Standardabweichungen. Tabelle 2 zeigt für jeden IQ-Wert den kritischen Prozentrang für das Regressionskriterium.

Tabelle 2: Kritische Prozentrangwerte für die Lese-Rechtschreibleistung in Abhängigkeit der gemessenen Intelligenz (Schulte-Körne et al., 2001)

IQ	Kritischer Prozentrang
70–74	1
75–82	2
83–87	3
88–92	4
93–96	5
97–99	6
100–102	7
103–104	8
105–107	9
108–109	10
110–111	11
112	12
113–115	13
116	14
117	15
>118	16

Die diagnostische Beurteilung einer Lese- und Rechtschreibstörung erfordert eine umfassende Analyse. Eine ausführliche Anamnese und Exploration der Eltern und der Lehrperson zur Lebensgeschichte und zur störungsspezifischen Entwicklungsgeschichte (z.B. Hausaufgaben- und Lernsituation, bisherige Fördermaßnahmen, Leidensdruck) sind richtungsweisend. Die Intelligenzdiagnostik sowie die Durchführung von standardisierten Lese- und Rechtschreibtests sind diagnostisch grundlegend. Auch Schulhefte und Zeugnisse können wertvoll für die Einschätzung sein. Rechtschreibtests sind meist als Lückendiktate konzipiert. Bei der Erfassung der Leseleistung werden in der Regel die Lesegeschwindigkeit, die Lesegenauigkeit und/oder das Leseverständnis erfasst. Daneben gilt es weitere Entwicklungsbereiche, insbesondere die emotionale, soziale, sprachliche und motorische Entwicklung zu beurteilen und gegebenenfalls komorbide Störungen (z. B. ADHS, Schulangst) zu überprüfen. Wie bereits erwähnt, müssen Hör- und Sehstörungen, sowie neurologische, emotionale und umweltbedingte Ursachen der Schriftsprachprobleme differenzialdiagnostisch ausgeschlossen werden. Bei entsprechenden Hinweisen ist eine Abklärung des Hör- und Sehvermögens, der Sprachentwicklung sowie von Verhaltensauffälligkeiten angezeigt (Esser & Wyschkon, 2008; Klicpera et al., 2007; Schwenck & Schneider, 2006; Warnke et al., 2004).

3.2 Einsatz der IDS

Aufgrund der Diskrepanzdefinition ist die Intelligenzdiagnostik unverzichtbar. Ein ausführliches Diagnoseverfahren ist dabei einem kürzeren, orientierenden Verfahren vorzuziehen, da erstere über aktuellere Normen verfügen und grundlegende Basisfertigkeiten erheben (Schwenck & Schneider, 2006). Die IDS bieten als umfassende Testbatterie die Ermittlung eines Intelligenzwertes und erfassen Aspekte der kognitiven Informationsverarbeitung sowie der allgemeinen Entwicklung, welche für die Planung weiterer Abklärungen und geeigneter Fördermaßnahmen relevant sind.

In verschiedenen Studien konnte gezeigt werden, dass Kinder mit einer Lese- und Rechtschreibstörung im auditiven Kurzzeitgedächtnis im Mittel etwas schlechter abschneiden (Schulte-Körne et al., 2006; Suchodoletz, Berwanger & Mayer, 2004), allerdings liegen die Einzelleistungen überwiegend noch im Bereich der normalen Variationsbreite (Suchodoletz et al., 2004). Es ist deshalb zu erwarten, dass Kinder mit einer Lese- und Rechtschreibstörung im Untertest *Gedächtnis Phonologisch* eine relative Schwäche zeigen. Weiter gilt es zu beachten, dass Kinder mit einer Lese- und Rechtschreibstörung teilweise weitere sprachliche Schwierigkeiten aufweisen (z. B. Warnke et al., 2004), weshalb sie in den Untertests *Gedächtnis Auditiv*, *Sprache Expressiv* und *Sprache Rezeptiv* eventuell eine schlechtere Leistung zeigen. Zudem ist zu erwähnen, dass die Lese- und Rechtschreibstörung häufig mit Aufmerksamkeitsschwierigkeiten verknüpft ist (z. B. Klicpera et al., 2007). Der Untertest *Aufmerksamkeit Selektiv* gibt Hinweise in diesem Bereich. Zur spezifischen Diagnose einer Aufmerksamkeitsstörung bedarf es allerdings einer weiteren, differenzierten Abklärung.

Wie bereits erwähnt, sollten auch Aspekte der allgemeinen Entwicklung in die Diagnose miteinbezogen werden (Suchodoletz, 2010; Warnke et al., 2004). Eine schwache Leistung im Untertest *Denken Logisch-Mathematisch* kann auf eine eventuell zusätzlich bestehende Rechenstörung hindeuten, welche bei einer Lese- und Rechtschreibstörung häufig komorbid auftritt (Hasselhorn & Schuchardt, 2006). Weiter ist bekannt, dass Kinder mit einer Lese- und Rechtschreibstörung teilweise auch Defizite in der Visuomotorik aufweisen (z. B. Warnke et al., 2004), weshalb sie bei dieser Aufgabe eventuell schlechter abschneiden. Um die Ursache eines geringen Leseverständnisses zu klären, dürfte es sinnvoll sein, die Leistung im Leseverständnis dem mündlichen Sprachverständnis gegenüberzustellen (Klicpera et al., 2007), wie es in den Untertests *Sprache Rezeptiv* und *Gedächtnis Auditiv* erfasst wird. Je nachdem sind auch Aspekte der sozialemotionalen Kompetenz wichtig, beispielsweise wenn diese in Zusammenhang mit der Leistungserbringung stehen.

3.3 Fallbeispiel 1: Tim (8;8) mit einer Lese- und Rechtschreibstörung

3.3.1 Anamnese und Problembeschreibung

Tim (8;8) besucht das zweite Halbjahr der zweiten Klasse. Der Junge ist ein Einzelkind und lebt bei seinen Eltern. Der Vater arbeitet ganztags als Teamleiter, die Mutter ist während drei Tagen pro Woche als Bankangestellte tätig. Während diesen Tagen wird Tim von den Großeltern väterlicherseits betreut. Die Kaiserschnitt-Geburt erfolgte nach unproblematischer Schwangerschaft. Nach Angaben der Eltern habe Tim die Meilensteine der Entwicklung unauffällig durchlaufen. Mit 6 Jahren besuchte Tim die Psychomotorik-Therapie wegen Schwierigkeiten in der grobmotorischen Koordination, Mühe mit dem Gleichgewicht und unangepasstem Schreibdruck. Aufgrund der Fortschritte wurde die Therapie nach einem Jahr abgeschlossen. Seit einem Jahr besucht Tim die Logopädie wegen Artikulationsstörungen betreffend S, SCH und R, welche er laut Logopädin weitgehend überwunden hat.

Tim wurde zur Beurteilung einer möglichen Lese- und Rechtschreibstörung und aufgrund seiner geringen Schulmotivation beim Schulpsychologischen Dienst angemeldet. Den Eltern und der Lehrerin fiel auf, dass Tim sehr langsam und stockend lese und auch in der Rechtschreibung Mühe habe. Diese Schwierigkeiten besserten sich trotz zusätzlichem Lesetraining in der Schule und zu Hause nicht. Große Sorge bereitet den Eltern und der Lehrerin die fehlende Freude an der Schule. Tim lehne seit der zweiten Klasse alles ab, was nur annähernd mit Schreiben und Lesen zu tun habe. Im Unterricht und bei Hausaufgaben brauche Tim jeweils lange, bis er mit etwas beginne und benötige dadurch häufig zusätzliche Betreuung. Er sei teilweise völlig passiv und arbeite nicht mit. In der Klasse sei Tim kein Außenseiter, nehme aber eher eine Randposition ein und sei in den Pausen meistens alleine am Schaukeln. In der Freizeit habe er jedoch Kontakt zu Gleichaltrigen, spiele mit seinen Cousins oder einem Schulfreund und besuche seit einem Jahr einen Schwimmkurs. Tim wird von seinen Eltern als sensibler, aufgeweckter und manchmal auch dickköpfiger Junge beschrieben. Über seine Gefühle äußere er sich nur ungern. Das Verhältnis des Kindes zur Lehrerin bewerten die Eltern als positiv.

3.3.2 IDS-Testergebnisse

Kognitive Entwicklung. Die intellektuelle Leistungsfähigkeit von Tim liegt im durchschnittlichen Bereich (IQ = 104; 90 %-Konfidenzintervall IQ = 97–111). Der Junge erzielt in allen Untertests Ergebnisse im Normbereich der Altersgruppe. In *Wahrnehmung Visuell* (9 WP) erreicht er einen durchschnittlichen Wert. Die Leistung im Untertest *Aufmerksamkeit Selektiv* (12 WP) liegt im oberen Normbereich. Hinsichtlich der Gedächtnisleistungen liegen die Werte beim *Gedächtnis Phonologisch* (8 WP) im unteren Durchschnittsbereich, beim *Gedächtnis Auditiv* (10 WP) und *Gedächtnis Räumlich-Visuell* (9 WP) im Durchschnitt. Das *Denken Bildlich* (11 WP) ist als durchschnittlich einzuschätzen. Der Wert im *Denken Konzeptuell* (12 WP) liegt im oberen Durchschnittsbereich.

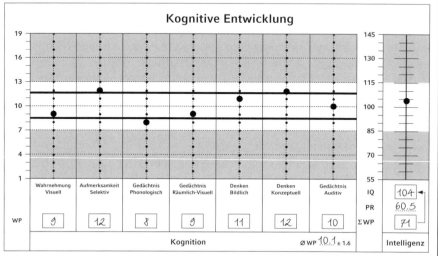

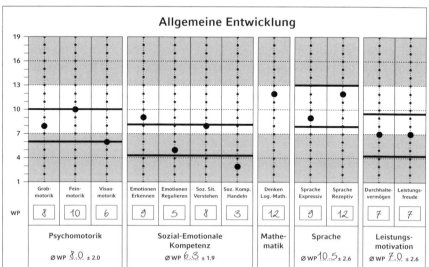

Abbildung 1: IDS-Profil von Tim

Allgemeine Entwicklung. Die Werte des Funktionsbereichs *Psychomotorik* liegen für die *Grobmotorik* (8 WP) im unteren Durchschnittsbereich und für die *Feinmotorik* (10 WP) im Durchschnittsbereich. Die Leistung in der *Visuomotorik* (6 WP) ist hingegen unterdurchschnittlich. Im Bereich der *Sozial-Emotionalen Kompetenz* liegen unterschiedliche Werte vor: die Untertests *Emotionen Erkennen* (9 WP) und *Soziale Situationen Verstehen* (8 WP) sind durchschnittlich ausgeprägt, hingegen erreicht Tim in den Untertests *Emotionen Regulieren* (5 WP) und *Sozial Kompetent Handeln* (3 WP) klar unterdurchschnittliche Leistungen. Die Ergebnisse im *Denken Logisch-Mathematisch* (12 WP) liegen im oberen Normbereich. In den Untertests *Sprache Expressiv* (WP 9) und *Sprache Rezeptiv* (12 WP) erreicht er durchschnittliche Werte. Die *Leistungsmotivation* ist für *Durchhaltevermögen* (7 WP) wie auch für *Leistungsfreude* (7 WP) als knapp durchschnittlich zu bezeichnen.

Stärken und Schwächen. Die Erfassung der kognitiven Entwicklung ergibt ein recht homogenes Profil mit durchschnittlichen Ergebnissen in allen Untertests. Die Ermittlung von Stärken und Schwächen durch den Vergleich mit dem Mittelwert aller Untertests ($M = 10.1$) ergibt eine relative Stärke in der *Aufmerksamkeit Selektiv* und im *Denken Konzeptuell*. Eine relative Schwäche zeigt sich im Untertest *Gedächtnis Phonologisch* mit einem Ergebnis im unteren Durchschnittsbereich. Die Erfassung der allgemeinen Entwicklung zeigt ein uneinheitliches Profil. Eine absolute wie auch relative Schwäche zeigt sich in der *Visuomotorik* und im Bereich der *Sozial-Emotionalen Kompetenz*. Während Tim im Bereich *Emotionen Erkennen* und *Soziale Situationen Verstehen* durchschnittliche Ergebnisse erzielt, weist er im Wissen von Emotionsregulationsstrategien und im Bereich *Sozial Kompetent Handeln* Defizite auf. Im Vergleich zur Gesamtentwicklung zeigt sich, dass Tims mathematische Fähigkeiten als relative Stärke und die

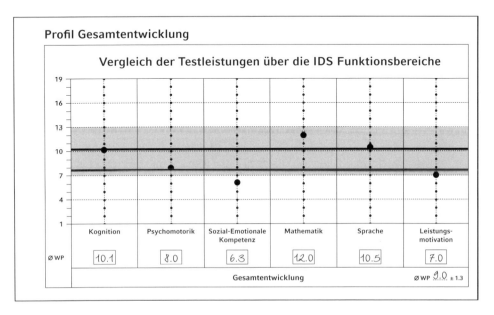

Abbildung 2: IDS-Gesamtprofil von Tim

Sozial-Emotionale Kompetenz sowie seine *Leistungsmotivation* als Schwächen interpretiert werden können. Tims IDS-Profile sind für die Funktionsbereiche in Abbildung 1 und für die Gesamtentwicklung in Abbildung 2 dargestellt.

3.3.3 Weitere Untersuchungsergebnisse

Lese-Rechtschreibdiagnostik. Im Salzburger Lesetest (Landerl, Wimmer & Moser, 1997) erreichte Tim im Vergleich zu den Schülern der zweiten Klasse (zweites Halbjahr) bezüglich der Lesegeschwindigkeit unterdurchschnittliche Werte in allen Untertests (Prozentrang = 1). Die Lesefehler lagen nicht im kritischen Bereich.

Die Rechtschreibung wurde mit dem Salzburger Rechtschreibtest (Landerl et al., 1997) überprüft, wobei zur Beurteilung die Berner Normen (Blaser et al., 2005) verwendet wurden. Tim hatte im Vergleich zu Schülern Ende der zweiten Klasse (zweites Halbjahr) eine überdurchschnittlich hohe Fehlerzahl in der Orthographie (Prozentrang 1–5). Zudem hatte er eine über der Norm liegende hohe Anzahl nicht lautgetreuer Fehler. Die Groß-Kleinschreibung lag im Normbereich.

Weitere Testbefunde. Zur Überprüfung der auditiven Merk- und Differenzierungsfähigkeit wurde der Mottier-Test aus dem Zürcher Lesetest (ZLT; Linder & Grissemann, 2000) verwendet. Tim gelang es, 24 von 30 Silben korrekt zu wiederholen, was einer durchschnittlichen Leistung entspricht.

Im einem halbprojektiven Satzergänzungsverfahren und in der Exploration zur emotionalen Befindlichkeit äußerte Tim deutlich Schulunlustgefühle, jedoch keine Ängstlichkeit im schulischen Kontext und in anderen Bereichen. Auf die Frage, wie die Schule sein sollte, die er sich wünschen würde, wusste er keine Antwort. In der Pause sei er lieber alleine, weil er nicht gerne Fußball spiele und andere Kinder sich häufig streiten.

Die Eltern- und Lehrerbefragung mit dem Strength and Difficulties Questionnaire (SDQ; Goodman, 1997) ergab aus den Lehreraussagen deutliche Hinweise auf emotionale Probleme, Verhaltensprobleme mit Gleichaltrigen und Schwierigkeiten im Bereich des prosozialen Verhaltens. Die Eltern gaben für Tim leichte Verhaltensprobleme mit Gleichaltrigen und deutliche Schwierigkeiten im Bereich des prosozialen Verhaltens, jedoch keine emotionalen Probleme an.

Verhaltensbeobachtung. Tim wirkte anfangs etwas angespannt und zurückhaltend, konnte sich aber zunehmend öffnen, einen guten Kontakt aufbauen und sich auf die Fragestellungen einlassen. Seine Leistungsfreude und sein Durchhaltevermögen waren schwankend. Aufgaben, die ihn interessierten, löste er selbstständig und zuverlässig. Bei der Erfassung der kognitiven Entwicklung arbeitete er motiviert und hatte ein gutes Instruktionsverständnis. Bezüglich Konzentrationsfähigkeit zeigten sich keine Auffälligkeiten. Hingegen beantwortete er Fragen zur *Sozial-Emotionalen Kompetenz* nur ungern, weshalb die Fragen teilweise wiederholt wurden und Ermunterungen seitens der Untersucherin notwendig waren. Auffallend war, dass Tim in den Bereichen Emotionsregulation und *Sozial Kompetent Handeln* Antworten gab, welche destruktives Verhalten beinhalteten. Der Untertest *Sprache Expressiv* fiel ihm schwer, und er hatte Mühe beharrlich bei den Aufgaben zu bleiben. Wichtig war ihm, die Aufgaben zu beenden, auf die Qualität schaute er dabei nicht immer. Aufgaben im mathematischen Bereich fielen ihm leicht, und er zeigte ein schnelles Auffassungsvermögen. Die Überprüfung der Lese- und Rechtschreibfertigkeiten kosteten ihn sehr viel Überwindung und Anstrengung. Dies zeigte sich auch in seiner Körperhaltung, indem er Mühe hatte, sich aufrechtzuhalten. Sein Schriftbild war eher unausgeglichen und die Feinmotorik war auffallend verkrampft.

3.3.4 Interpretation und Intervention

Interpretation. Tim ist ein durchschnittlich intelligentes Kind und sein Intelligenzprofil kann als homogen angesehen werden. Eine relative Schwäche zeigt sich einzig im *Gedächtnis Phonologisch*. In der allgemeinen Entwicklung liegen in den Bereichen *Grob-* und *Feinmotorik* sowie *Sprache* und *Mathematik* altersgemäße Leistungen vor. Hingegen sind die *Visuomotorik* und einzelne Bereiche der *Sozial-Emotionalen Kompetenz* nicht altersgemäß entwickelt. Auch im Alltag zeigen sich in diesen Bereichen Defizite. Allerdings verhält sich Tim in der Realität nicht aggressiv, wie er bei den Fragen der IDS angab, sondern er zieht sich vielmehr von anderen Klassenkameraden zurück. So bietet er möglicherweise wenig Angriffsfläche für Konflikte.

Die Leistungen im Lesen und in der Rechtschreibung sind deutlich unterdurchschnittlich und weisen eine Diskrepanz zu Tims intellektuellen Leistungsfähigkeiten auf. Aus der Anamnese und den Testbefunden wird deutlich, dass körperlich-neurologische oder psychiatrische Erkrankungen sowie eine unzureichende schulische oder familiäre Förderung der Schriftsprache als Ursache ausgeschlossen werden können. Damit bestätigt sich der Befund einer Lese- und Rechtschreibstörung.

Als sekundäres Symptom ist einerseits ein Motivationsverlust festzustellen, welche sich wahrscheinlich aufgrund der Überforderung infolge ständiger Misserfolge bildete. Das Lesen und Schreiben in der Schule ist für Tim sehr anstrengend. Er hat einen Abwehr- und Ausweichmechanismus entwickelt, indem er die Mitarbeit in der Schule teilweise verweigert. Andererseits hat er auch im emotionalen und sozialen Bereich Begleitsymptome entwickelt, welche sich im sozialen Rückzug und sozial-unsicheren Verhalten zeigen.

Intervention. Die Eltern, die Klassenlehrerin, die schulische Heilpädagogin und die Logopädin wurden über die erhobenen Befunde ausführlich aufgeklärt. Für Tim wurde eine Behandlung der Lese- und Rechtschreibstörung empfohlen. Tim braucht Zeit, um mit einer gezielten Therapie die Kernsymptomatik der Lese- und Rechtschreibstörung zu reduzieren, und um parallel dazu Lernblockaden zu lösen. In der Schule werden die Anforderungen im Schriftsprachbereich angepasst. Ermutigung, individuelle Rückmeldungen über seine Fortschritte und sein Bemühen sowie das Aufzeigen persönlicher Stärken – beispielsweise in der Mathematik und in außerschulischen Bereichen – erscheinen zentral, damit Tim wieder Vertrauen in seine eigene Leistungsfähigkeit entwickelt. Es gilt daher, ihn zu Erfolgen zu führen und ihn diese auch erleben zu lassen, um so den Kreislauf der Misserfolge zu durchbrechen. Die Eltern wurden über die Wichtigkeit eines positiven häuslichen Lernklimas aufgeklärt, um Tims Freude an der Schule zu stärken. Bei Hausaufgaben könnte es hilfreich sein, jeweils zunächst mit dem Einfachen zu beginnen, wo Tim die Leistung problemlos erbringen kann. Im sozial-emotionalen Bereich lohnt es sich, Tim wirklich zuzuhören, seine Gefühle anzunehmen und ihm bei der Lösungssuche zu helfen.

Wegen der ausgeprägten Sekundärsymptomatik, welche die begabungsmäßige Lernleistung und die soziale Integration des Jungen behindern, wurde für Tim zusätzlich eine psychotherapeutische Behandlung mit begleitender Elternberatung empfohlen. Dabei ist eine Zusammenarbeit zwischen Therapeuten, Schule und Eltern erforderlich. So können individuelle Fortschritte besprochen und weitere Fördermöglichkeiten abgestimmt werden.

Zu einem späteren Zeitpunkt könnte eine Abklärung im Bereich der Grafomotorik hilfreich sein. Momentan allerdings würde eine zusätzliche Therapie zu einer Begrenzung der Freizeit führen, die Tim dringend zur Erholung benötigt.

3.4 Fallbeispiel 2: Anna (8;10) mit einer Lese- und Rechtschreibstörung

3.4.1 Anamnese und Problembeschreibung

Anna (8;10) hat zwei ältere Schwestern (15 und 13 Jahre) und zwei jüngere Zwillingsbrüder (1 Jahr). Sie besucht das zweite Halbjahr der zweiten Klasse. Der Vater arbeitet ganztags als Mechaniker, die Mutter ist Familienfrau. Die Eltern beschreiben Anna als offenes und zufriedenes Mädchen. In der Freizeit spiele sie gerne mit anderen Kindern, fahre gerne Rollschuhe und besuche das Kinderturnen. Die Schwangerschaft, Geburt und frühkindliche Entwicklung verliefen unproblematisch.

Anna wurde auf Initiative der Lehrerin beim Schulpsychologischen Dienst zur Beurteilung einer möglichen Lese- und Rechtschreibstörung angemeldet. Anna lese sehr langsam und habe Mühe, Wörter und Sätze auswendig aufzuschreiben. Sie vergesse häufig Buchstaben oder schreibe nur den Anfang des Wortes hin. Im Erstgespräch sind die Eltern unsicher, ob Anna gut höre. In unruhiger Umgebung verstehe sie Informationen, die an sie herangetragen werden nur schwer. Eine fachärztliche Untersuchung ergab allerdings keine Beeinträchtigung der Hör- und Sehfähigkeit. Die Schwierigkeiten im Bereich der Schriftsprache bestanden seit Schulbeginn, haben sich jedoch im letzten Jahr deutlich akzentuiert. Obwohl Anna an sich keine schlechte Schülerin sei, wollte es mit dem Lesenlernen von Anfang an nicht so recht klappen. Zur Unterstützung haben die Eltern zu Hause mit ihrer Tochter gelesen. Nach Angaben der Lehrerin besuche Anna mit Freude die Schule, und zeige sich im Unterricht initiativ. Das Turnen und Rechnen gefallen ihr am besten. Bei neuen Lerninhalten brauche sie anfangs teilweise zusätzliche Hilfestellungen. In der Klasse sei sie gut integriert und sehr hilfsbereit. Gemäß der Eltern erledige Anna die Hausaufgaben weitgehend selbstständig. Der Vater berichtet, dass er in der Grundschule eine Therapie wegen seiner Lese- und Rechtschreibstörung erhielt. Auch als Erwachsener habe er noch Probleme mit der Rechtschreibung.

3.4.2 IDS-Testergebnisse

Kognitive Entwicklung. Die allgemeine kognitive Leistungsfähigkeit von Anna liegt im durchschnittlichen Bereich (IQ = 102; 90 %-Konfidenzintervall IQ = 95–109). Hinsichtlich der einzelnen Untertests liegt die Leistung in der *Wahrnehmung Visuell* (13 WP) im oberen Durchschnittsbereich. Die Gedächtnisleistungen sind unterschiedlich. Im Bereich des *Gedächtnis Räumlich-Visuell* (13 WP) erzielt sie Ergebnisse im oberen Normbereich und im *Gedächtnis Auditiv* (10 WP) einen durchschnittlichen Wert. Hingegen fällt der Untertest *Gedächtnis Phonologisch* (4 WP) klar unterdurchschnittlich aus. Die Leistungen in den Untertests *Denken Bildlich* (11 WP) und *Denken Konzeptuell* (8 WP) sind als durchschnittlich einzuordnen.

Allgemeine Entwicklung. Die Werte der Untertests zur *Psychomotorik* liegen für die *Grobmotorik* (13 WP) im oberen Durchschnittsbereich und für die *Feinmotorik* (11 WP) im Normbereich der Altersgruppe. Hingegen fällt der Untertest *Visuomotorik* (6 WP) unterdurchschnittlich aus. Die Antworten auf Fragen zur *Sozial-Emotionalen Kompetenz* lassen auf gut durchschnittliche Leistungen schließen: *Emotionen Erkennen* (13 WP), *Emotionen Regulieren* (13 WP), *Soziale Situationen Verstehen* (11 WP) sowie *Sozial Kompetent Handeln* (11 WP). Die Werte im Untertest *Denken Logisch-Mathematisch* (9 WP) sind als durchschnittlich zu betrachten. In den Untertests *Sprache Rezeptiv* (10 WP) und *Sprache Expressiv* (10 WP) liegen durchschnittliche Ergebnisse vor. Die *Leistungsmotivation* von Anna ist als gut durchschnittlich zu bezeichnen. Dies ist sowohl für den Untertest *Durchhaltevermögen* (11 WP) als auch für den Untertest *Leistungsfreude* (13 WP) der Fall.

Stärken und Schwächen. Vergleicht man die einzelnen Untertests zur kognitiven Entwicklung, zeigt sich eine absolute wie auch relative Schwäche im Bereich des *Gedächtnis Phonologisch*. Alle anderen Werte befinden sich im Normbereich der Altersgruppe. Die Bestimmung der Stärken und Schwächen unter Berücksichtigung des Gesamtmittelwertes ($M = 9.9$) ergibt zudem individuelle Leistungsstärken in den Untertests *Wahrnehmung Visuell* und *Gedächtnis Räumlich-Visuell*. Als individuelle Leistungsschwäche muss das Resultat im Untertest *Denken Konzeptuell* betrachtet werden. Die Erfassung der allgemeinen Entwicklung zeigt ein ausgeglichenes Profil im Normbereich der Altersgruppe. Einzig im Untertest *Visuomotorik* weist Anna eine absolute wie auch relative Schwäche auf. Im Vergleich zur Gesamtentwicklung zeigt sich, dass Annas *Sozial-Emotionale Kompetenz* und *Leistungsmotivation* als Stärken interpretiert werden können. Eine individuelle Schwäche, allerdings im Durchschnittsbereich, zeigt sich im logisch-mathematischen Denken. Annas IDS-Profile sind für die Funktionsbereiche in Abbildung 3 und für die Gesamtentwicklung in Abbildung 4 dargestellt.

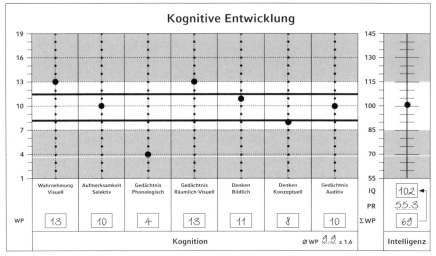
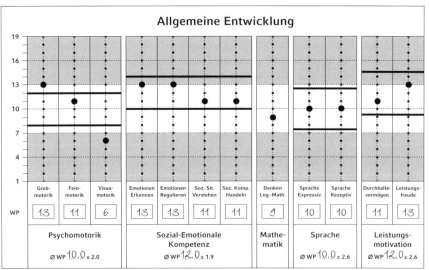

Abbildung 3: IDS-Profil von Anna

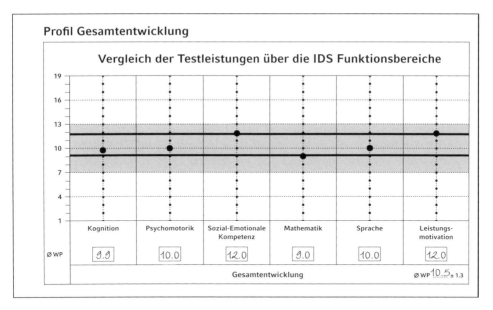

Abbildung 4: IDS-Gesamtprofil von Anna

3.4.3 Weitere Untersuchungsergebnisse

Lese-Rechtschreibdiagnostik. Die Überprüfung der Leseleistung erfolgte mit dem Salzburger Lesetest (Landerl et al., 1997). Hinsichtlich der Lesegeschwindigkeit erreichte Anna im Vergleich zu den Schülern der zweiten Klasse (zweites Halbjahr) unterdurchschnittliche Werte hinsichtlich den Kategorien Häufige Wörter (Prozentrang 6–7), Text kurz (Prozentrang 17), Wortunähnliche Pseudowörter (Prozentrang 15) und Wortähnliche Pseudowörter (Prozentrang 6). Die Lesegenauigkeit war bei allen Teilaufgaben knapp im kritischen Bereich.

Die Rechtschreibung wurde mit dem Salzburger Rechtschreibtest (Landerl et al., 1997) unter Anwendung der Berner Normen (Blaser et al., 2005) überprüft. Anna hatte im Vergleich zu Schülern Ende der zweiten Klasse (zweites Halbjahr) eine überdurchschnittlich hohe Fehlerzahl in der Orthographie (Prozentrang 1–5). Die Nicht-Lautgetreuen Fehler sowie die Fehler in der Groß-Kleinschreibung lagen im Normbereich.

Weitere Testbefunde. Im Mottier-Test aus dem Zürcher Lesetest (ZLT; Linder & Grissemann, 2000) gelang es ihr, 11 von 30 Silben korrekt zu wiederholen. Dies entspricht einer unterdurchschnittlichen Merk- und Differenzierungsfähigkeit.

In einem halbprojektiven Satzergänzungsverfahren und in der Exploration zur emotionalen Befindlichkeit fanden sich keine Hinweise für eine emotional bedingte Leistungsstörung. Anna beurteilte die Schule weitgehend positiv. Das Lesen und Schreiben bewertete sie allerdings deutlich negativer als andere Schulfächer. Zudem wünschte sie sich, dass ihr die Hausaufgaben leichter fallen würden.

Verhaltensbeobachtung. Anna verhielt sich während den Testdurchführungen aufgeschlossen und gesprächig. Sie bearbeitete die Aufgabenstellungen motiviert und verstand die Testanweisungen problemlos. Bezüglich Konzentrationsfähigkeit und Ausdauer zeigten sich keine Auffälligkeiten. Ihre Arbeitsweise war geprägt durch hohe Sorgfalt, wodurch das Arbeitstempo eher langsam war. Dies betraf insbesondere die Aufgaben *Wahrnehmung Visuell*, *Aufmerksamkeit Selektiv* und *Gedächtnis Räumlich-Visuell*. Auch wenn Anna größtenteils ein gutes Grundvertrauen in ihre Fähigkeiten zeigte, ließ sie sich bei schwierigen Aufgaben punktuell verunsichern. Dies zeigte sich beispielsweise beim Untertest *Denken Bildlich*, wo sie bei den für sie schwierigen Aufgaben Mühe bekundete. Sie machte den Anschein „lieber nichts zu machen, als etwas Falsches." Beim Untertest *Denken Konzeptuell* wurde durch ihre spontanen Erläuterungen deutlich, dass sie die Bilder nicht zufällig auswählte, jedoch teilweise falsche logische Schlussfolgerungen zog. Im sprachlichen Bereich zeigte Anna eine deutliche Lautbildung und konstruierte grammatikalisch korrekte Sätze. Die Aufgaben zur *Sozial-Emotionalen Kompetenz* fielen ihr leicht und sie zeigte sich erzählfreudig. Auffällig war, dass ihr schriftliche Aufgaben Mühe bereiteten. Dies zeigte sich im Untertest *Visuomotorik* und in einer langsamen Schreibmotorik. Die Überprüfung der Lese- und Rechtschreibfertigkeiten war für Anna anstrengend und sie schien sich ihren Schwierigkeiten durchaus bewusst zu sein. Trotz dieser offensichtlichen Überforderung blieb Anna an den Aufgaben dran.

3.4.4 Interpretation und Intervention

Interpretation. Anna ist ein durchschnittlich intelligentes Mädchen. Das Intelligenzprofil zeigt ein deutliches Defizit im phonologischen Gedächtnis, wo unterdurchschnittliche Werte vorliegen. Die visuelle Wahrnehmung und das visuell-räumliche Gedächtnis sind hingegen gut entwickelt. Eine intraindividuelle Schwäche zeigt sich im konzeptuellen Denken, d.h. beim Erkennen von Regeln und Zusammenhängen. In der allgemeinen Entwicklung liegen einzig im Bereich der *Visuomotorik* nicht altersgemäße Leistungen vor. Intraindividuelle Stärken liegen in den Bereichen *Sozial-Emotionale Kompetenz* und *Leistungsmotivation*. Eine intraindividuelle Schwäche, allerdings im Durchschnittsbereich, zeigt sich im logisch-mathematischen Denken.

Es liegt eine deutliche Diskrepanz vor zwischen einer durchschnittlichen intellektuellen Leistungsfähigkeit und unterdurchschnittlichen Leistungen im Lesen sowie der Rechtschreibung. Als Ursache ausgeschlossen werden können körperlich-neurologische und psychiatrische Erkrankungen sowie eine unzureichende Förderung. Damit sind die Kriterien einer Lese- und Rechtschreibstörung erfüllt.

Defizite im phonologischen Gedächtnis konnten in Studien immer wieder mit der Lese- und Rechtschreibstörung in Zusammenhang gebracht werden (Schulte-Körne et al., 2006). Da auch Annas Vater Probleme im Schriftsprachbereich hatte, ist eine genetische Vulnerabilität nicht auszuschließen. Sekundäre emotionale und soziale Verhaltensauffälligkeiten sind bei Anna nicht vorhanden. Anna nimmt ihre Schwierigkeiten im Schriftsprachbereich allerdings durchaus wahr und ist dadurch auch verunsichert.

Intervention. Im Auswertungsgespräch mit den Eltern, der Klassenlehrerin und der schulischen Heilpädagogin wurden die Abklärungsergebnisse ausführlich besprochen.

Für Anna wird eine Therapie ihrer Lese- und Rechtschreibstörung empfohlen. Eine spezifische Förderung ist dringend erforderlich, um Anna in ihren Bemühungen, die Schriftsprache zu erwerben, zu unterstützen. Entscheidend für eine effiziente Behandlung ist, dass im Vordergrund das Lesen und Schreiben sowie wichtige Voraussetzungen der Schriftsprache (wie phonologische Bewusstheit) gezielt eingeübt werden. Obwohl Anna Defizite im phonologischen Gedächtnis und in der Visuomotorik aufweist, reicht ein Training solcher basaler Funktionen jedoch nicht aus (Suchodoletz, 2010; Warnke et al., 2004).

Die Behandlung der Lese- und Rechtschreibstörung setzt eine Zusammenarbeit zwischen Elternhaus, Schule und Therapie voraus. Da die Interaktion zwischen Anna und ihren Eltern während des Übens von Lesen und Schreiben nicht konfliktreich ist, können die Eltern unter Begleitung gut in die Therapie miteinbezogen werden. Wichtig ist vor allem, dass die Eltern das gemeinsame Lesen weiterhin pflegen. Im Unterricht werden die Anforderungen im Lesen und Schreiben Annas Leistungsvermögen angepasst. Die Defizite im phonologischen Gedächtnis sind ein Hinweis dafür, dass sie Schwierigkeiten beim Zuhören und beim Behalten von verbal vermittelten Informationen hat. Anna sollte deshalb möglichst nahe bei der Lehrerin sitzen. Bei mündlich gestellten Aufträgen sollte man sich versichern, dass ihre Aufmerksamkeit gewährleistet ist und sie verstanden hat, was sie tun muss. Bei Aufgaben, welche das Erkennen von Regeln und Zusammenhängen erfordern, beispielsweise bei neuen Lerninhalten oder bei komplexeren mathematischen Aufgabenstellungen, braucht Anna mehr Unterstützung.

Weil Anna bereits ein Problembewusstsein im Bereich des Lesens und Schreibens entwickelt hat, ist die Entwicklung des gesunden Selbstwertes gefährdeter als jenes von anderen Kindern. Um ihre psychische Stabilität sowie ihre Freude an der Schule aufrechtzuerhalten, braucht sie positive Unterstützung und Anerkennung bezogen auf ihren besonderen Lerneinsatz und ihre Lernfortschritte. Zusätzlich gilt es auch die Stärken von Anna – wie ihre guten sozialen Fähigkeiten und ihre Begabungen im sportlichen Bereich – immer wieder bewusst zu machen und als Ressourcen aufrechtzuhalten.

3.5 Zusammenfassung

An den beiden Fallbeispielen mit einer Lese- und Rechtschreibstörung lässt sich zeigen, dass die IDS-Testung neben der Bestimmung des Intelligenzwertes eine umfassende Einschätzung der verschiedenen Entwicklungsbereiche ermöglicht. Gerade bei der Diagnostik einer Lese- und Rechtschreibstörung ist eine breit angelegte Analyse notwendig. Diese beurteilt nicht nur die Lese- und Rechtschreibleistungen eines Kindes, sondern schätzt auch Kompetenzen in anderen Funktionsbereichen ein. Dabei ist die Integration verschiedener Informationsquellen, nämlich Ergebnisse standardisierter Testverfahren, eine ausführliche Exploration und anamnestische Angaben sowie Beobachtungen notwendig. Auf dieser Basis können unterstützende Maßnahmen gezielt abgeleitet werden (Suchodoletz, 2010; Warnke et al., 2004; Schwenck & Schneider, 2006).

Die Bestimmung eines Intelligenzwertes ist bei der Diagnosestellung einer Lese- und Rechtschreibstörung aufgrund des Diskrepanzkriteriums zentral. Da Kinder mit einer Lese- und Rechtschreibstörung teilweise auch andere sprachliche Schwierigkeiten und

Defizite im auditiven Kurzzeitgedächtnis haben, könnten sie in den Untertests *Gedächtnis Auditiv* und *Gedächtnis Phonologisch* schlechter abschneiden, was sich negativ auf den gesamten Intelligenzwert auswirken würde. Es kann davon ausgegangen werden, dass sich die IDS gut für die Intelligenzdiagnostik eignen, sofern keine gravierenden Einschränkungen in diesen Bereichen vorliegen.

In beiden Fallbeispielen liegen unterschiedliche kognitive Leistungsprofile vor. Im Fallbeispiel Anna erweist sich eine deutlich beeinträchtigte Leistung im *Gedächtnis Phonologisch*, wie sie bei einer Vielzahl Kindern mit Lese- und Rechtschreibstörung auftritt (Schulte-Körne et al., 2006). Die Testwerte im Intelligenzprofil von Fallbeispiel Tim weichen hingegen kaum voneinander ab. Tim zeigt lediglich eine relative Schwäche im *Gedächtnis Phonologisch*. Dies deutet darauf hin, dass das kognitive Profil der IDS bei einer Lese- und Rechtschreibstörung nicht immer einheitlich ist. Bisher fehlen allerdings klinische Studien mit Vergleichen von Kindern mit einer Lese- und Rechschreibstörung mit einer Kontrollgruppe, an denen die IDS durchgeführt wurden, und welche allgemeine Aussagen erlauben würden.

In Anbetracht der häufig begleitenden Entwicklungsschwierigkeiten bei einer Lese- und Rechtschreibstörung erweist sich die Erfassung der allgemeinen Entwicklung zusätzlich zur Erfassung des kognitiven Potenzials mit den IDS als besonders bedeutsam. Diese ganzheitliche Sichtweise auf ein Entwicklungsprofil gibt wichtige Anhaltspunkte für Interventionsansätze und Hinweise, wo genauere Abklärungen notwendig sind. In beiden Fallbeispielen war eine Schwäche in der *Visuomotorik* auszumachen. Bei Tim war die Lese- und Rechtschreibstörung zusätzlich mit einer niedrigen *Leistungsmotivation* und Schwierigkeiten im sozial-emotionalen Bereich verbunden.

Neben der spezifischen Therapie der Teilleistungsstörung ist die Unterstützung der Stärken eines Kindes ebenso von Bedeutung, um durch Erfolgserlebnisse Selbstvertrauen aufzubauen und um die Lese- und Rechtschreibstörung in der Schule kompensieren zu können. Die IDS ermöglichen, die Stärken des Kindes einzuschätzen und diese in der Beratung auch als Ressourcen darzustellen. Trotz der Verschiedenartigkeit der Fälle und der unterschiedlichen Gewichtung von Stärken und Schwächen liefern die IDS in beiden Fällen Differenzierungen, welche für die Ableitung von Interventionen wegweisend waren.

Literatur

Blaser, R. Gamper, H., Gabaglio F., Goltz, S., Joray, M., Marti, U. & Preuss, U. (2005). *Berner Normen zum Salzburger Rechtschreibtest (SRT)*. Bern: Edition Soziothek.

Carroll, J.M., Maughan, B., Goodman, R. & Meltzer, H. (2005). Literacy difficulties and psychiatric disorders: evidence for comorbidity. *Journal of Child Psychology and Psychiatry, 46*, 524–532.

Esser, G. & Wyschkon, A. (2008). Umschriebene Entwicklungsstörungen des Lesens und Rechtschreibens. In G. Esser (Hrsg.), *Lehrbuch der klinischen Psychologie und Psychotherapie bei Kindern und Jugendlichen* (3. Aufl., S. 162–169). Stuttgart: Thieme.

Gasteiger-Klicpera, B., Klicpera, C. & Schabmann, A. (2006). Der Zusammenhang zwischen Lese-Rechtschreib- und Verhaltensschwierigkeiten. Entwicklung vom Kindergarten bis zur vierten Grundschulklasse. *Kindheit und Entwicklung, 15*, 55–67.

Goodman, R. (1997). SDQ – The Strength and Difficulties Questionnaire: A research note. *Journal of Child Psychology and Psychiatry, 38,* 581–586.

Hasselhorn, M. & Schuchardt, K. (2006). Lernstörungen. Eine kritische Skizze zur Epidemiologie. *Kindheit und Entwicklung, 15,* 208–215.

Klicpera, C., Schabmann, A. & Gasteiger-Klicpera, B. (2007). *Legasthenie. Modelle, Diagnose, Therapie und Förderung* (2. Aufl.). München: Ernst Reinhardt.

Landerl, K., Wimmer, H. & Moser, E. (1997). *Salzburger Lese- und Rechtschreibtest (SLRT).* Bern: Hans Huber.

Linder, M. & Grissemann, H. (2000). *Zürcher Lesetest (ZLT). Förderdiagnostik bei gestörtem Schriftspracherwerb* (5. Aufl.). Bern: Hans Huber.

Remschmidt, H., Schmidt, M. & Pouska, F. (2006). *Multiaxiales Klassifikationsschema für psychische Störungen des Kindes- und Jugendalters nach ICD-10 der WHO* (5. Aufl.). Bern: Hans Huber.

Rüsseler, J. (2006). Neurobiologische Grundlagen der Lese-Rechtschreib-Schwäche. Implikationen für Diagnostik und Therapie. *Zeitschrift für Neuropsychologie, 17,* 101–111.

Schulte-Körne, G., Deimel, W. & Remschmidt, H. (2001). Zur Diagnostik der Lese-Rechtschreibstörung. *Zeitschrift für Kinder- und Jugendpsychiatrie und Psychotherapie, 29,* 113–116.

Schulte-Körne, G., Warnke, A. & Remschmidt, H. (2006). Zur Genetik der Lese-Rechtschreib-Schwäche. *Zeitschrift für Kinder- und Jugendpsychiatrie, 34,* 435–444.

Schwenck, C. & Schneider, W. (2006). Diagnostik bei Teilleistungsstörungen des Lesens und Schreibens. In U. Petermann & F. Petermann (Hrsg.), *Diagnostik sonderpädagogischen Förderbedarfs* (S. 117–138). Göttingen: Hogrefe.

Suchodoletz, W. v. (2010). Therapie von Lese-Rechtschreibstörungen. In W. von Suchodoletz (Hrsg.), *Therapie von Entwicklungsstörungen* (S. 89–128). Göttingen: Hogrefe.

Suchodoletz, W. v., Berwanger, D. & Mayer, H. (2004). Die Bedeutung auditiver Wahrnehmungsschwäche für die Pathogenese der Lese-Rechtschreibstörung. *Zeitschrift für Kinder- und Jugendpsychiatrie, 32,* 19–27.

Warnke, A. (2005). Neurobiologische Aspekte der Legasthenie. In G. Büttner, F. Sauter & W. Schneider (Hrsg.), *Empirische Schul- und Unterrichtsforschung. Beiträge aus Pädagogischer Psychologie, Erziehungswissenschaft und Fachdidaktik* (S. 239–250). Lengerich: Pabst.

Warnke, A., Hemminger, U. & Plume, E. (2004). *Lese-Rechtschreibstörungen. Leitfaden Kinder- und Jugendpsychotherapie.* Göttingen: Hogrefe.

Warnke, A. & Plume, E. (2008). Umschriebene Lese- Rechtschreibstörung. In F. Petermann (Hrsg.), *Lehrbuch der Klinischen Kinderpsychologie* (6. Aufl., S. 189–206). Göttingen: Hogrefe.

4 Spezifische Sprachentwicklungsstörungen

Claudia Zuber-Jenni

4.1 Diagnostische Aufgabenstellung des Kindes

Unter einer spezifischen Sprachentwicklungsstörung SSES (specific language impairment, SLI) wird eine umschriebene Entwicklungsstörung der Sprache verstanden, welche primärer Natur ist (Grimm, 2003). Der normale Verlauf des Spracherwerbs ist von frühen Entwicklungsstadien an beeinträchtigt, ohne dass anderweitige Primärbeeinträchtigungen (sensorische Behinderungen, neurologische Schädigungen, Intelligenzminderung, tiefgreifende psychosoziale Störungen) oder Umweltfaktoren (falsche Sprachvorbilder, unzureichende Anregung) vorliegen, welche das Vorhandensein, die Art und das Ausmaß der sprachlichen Probleme erklären können (ICD-10). Charakteristische Merkmale einer SSES sind (Grimm, 2003; Hellrung, 2002):

- Verspäteter Beginn des Spracherwerbs.
- Verlangsamter Spracherwerb mit möglicher Plateaubildung.
- Generell stärkere Beeinträchtigung der Sprachproduktion als des Sprachverständnisses.
- Qualitativ abweichende Sprachentwicklung mit Auffälligkeiten auf einer, mehreren oder allen sprachlichen Ebenen, jedoch im Allgemeinen stärkere Defizite in den formalen Merkmalen der Sprache (v. a. Grammatik) als in der Semantik und Pragmatik.
- Deutliche Diskrepanz zwischen sprachlichen und nicht sprachlichen Entwicklungsbereichen (z. B. nonverbale Testintelligenz im Normbereich).

In der ICD-10 werden SSES auf der 2. Achse (F80 umschriebene Entwicklungsstörungen des Sprechens und der Sprache) kodiert. Unterschieden werden die expressive und die rezeptive Sprachstörung. Bei der expressiven Sprachstörung (F80.1) liegt die Sprachproduktion des Kindes unterhalb des seinem Intelligenzalter angemessenen Niveaus (u. a. eingeschränktes Vokabular, unreife Satzstrukturen, grammatikalische Fehler), während das Sprachverständnis der Norm entspricht. Die rezeptive Sprachstörung (F80.2) ist hingegen durch deutliche Defizite im Sprachverständnis gekennzeichnet, wobei meistens auch die expressive Sprache beeinträchtigt ist. Bei beiden Subtypen sind begleitende Störungen der Artikulation häufig. Liegen diese isoliert vor, so wird gemäß ICD-10 von einer Artikulationsstörung (F80.0) gesprochen.

Verglichen mit anderen Entwicklungsstörungen treten Störungen der Sprachentwicklung recht häufig auf. In den verschiedenen Studien schwanken die Häufigkeitsangaben jedoch stark, u. a. abhängig von unterschiedlichen Definitionen der Begriffe, dem jeweiligen Messzeitpunkt, der untersuchten Stichprobe und den eingesetzten Messmitteln. In einer zusammenfassenden Arbeit kommt Steiner (2008) zum Schluss, dass 15 % der 2-jährigen Kinder als sprachentwicklungsgefährdet eingestuft werden können. Dabei handelt es sich um sogenannte „Late-Talker", welche zu diesem Zeitpunkt den Schwellenwert von 50 Wörtern noch nicht erreicht haben und keine Mehrwortäußerungen bilden. Die Hälfte dieser Kinder holt jedoch ihren Sprachentwicklungsrückstand bis zum dritten Lebensjahr auf („Late Bloomer"). Im Vorschulalter kann bei ca. 6 bis 8 % der Kinder eines Jahrgangs von einer SSES ausgegangen werden (Dannenbauer, 1999). Jungen sind dabei deutlich häufiger betroffen als Mädchen (Grimm, 2003; Suchodoletz, 2004).

Als Ursachen für die SSES werden in der Literatur unterschiedliche Erklärungsansätze diskutiert. Als gesichert kann heute gelten, dass die Störung multifaktoriell bedingt ist und eine biologische Wurzel hat (Grimm, 2003). In vielen Familien mit Kindern mit einer SSES ist eine auffällige Häufung von Sprachproblemen festzustellen, so dass von einer erblichen Disposition ausgegangen werden kann (Keilmann, Büttner & Böhme, 2008; Suchodoletz, 2004). Zudem gibt es Hinweise auf Defizite in der Informationsverarbeitung, welche den Erwerb und die Repräsentation von sprachlichem Wissen beeinträchtigen (Grimm, 2003; Hellrung, 2002). Angenommen werden eine generelle Verlangsamung der Informationsverarbeitung, Defizite im Bereich des phonologischen Arbeitsgedächtnisses, eine mangelnde Nutzung prosodischer Informationen sowie eine einzel- statt ganzheitliche Verarbeitung sprachlicher Äußerungen. Schließlich spielen auch Faktoren der sozialen Umgebung wie Qualität und Quantität des Sprachangebots sowie sozioökonomischer Status der Eltern eine wichtige Rolle (Grimm, 2003; Keilmann, Büttner & Böhme, 2008; Suchodoletz, 2004). Diese Aspekte können die Entstehung von SSES zwar nicht ursächlich erklären, tragen aber zu deren Stabilisierung bei.

Ein Großteil der von SSES betroffenen Kinder weist auch im Erwachsenenalter sprachliche Defizite auf (Grimm, 2003). Zudem ziehen die sprachlichen Schwierigkeiten eine Reihe von Folgeproblemen nach sich, welche die kognitive, emotionale und soziale Entwicklung eines Kindes beeinträchtigen können (Suchodoletz, 2004). Während der Schulzeit leiden viele der betroffenen Kinder unter Schwierigkeiten im schriftsprachlichen Bereich. Da die Verarbeitung sprachlicher Informationen von zentraler Bedeutung für den Wissenserwerb ist, kommt es mit der Zeit zu generalisierten intellektuellen und motivationalen Problemen (Grimm, 2003). Die vielen negativen Lernerfahrungen können zudem zu Selbstwertproblemen führen und das Auftreten psychischer Auffälligkeiten begünstigen (Suchodoletz, 2004). Schließlich haben SSES auch einen nachhaltig negativen Einfluss auf die soziale Entwicklung der Betroffenen (Hartmann, 2004): So zeigen viele Kinder Unsicherheiten und Schwierigkeiten bei der Bewältigung sozialkommunikativer Aufgaben (u. a. Verhandeln, Konfliktbewältigung). Sie erleben immer wieder, dass ihre Kommunikationsversuche scheitern, was zu Frustration und Rückzug aus den Peer-Beziehungen führen kann. Oft erleben sie auch geringere soziale Akzeptanz und Ablehnung durch die Gleichaltrigen.

Je früher die sprachlichen Probleme der betroffenen Kinder diagnostiziert und behandelt werden, desto günstiger sieht die Prognose aus. Die Diagnose einer SSES wird jedoch frühestens im Alter von 3 Jahren gestellt, da es vorher kaum möglich ist, zwischen Spätstartern („Late Bloomer") und Kindern mit behandlungsbedürftigen Störungen der Sprachentwicklung zu differenzieren (Suchodoletz, 2004).

4.2   Einsatz der IDS

Eine umfassende Diagnostik der SSES beinhaltet neben der Erhebung des aktuellen Sprachentwicklungsstandes des Kindes auch eine ausführliche Anamnese sowie die Untersuchung nichtsprachlicher Entwicklungsbereiche (Keilmann et al., 2009). Für die Erfassung

der Sprachfähigkeiten liegt eine Vielzahl von Untersuchungsmethoden vor, welche sich grob in folgende Gruppen einteilen lassen (Fried, 2006; Keilmann et al., 2009):
- Beobachtungen in freien Spielsituationen; Spontansprachanalysen.
- Normierte Testverfahren
  - zur Einschätzung der generellen Sprachfähigkeiten: z. B. Heidelberger Sprachentwicklungstest (HSET; Grimm & Schöler, 1991),
  - zur Erfassung spezifischer Sprachentwicklungsaspekte: z. B. Heidelberger Lautdifferenzierungstest (H-LAD; Brunner, Dierks & Seibert, 1998); Screeningverfahren zur Feststellung von Störungen in der Grammatikentwicklung (Penner, 1999).

Die IDS eignen sich in Bezug auf die Sprachstandserhebung als Screeninginstrument. Sie ermöglichen eine grobe Einschätzung der expressiven und rezeptiven Sprachfähigkeiten und bieten darüber hinaus die Möglichkeit, das Sprach- und Kommunikationsverhalten des Kindes differenziert zu beobachten (u. a. Frageverhalten; Instruktionsverständnis; Strategien im Umgang mit den sprachlichen Schwierigkeiten). Zudem werden in den IDS Teilleistungsfunktionen erfasst, welche ursächlich mit SSES in Zusammenhang stehen (u. a. phonologisches Gedächtnis), ebenso wie Entwicklungsbereiche, welche als Folge der sprachlichen Probleme beeinträchtigt sein können (u. a. sozial-emotionale Kompetenzen). Besteht bei einem Kind aufgrund der Testresultate der Verdacht auf eine SSES, so empfiehlt es sich, eine detaillierte logopädische Abklärung zu veranlassen.

4.3 Fallbeispiel 1: Kim (7;2) mit einer spezifischen Sprachentwicklungsstörung

4.3.1 Anamnese und Problembeschreibung

Kim ist die Jüngere von zwei Schwestern. Ihre Eltern stammen ursprünglich aus China, leben aber schon seit vielen Jahren in der Schweiz. Die Mutter ist als Familienfrau tätig, der Vater arbeitet als Produktionsmitarbeiter bei einer Verpackungsfirma. Kim kam nach einer problemlosen Schwangerschaft termingerecht auf die Welt. Die kognitive und motorische Entwicklung verliefen unauffällig. Mit 17 Monaten begann sie, die ersten Wörter zu sprechen. Schon bald fielen erhebliche phonologische Schwierigkeiten auf. Mit 4 Jahren wurde Kim schließlich logopädisch abgeklärt. Es wurde die Diagnose einer schweren SSES mit Auffälligkeiten auf allen Sprachebenen gestellt. Zusätzlich erbrachte die Abklärung deutliche Hinweise auf eine auditive Wahrnehmungs- und Merkfähigkeitsstörung.

Beim Eintritt in den Kindergarten fiel Kim als ängstliches, zurückhaltendes Kind auf, welches oft ohne erkennbaren Grund weinte und kaum ein Wort zu jemandem sprach. Sie wirkte zwar immer sehr wach und versuchte, an den Gruppenaktivitäten mitzumachen, war aber aufgrund ihrer stark eingeschränkten verbalen Kommunikationsfähigkeit oft ausgeschlossen. Als sich nach dem ersten Kindergartenjahr abzeichnete, dass die ambulanten Maßnahmen nicht ausreichen, um die Entwicklung von Kim angemessen zu fördern, wurde den Eltern ein Wechsel in eine Sprachheilinstitution vorgeschlagen.

Zum Zeitpunkt der Abklärungsanmeldung besucht Kim seit knapp zwei Jahren die Sprachheilschule – aktuell die erste Einführungsklasse. Im Schulunterricht erweist sich Kim als lernfreudiges, intelligentes Kind mit einer raschen Auffassungsgabe. Sie wirkt mehrheitlich fröhlich und konnte sogar eine Freundschaft zu einem anderen Mädchen aufbauen. Dank der intensiven logopädischen Therapie gelingt es ihr zunehmend, das Kommunikationsmittel Sprache einzusetzen. Nach wie vor zeigt Kim aber erhebliche Sprachverständnisschwierigkeiten sowie Wortfindungsstörungen und Probleme mit der Phonologie und Grammatik. Neue Anforderungen verunsichern sie noch immer stark und in der größeren Kindergruppe verhält sie sich nach wie vor zurückhaltend und gehemmt.

4.3.2 IDS-Testergebnisse

Kognitive Entwicklung. Die intellektuelle Leistungsfähigkeit von Kim liegt im durchschnittlichen Bereich (IQ = 97; 90 %-Konfidenzintervall IQ = 90–104). Sie erzielt einerseits Resultate im oberen Normbereich (*Wahrnehmung Visuell* 12 WP, *Aufmerksamkeit Selektiv* 12 WP, *Gedächtnis Räumlich-Visuell* 12 WP), andererseits aber auch Leistungen im unterdurchschnittlichen Bereich (*Gedächtnis Phonologisch* 4 WP, *Gedächtnis Auditiv* 5 WP). Die restlichen Werte liegen dazwischen (*Denken Bildlich* 11 WP, *Denken Konzeptuell* 8 WP).

Allgemeine Entwicklung. Die Ergebnisse des Funktionsbereichs *Psychomotorik* befinden sich für *Grob-* und *Feinmotorik* (je 12 WP) im oberen Normbereich, für *Visuomotorik* (14 WP) im überdurchschnittlichen Bereich. Bei den Aufgaben zur *Sozial-Emotionalen Kompetenz* liegen alle Leistungen im unteren Norm- (*Emotionen Regulieren* 8 WP, *Soziale Situationen Verstehen* 7 WP) oder klar unterdurchschnittlichen Bereich (*Emotionen Erkennen* 4 WP, *Sozial Kompetent Handeln* 5 WP). Die Resultate im *Denken Logisch-Mathematisch* sind relativ zur Altersnorm als durchschnittlich zu betrachten (8 WP). In den Funktionsbereichen *Sprache Expressiv* (5 WP) und *Sprache Rezeptiv* (6 WP) liegen die Werte unterhalb der Norm. Insgesamt wird zudem eine *Leistungsmotivation* im oberen durchschnittlichen Bereich festgestellt (*Durchhaltevermögen* 13 WP, *Leistungsfreude* 11 WP).

Stärken und Schwächen. Die Diskrepanzen zwischen den einzelnen Untertests der Intelligenzabklärung sind erheblich, bewegen sich jedoch noch im durchschnittlichen Bereich (s. Kap. 1.3, Tab. 5). Individuelle Stärken sind in der visuellen Diskriminationsfähigkeit, der Aufmerksamkeits- und Merkfähigkeit für visuelle und visuell-räumliche Informationen sowie der Mustererkennung und der Raum-Lage-Wahrnehmung vorhanden. Knapper in der Altersnorm liegt die Leistung von Kim im konzeptuellen Denken. Sie hat Mühe, die abgebildeten Begriffe nach abstrakteren Kriterien zu ordnen. Deutliche Defizite zeigt Kim bei der Wahrnehmung, Verarbeitung und Speicherung auditiver Informationen. Ihre auditive und phonologische Gedächtniskapazität scheint stark reduziert zu sein. Das tiefe Abschneiden in diesen Untertests kommt jedoch nicht alleine durch Gedächtnisdefizite zustande, sondern auch durch ihre sprachlichen Ausdrucksschwierigkeiten.

Bei der Betrachtung des allgemeinen Entwicklungsprofils fällt auf, dass die Leistungen in den thematisch zugehörigen Untertests relativ homogen ausfallen, während sich zwischen den einzelnen Bereichen eine große Variabilität abzeichnet. Kim verfügt über Ressourcen im motorischen Bereich, insbesondere in der Visuomotorik, sowie beim

Spezifische Sprachentwicklungsstörungen

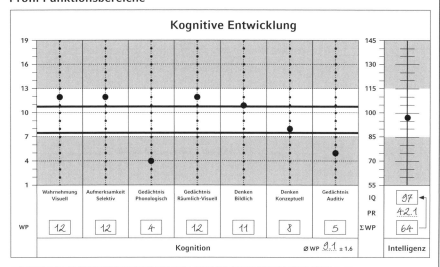
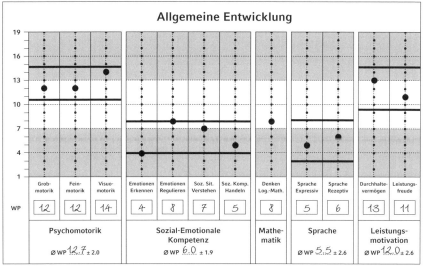

Abbildung 1: IDS-Profil von Kim

Durchhaltevermögen und der Leistungsfreude. Schwierigkeiten zeigen sich v. a. im sprachlichen Bereich: Kim hat erhebliche Sprachverständnis- und Ausdrucksprobleme. Ihre sprachlichen Defizite wirken sich zudem stark auf die Leistungen im Funktionsbereich *Sozial-Emotionale Kompetenz* aus: Es fällt ihr schwer, mimische Emotionsausdrücke oder ihr Verständnis von sozialen Situationen differenziert zu verbalisieren. Abgesehen von der sprachlichen Komponente scheint hierbei aber auch ein deutlicher Mangel an adäquaten Emotionsregulations- und Konfliktbewältigungsstrategien eine Rolle zu spielen. Die Leistungen von Kim sind in Abbildung 1 und 2 dargestellt.

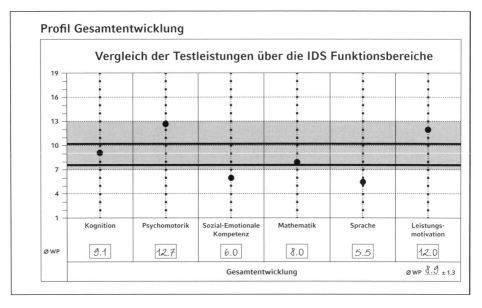

Abbildung 2: IDS-Gesamtprofil von Kim

4.3.3 Weitere Untersuchungsergebnisse

Verhaltensbeobachtung. Kim kommt bereitwillig zur Abklärung. Obwohl es für sie eine ungewohnte Situation ist, spürt man keinerlei Anzeichen von Nervosität oder Unsicherheit. Sie lässt sich rasch auf ein Gespräch ein, stellt Fragen und reagiert neugierig auf die neuen Räumlichkeiten. Es fällt von Beginn an auf, dass Kim über eine große Leistungsbereitschaft und Motivation verfügt. Sie arbeitet konzentriert, sorgfältig und ausdauernd. Wenn bei einer Aufgabe Schwierigkeiten auftauchen oder die zur Verfügung stehende Zeit abgelaufen ist, versucht sie oft, trotzdem noch zu einer Lösung zu gelangen. Im Vergleich zu anderen Kindern ihres Alters verfügt Kim zudem über ein hohes Maß an Selbstkontrolle. Sie arbeitet nie überhastet oder unüberlegt, sondern nimmt sich genügend Zeit für die Aufgabenlösungen und entwickelt effiziente Strategien. Zudem gelingt es ihr immer wieder, eigene Fehler zu entdecken und zu korrigieren. Diese vorbildliche Arbeitshaltung kann Kim über die ganze Abklärungsstunde hinweg aufrechterhalten. Ermüdungserscheinungen sind nicht zu beobachten.

Wenn Aufgaben mithilfe visueller Darstellungen erklärt werden können (z. B. *Wahrnehmung Visuell, Aufmerksamkeit Selektiv*) zeigt Kim eine rasche Auffassungsgabe. Sie benötigt jedoch enorm viel Unterstützung, wenn rein verbale Instruktionen gegeben werden. Sie ist darauf angewiesen, dass ihr Gegenüber langsam, deutlich und in kurzen Sätzen spricht und versucht, die Anweisungen auf verschiedene Arten zu wiederholen. Ihre enormen Sprachverständnisprobleme werden auch beim Untertest *Gedächtnis Auditiv* deutlich: Kim bemüht sich zwar, bei der Geschichte aufmerksam zuzuhören, und hält auch Blickkontakt, reagiert aber mimisch nicht darauf, wenn die Handlung eine spezielle Wendung nimmt. Als sie die Geschichte später frei nacherzählen soll, hat sie große Schwierigkeiten. Es fällt auch bei anderen Untertests immer wieder auf, wie wenig sich Kim sprachlich ausdrücken kann. Oft fehlen ihr die richten Worte, so dass sie in ihren Äußerungen sehr undifferenziert bleibt (z. B. *Emotionen Erkennen*: „gut", bzw. „schlecht" anstelle von „freudig", bzw. „ängstlich"). Zudem fallen auch erhebliche grammatikalische Schwierigkeiten auf (fehlende Konjugation von Verben, Auslassungen von Präpositionen und Artikeln). Bezüglich dieser sprachlichen Defizite scheint Kim ein hohes Störungsbewusstsein zu haben. Dies zeigt sich u. a. daran, dass ihre Stimme häufig sehr leise wird, wenn sie etwas frei berichten soll, und manchmal sogar ganz verstummt. In solchen Momenten muss sie vom Gegenüber einfühlsam, aber auch hartnäckig ermutigt werden. Nicht selten kann sie schließlich doch noch eine Antwort geben. Insgesamt fällt v. a. bei sprachlichen und sozial-emotionalen Anforderungen eine starke Verunsicherung auf, wohingegen sich Kim bei Aufgaben, welche ihren Stärken entsprechen (z. B. *Psychomotorik*; visuell-räumliche Untertests), selbstbewusst und fröhlich gibt.

4.3.4 Interpretation und Intervention

Interpretation. Kim verfügt über eine gute Intelligenz im Normbereich – allerdings mit einer erheblichen Teilleistungsstörung im Bereich des phonologischen Arbeitsgedächtnisses. Dieses Defizit steht in einem bedeutsamen Zusammenhang mit der Sprachentwicklungsstörung. Kim hat Schwierigkeiten, Wortklänge, Lautfolgen oder auch Sätze mental abzubilden und zu analysieren. Dies erschwert ihr den Aufbau des Wortschatzes und den Erwerb grammatikalischer Strukturen.

Auch zwischen den allgemeinen Entwicklungsbereichen treten große Schwankungen auf. Solche Diskrepanzen können erhebliche innere Spannungen erzeugen. Kim muss immer wieder erleben, dass sie trotz großer Bemühungen nicht versteht, was das Gegenüber ihr mitteilen möchte, und dass sie ihr Wissen, ihre Befindlichkeit und ihre Bedürfnisse verbal oft nicht adäquat zum Ausdruck bringen kann. Wie viele Kinder mit einer SSES zeigt auch Kim assoziierte emotionale und soziale Schwierigkeiten. Die sprachlichen Probleme haben die Interaktionen und den Aufbau von Freundschaften mit Gleichaltrigen jahrelang erschwert, was die Entwicklung altersgemäßer emotionaler und sozial-interaktiver Bewältigungsmechanismen sowie eines gesunden Selbstwertgefühls beeinträchtigt hat.

Intervention. Das Beispiel von Kim zeigt eindrücklich, was sich mit frühzeitigen therapeutischen Interventionen erreichen lässt. Sie konnte von der intensiven Logopädie und der kleinen heilpädagogisch geführten Klasse profitieren: Aus dem ehemals verschüchterten, stummen Mädchen wurde ein fröhliches, mitteilungsfreudiges Kind. Die Abklärungsresultate zeigen jedoch, dass Kim noch immer unter großen Teilleistungsdefiziten leidet, welche einen Übertritt in die öffentliche Schule zum aktuellen Zeitpunkt erschweren. Sie braucht weiterhin das geschützte Umfeld der Sonderschule und intensive logopädische Unterstützung zur Verbesserung ihrer sprachlichen Kompetenzen. Schwerpunkt der logopädischen Therapie bildet der Aufbau der Sprache in den Bereichen Wortschatz und Grammatik. In Bezug auf die reduzierte auditive Merkfähigkeit kann Kim von visuellen Hilfestellungen und der Nutzung kreativ-gestalterischer Kommunikationsarten profitieren. Ein weiterer Schwerpunkt muss schließlich die Förderung sozial-kommunikativer Fähigkeiten darstellen. Aus diesem Grund wird empfohlen, Kim in eine logopädische Kleingruppe zu integrieren. Zudem können auch die alltäglichen sozialen Situationen in der Klasse gezielt zur Vermittlung von Strategien im Umgang mit den anderen Kindern genutzt werden (z. B. Aufzeigen von Konfliktlösestrategien bei auftretenden Streitigkeiten, Unterstützung bei der Verbalisierung eigener und fremder Emotionen, Anbahnen von Spielsequenzen, Gruppenarbeiten). Des Weiteren ist auch die Aufklärung und Beratung der Eltern ein wichtiger Punkt. In den Gesprächen hat sich immer wieder gezeigt, dass die Eltern von Kim sehr viel Wert auf gute schulische Leistungen legen und sozial-emotionalen Themen eher wenig Platz einräumen. Es ist wichtig, ihnen aufzuzeigen, dass Kim zwar einerseits große Stärken im intellektuellen Bereich hat, sie aber auf der anderen Seite Defizite aufweist, welche sie an der Entfaltung ihres Potenzials hindern. Eine einseitige Förderung in schulischen Belangen würde die Spannungen im Entwicklungsprofil nur verstärken und längerfristig die Gefahr von Verhaltensauffälligkeiten erhöhen.

4.4 Fallbeispiel 2: Florian (8;3) mit einer spezifischen Sprachentwicklungsstörung

4.4.1 Anamnese und Problembeschreibung

Florian lebt zusammen mit seinen Eltern und seinen drei älteren Geschwistern in einem kleinen Dorf. Der Vater arbeitet als Gärtner, die Mutter ist Familienfrau und arbeitet daneben stundenweise als Floristin. Aus der Familienanamnese sind sowohl bei Verwandten väterlicher- als auch mütterlicherseits Sprachstörungen bekannt. Schwangerschaft und Geburt verliefen ohne Komplikationen. Die Meilensteine der motorischen und kognitiven Entwicklung erreichte Florian zeitgerecht. Seine ersten Worte sprach er nach seinem zweiten Geburtstag. Von Anfang an waren seine Äußerungen kaum verständlich – sogar für seine Eltern. Als auch in der Spielgruppe seine Sprachentwicklungsverzögerung auffiel, wurde Florian für eine entwicklungspädiatrische Abklärung angemeldet. Es wurde eine schwere SSES mit stark ausgeprägten phonologischen Problemen (Lautersetzungen und -auslassungen) und Dysgrammatismen festgestellt. Zudem zeigte Florian Anzeichen für eine beginnende psychoreaktive Störung. In der Folge wurde Frühlogopädie eingeleitet.

Als Florian 5 Jahre alt war, trat er in den Dorfkindergarten ein. Dort fiel er als lebendiger und intelligenter Junge auf. Er versuchte zwar, sich mit den anderen Kindern zu verständigen, scheiterte jedoch immer wieder. Seine Not, sich verbal nicht ausdrücken zu können, entlud sich vermehrt in Wutausbrüchen, Aggressionen und Verweigerungsverhalten. Aufgrund der massiven sprachlichen und sozial-emotionalen Schwierigkeiten wurde Florian schließlich für den Sprachheilkindergarten angemeldet.

Zum Zeitpunkt der Abklärung befindet sich Florian bereits seit knapp drei Jahren in der Sprachheilschule, aktuell in der zweiten Einführungsklasse. Neben der logopädischen Förderung besucht er auch eine Psychomotoriktherapie, da im motorischen Bereich große Unsicherheiten beobachtet wurden. Florian ist in der Klasse gut integriert und hat an Spontaneität und Offenheit gewonnen. Er konnte Fortschritte im Wortschatz und im Satzbau machen und seine Äußerungen sind heute verständlicher – trotz noch immer bestehender Artikulationsprobleme. Nach wie vor verfügt Florian jedoch nur über eine geringe Frustrationstoleranz. Auf gewisse Anforderungen reagiert er manchmal verweigernd und auch aggressive Reaktionen können noch immer ab und zu beobachtet werden.

4.4.2 IDS-Testergebnisse

Kognitive Entwicklung. Aus Abbildung 3 ist ersichtlich, dass die intellektuelle Leistungsfähigkeit von Florian im durchschnittlichen Bereich (IQ=99; 90%-Konfidenzintervall IQ=92–106) liegt. Er erzielt – abgesehen vom unterdurchschnittlichen Ergebnis im *Denken Konzeptuell* (6 WP) – in allen Untertests durchschnittliche Resultate. Die besten Leistungen erreicht Florian im Untertest *Denken Bildlich* (12 WP) und *Aufmerksamkeit Selektiv* (11 WP). Die restlichen Werte liegen dazwischen (*Gedächtnis Phonologisch* und *Gedächtnis Räumlich-Visuell* je 10 WP; *Wahrnehmung Visuell* 9 WP; *Gedächtnis Auditiv* 8 WP).

Allgemeine Entwicklung. Die Leistungen im Funktionsbereich *Psychomotorik* befinden sich für *Grobmotorik* (14 WP) im überdurchschnittlichen, für *Visuomotorik* (10 WP) im durchschnittlichen und für *Feinmotorik* (5 WP) im unterdurchschnittlichen Bereich. Bei den Aufgaben zur *Sozial-Emotionalen Kompetenz* ergibt sich – abgesehen von der unterdurchschnittlichen Leistung im *Emotionen Erkennen* (6 WP) – ein ausgeglichenes Bild im Normbereich (*Emotionen Regulieren* 8 WP, *Soziale Situationen Verstehen* 9 WP, *Sozial Kompetent Handeln* 9 WP). Die Resultate im *Denken Logisch-Mathematisch* sind relativ zur Altersnorm als durchschnittlich zu betrachten (8 WP). In den Entwicklungsbereichen *Sprache Expressiv* (7 WP) und *Sprache Rezeptiv* (5 WP) liegen die Werte im Grenzbereich, bzw. unterhalb der Norm. Insgesamt wird zudem eine *Leistungsmotivation* im durchschnittlichen Bereich festgestellt (*Durchhaltevermögen* 10 WP, *Leistungsfreude* 7 WP).

Stärken und Schwächen. Bei Florian liegt ein recht ausgeglichenes Entwicklungsprofil vor. Mit Ausnahme der Sprache liegen sämtliche Funktionsbereiche innerhalb der Norm der Altersgruppe (s. Abb. 4). Individuelle Stärken sind bei Florian in der visuellen und visuell-räumlichen Wahrnehmung sowie der Mustererkennung vorhanden. Zudem verfügt er über angemessene Aufmerksamkeits- und Gedächtnisfähigkeiten, sowohl für verbale als auch für visuelle Informationen. Schwierigkeiten zeigt Florian jedoch beim

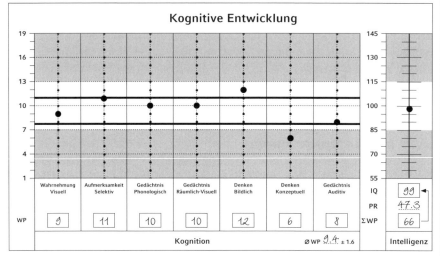
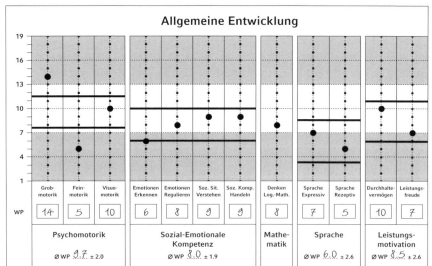

Abbildung 3: IDS-Profil von Florian

freien Nacherzählen der Geschichte *(Gedächtnis Auditiv)*. Auf gezielte Fragen kann er deutlich mehr Details nennen. Eine individuelle wie auch normbezogene Schwäche weist Florian zudem im konzeptuellen Denken auf.

In Bezug auf die allgemeine Entwicklung liegen Florians Ressourcen in den guten grobmotorischen Fähigkeiten, in der visuell-räumlichen Planung und Konstruktion *(Visuomotorik)* sowie im *Durchhaltevermögen*. Eine individuelle wie normbezogene Schwäche ist in der *Feinmotorik* vorhanden: Florians Bewegungen wirken unsicher, ungeschickt und unkoordiniert. Weitere Defizite werden im sprachlichen Bereich ersichtlich, sowohl bei der Bildung grammatikalisch korrekter Sätze als auch im Sprachverständnis. Seine sprachlichen Schwierigkeiten wirken sich auch auf den Untertest *Emotionen Erkennen* aus: Florian hat Mühe, komplexere Emotionsausdrücke (z. B. Überraschung) korrekt zu benennen. Gleichzeitig scheint er gewisse Gefühlsdarstellungen auch falsch zu deuten. Eine weitere Schwäche wird beim *Emotionen Regulieren* deutlich. Florians Leistung liegt zwar im durchschnittlichen Bereich, die genauere Betrachtung der einzelnen Antworten weist jedoch auf einen Mangel an adäquaten Emotionsregulationsstrategien hin. So kann er beispielsweise beim Gefühl „Angst" nur „Weglaufen" als Strategie nennen.

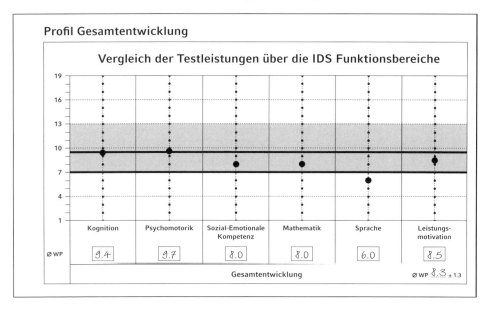

Abbildung 4: IDS-Gesamtprofil von Florian

4.4.3 Weitere Untersuchungsergebnisse

Verhaltensbeobachtung. Florian ist ein freundlicher, schüchtern wirkender Junge. Blickkontakt stellt er – wenn überhaupt – nur für kurze Zeit her. Die ungewohnte Abklärungssituation scheint ihn zu verunsichern. Er wirkt leicht angespannt und nervös. Die Testdurchführung erfolgt an insgesamt zwei Terminen, wobei Florian bei der ersten Untersuchung einen deutlich motivierteren Eindruck macht. Er verhält sich jedoch während der ganzen

Abklärung sehr angepasst und erfüllt die an ihn gestellten Anforderungen ohne Widerrede. Obwohl die Lösung der Aufgaben sichtlich anstrengend für ihn ist, will er keine Pausen einlegen.

Florian legt eine gute Arbeitshaltung an den Tag. Er arbeitet ruhig, bemüht und nutzt die ihm zur Verfügung stehende Zeit aus. Zudem können immer wieder effiziente Arbeitsstrategien beobachtet werden. Grundsätzlich zeigt er auch eine gute Aufmerksamkeits- und Konzentrationsfähigkeit. Gerät er jedoch bei einer Aufgabe unter Zeitdruck, so unterlaufen ihm vermehrt Flüchtigkeitsfehler und er scheint immer wieder „den Faden zu verlieren". Wenn ihn ein Untertest stark fordert, schirmt Florian sein Gesicht mit beiden Händen ab – dabei ist unklar, ob es ihm hilft, seine Aufmerksamkeit zu fokussieren oder ob er damit zu verbergen versucht, dass er sich überfordert fühlt und den Tränen nahe ist.

Florian versteht die Instruktionen jeweils rasch. Erscheint ihm eine Aufgabe leicht, so gibt er sich selbstsicher und betont locker. Im sprachlichen Ausdruck fallen v. a. die schwer verständliche Aussprache sowie grammatikalische Fehler auf. Seine Antworten sind meist sehr kurz. Wenn vollständige Sätze gefordert werden, benötigt er meist mehrere Anläufe, bis er seine Gedanken ausformulieren kann. Trotz dieser Schwierigkeiten gibt er jedoch nicht auf. In sprachlichen Situationen, welche ihn herausfordern, wechselt er immer wieder von Mundart auf Hochdeutsch. Spontan berichtet Florian nur wenig. Wenn das Gegenüber nachfragt, antwortet er zudem oft vorschnell mit „weiß nicht". In solchen Momenten benötigt er viel Ermutigung. Diese Blockaden zeigen sich insbesondere bei den Aufgaben zum sozial-emotionalen Funktionsbereich. Dort fällt auf, dass Florian die Vorlagen teilweise kaum betrachtet, sondern vor sich hin starrt. Dies vermittelt den Eindruck, als fühle sich Florian bei diesen Aufgaben nicht wohl. Ein völlig anderes Bild ergibt sich bei den Aufgaben zur Grobmotorik: Florian hat sichtlich Spaß, zeigt sich ehrgeizig und ist stolz, wenn ihm eine Übung gut gelingt. Deutlich mehr Schwierigkeiten sind dagegen in der Feinmotorik beobachtbar (u. a. Fallenlassen von Perlen, wiederholtes Wechseln der Hände).

4.4.4 Interpretation und Intervention

Interpretation. Florian verfügt über eine durchschnittliche Intelligenz. Seine Aufmerksamkeits-, Wahrnehmungs- und Gedächtnisfähigkeiten sind altersgemäß entwickelt. Ressourcen zeigt Florian insbesondere in der visuell-räumlichen Planung und Konstruktion, was eine gute Grundlage für geometrische Fähigkeiten darstellt. Schwierigkeiten werden im Bereich des konzeptuellen Denkens deutlich. Dabei könnte es sich allerdings auch um eine Ermüdungserscheinung handeln, da eine Rücksprache mit der behandelnden Logopädin ergab, dass Florian bei solchen Klassifikationsaufgaben generell keine Probleme zeigt.

Wie die Testergebnisse zeigen, konnte Florian dank der psychomotorischen Förderung große Fortschritte im grobmotorischen Bereich machen. Noch vor zwei Jahren bewegte er sich äußerst vorsichtig, zeigte ein unsicheres Gleichgewicht und hatte Schwierigkeiten bei der Wiedergabe von komplexen Bewegungsmustern. Aktuell zeigen sich noch Einschränkungen in der Feinmotorik. Deutliche Defizite sind zudem in den sprachlichen Fähigkeiten vorhanden (Artikulation, Wortfindung, Satzbau, Verständnis grammatikalischer Beziehungen), wobei auch in diesen Bereichen eine positive Entwicklung zu beobachten ist. So gelingt es Florian trotz seinen sprachlichen Schwierigkeiten recht gut, sein Wissen zum Ausdruck zu bringen. Die jahrelangen Misserfolgserfahrungen im Zusammenhang mit der SSES – insbesondere die erschwerten sozialen Interaktionen mit Gleichaltrigen – haben jedoch bei Florian deutliche Spuren hinterlassen. Emotionale und soziale Themen lösen eine starke Verunsicherung aus und führen zu Blockaden und Vermeidungsverhalten. Solche Strategien erfüllen zwar einerseits eine gewisse Schutzfunktion, verhindern aber andererseits wichtige soziale Lernerfahrungen.

Intervention. Trotz Florians großen Fortschritten in verschiedenen Entwicklungsbereichen kann er nach wie vor von der Sonderschulung profitieren. Er benötigt einen Unterricht, welcher sich an seinen individuellen Bedürfnissen und Schwierigkeiten orientiert. Die Sprachheilschule mit ihren kleinen, überschaubaren Klassen bietet ihm zudem einen gewissen Schutzraum: Da alle Kinder unter ähnlichen Sprach- und Kommunikationsschwierigkeiten leiden, ist die Toleranz untereinander sehr groß. Dieser Rahmen ermöglicht Florian, positive soziale Erfahrungen zu machen und an Sicherheit zu gewinnen. Mittelfristig soll jedoch eine Integration in die Regelschule angestrebt werden. Im Hinblick auf dieses Ziel sind folgende Schritte in der Förderplanung angezeigt:

- Die logopädische Therapie soll intensiv weitergeführt werden. Schwerpunkte bilden die Förderung der phonologischen Fähigkeiten und des Sprachverständnisses, die Erweiterung des aktiven Wortschatzes sowie der Aufbau von komplexeren grammatikalischen Satzstrukturen. Dabei kann Florian aufgrund seiner Stärke in der visuellen Wahrnehmung insbesondere vom Einbezug der Schriftsprache (Phonem-Graphem-Korrespondenz) profitieren.
- Aufgrund des festgestellten Förderbedarfs in der Feinmotorik wird auch die Weiterführung der Psychomotoriktherapie empfohlen. Im Sinne eines ressourcenorientierten Vorgehens können zudem Florians gute grobmotorische Fähigkeiten genutzt werden, um sein Selbstvertrauen zu verbessern.
- Zusätzlich sind auch Interventionen im sozial-emotionalen Bereich erforderlich. Dabei kann es sich um Aktivitäten im Klassenverband handeln (u. a. Gruppenarbeiten, kooperative Spiele), aber auch um ein gezieltes Coaching im Umgang mit Emotionen und herausfordernden sozialen Situationen – entweder im Rahmen der logopädischen Einzeltherapie oder der sozial-kommunikativen Gruppentherapie.

4.5 Zusammenfassung

Die IDS ermöglichen eine grobe Einschätzung der sprachlichen Fähigkeiten eines Kindes, sind jedoch nicht ausreichend, um den Sprachentwicklungsstand umfassend zu erheben und daraus differenzierte logopädische Fördermaßnahmen abzuleiten. Dafür bieten sie den Vorteil, dass durch die Erfassung nicht-sprachlicher Entwicklungsbereiche wie Wahrnehmung, Kognition, Motorik und sozial-emotionale Kompetenzen ein Gesamtbild des Kindes mit seinen Stärken und Schwächen entsteht. Eine isolierte Betrachtung der sprachlichen Fähigkeiten würde der Komplexität von SSES nicht gerecht werden und nur ungenügende Informationen für eine umfassende Förderplanung bereitstellen.

Die bisherigen Erfahrungen mit der Anwendung der IDS haben gezeigt, dass das Testverfahren bei Kindern mit SSES gut durchführbar ist. Allerdings ergeben sich einige Besonderheiten, welche berücksichtigt werden müssen:
- Kinder mit SSES sind infolge jahrelanger Misserfolgserfahrungen stark verunsichert – insbesondere bei sprachlichen Aufgaben. Sie sind oft sehr zurückhaltend in ihren Antworten, was von der Testleiterin oder vom Testleiter viel Einfühlungsvermögen, Geduld, aber auch eine gewisse Beharrlichkeit verlangt.
- Bei den Testinstruktionen muss sichergestellt werden, dass das Kind die Aufgabe versteht. Die Anweisungen müssen den sprachlichen Möglichkeiten des Kindes angepasst sein und sollen wenn nötig wiederholt werden. Als nützlich haben sich auch visuelle Hilfestellungen erwiesen, wie sie ohnehin bei vielen Aufgaben der IDS vorhanden sind.
- Bei der Interpretation der Testergebnisse müssen die sprachlichen Schwierigkeiten berücksichtigt werden. So stellt sich beispielsweise die Frage, ob ein Kind tatsächlich Defizite im sozial-emotionalen Bereich aufweist oder ob es sein Wissen aufgrund von Wortfindungsstörungen nicht zum Ausdruck bringen kann. Häufig bleiben die Äußerungen der betroffenen Kinder sehr vage und rudimentär, so dass die Antworten nicht als richtig bewertet werden können.

Zusammenfassend kann festgestellt werden, dass SSES ein heterogenes Bild bieten. Jedes Kind weist ein individuell ausgeprägtes Symptommuster auf, so dass sich kein typisches Entwicklungsprofil bestimmen lässt. Folgende charakteristische Merkmale treten jedoch gehäuft auf: Eine deutliche Diskrepanz zwischen den sprachlichen Fähigkeiten und der allgemeinen kognitiven Leistungsfähigkeit, Defizite im Bereich der auditiven Wahrnehmung und Merkfähigkeit, Auffälligkeiten in den sozial-emotionalen Kompetenzen sowie Stärken in der visuellen Wahrnehmung und Merkfähigkeit.

Literatur

Brunner, M., Dierks, A. & Seibert, A. (1998). *Heidelberger Lautdifferenzierungstest – H-LAD*. Werting: Westra Elektroakustik.

Dannenbauer, F. M. (1999). Grammatik. In S. Baumgartner & I. Füssenich (Hrsg.), *Sprachtherapie mit Kindern* (4., vollst. überarb. und erw. Aufl.) (S. 105–161). München: Ernst Reinhardt.

Fried, L. (2006). Sprachstandserhebung für pädagogische Zwecke. *Sprache – Stimme – Gehör, 30*, 66–81.

Grimm, H. (2003). *Störungen der Sprachentwicklung* (2., überarb. Aufl.). Göttingen: Hogrefe.

Grimm, H. & Schöler, H. (1991). *Heidelberger Sprachentwicklungstest (HSET)* (2. Aufl.). Göttingen: Hogrefe.

Hartmann, E. (2004). Sprachentwicklungsstörungen und soziale Fehlentwicklung. *SAL-Bulletin, 114*, 3–19.

Hellrung, U. (2002). *Sprachentwicklung und Sprachförderung. Ein Leitfaden für die Praxis*. Freiburg im Breisgau: Herder.

Keilmann, A., Büttner, C. & Böhme, G. (2009). *Sprachentwicklungsstörungen. Interdisziplinäre Diagnostik und Therapie*. Bern: Hans Huber.

Penner, Z. (1999). *Screeningverfahren zur Feststellung von Störungen in der Grammatikentwicklung*. Luzern: Edition SZH.

Steiner, J. (2008). *Prävalenzforschung: Zusammenfassung der Datenlage zu Sprachauffälligkeiten bei Kindern und Schlussfolgerungen für die Praxis*. URL: http://www.logopaedieund-praevention-hfh.ch/webautor-data/10/Praevalenz_Zusammenfassung-der-Datenlage.pdf (abgerufen am 24.05.2010).

Suchodoletz, W. v. (2004). Zur Prognose von Kindern mit umschriebenen Sprachentwicklungsstörungen. In W. v. Suchodoletz (Hrsg.), *Welche Chancen haben Kinder mit Entwicklungsstörungen?* (S. 155–199). Göttingen: Hogrefe.

5 Geistige Behinderung

Jürgen Gruber & Priska Hagmann-von Arx

5.1 Diagnostische Aufgabenstellung des Kindes

Eine geistige Behinderung (auch Intelligenzminderung) wird definiert als eine sich in der Entwicklung manifestierende, stagnierende oder unvollendete Entwicklung der geistigen Fähigkeiten. Insbesondere liegen Beeinträchtigungen in Funktionsbereichen vor, die zum Intelligenzniveau beitragen, wie beispielsweise Kognition, Sprache, motorische und soziale Fähigkeiten. Daraus resultiert weiter eine Einschränkung der Fähigkeiten, Anforderungen des alltäglichen Lebens zu bewältigen. So können Personen mit geistiger Behinderung in der Selbstversorgung, im Erlernen schulischer, beruflicher sowie emotionaler und sozialer Fertigkeiten beeinträchtigt sein (Dilling, Mombour & Schmidt, 2010).

Die von Erfassungs- und Definitionskriterien abhängige Prävalenzrate für Menschen mit geistiger Behinderung liegt in Deutschland bei ca. 0.6%. Bei Jungen tritt eine geistige Behinderung etwa 1,6-mal häufiger auf als bei Mädchen (Neuhäuser & Steinhausen, 2003).

Eine geistige Behinderung bedingt eine bedeutsame Abweichung von der durchschnittlichen intellektuellen Leistungsfähigkeit und von Einschränkungen der adaptiven Fähigkeiten um mehr als zwei Standardabweichungen von der entsprechenden Altersbezugsgruppe (Sarimski, 2003). Die ICD-10 nimmt eine weitere Einteilung der geistigen Behinderung nach Schweregraden auf der Grundlage des IQ vor:

Leichte geistige Behinderung (ICD-10 F70). Der IQ liegt im Bereich von 50 bis 69. Personen mit einer leichten geistigen Behinderung erreichen als Erwachsene ein mentales Alter von 9 bis 12 Jahren. Die meisten Personen erlangen eine vollständige Unabhängigkeit in der Selbstversorgung wie Essen, Waschen, Ankleiden, Darm- und Blasenkontrolle wie auch in praktischen und häuslichen Tätigkeiten bei allerdings verlangsamter Entwicklung. Schwierigkeiten treten bei der Schulbildung auf, insbesondere beim Erlernen des Lesens und Schreibens. Die meisten Personen sind für eine Arbeit anlernbar, die praktische Fähigkeiten und Handarbeit verlangt.

Mittelgradige geistige Behinderung (ICD-10 F71). Der IQ liegt im Bereich 35 bis 49. Personen mit einer mittelgradigen geistigen Behinderung erreichen als Erwachsene ein mentales Alter von 6 bis 9 Jahren. Sie zeigen eine verzögerte Sprachentwicklung und sind in diesem Bereich in ihrer Leistungsfähigkeit häufig begrenzt. Auch die Fähigkeiten zur Selbstversorgung entwickeln sich verzögert. Einige erlernen im schulischen Bereich grundlegende Fertigkeiten, die zum Lesen, Schreiben und Zählen gebraucht werden. Im Erwachsenenalter können sie unter Beaufsichtigung einfache, gut strukturierte

Tätigkeiten verrichten. Ein völlig unabhängiges Leben im Erwachsenenalter wird aber selten erreicht.

Schwere geistige Behinderung (ICD-10 F72). Der IQ liegt im Bereich 20 bis 34. Personen mit einer schweren geistigen Behinderung erreichen als Erwachsene ein mentales Alter von 3 bis 6 Jahren. Das klinische Bild dieser Störung ähnelt demjenigen des unteren Leistungsbereichs der mittelgradigen geistigen Behinderung. Die meisten Personen haben zudem ausgeprägte motorische Beeinträchtigungen oder andere Ausfälle, die auf das Bestehen einer bedeutsamen Schädigung oder Fehlentwicklung des zentralen Nervensystems hindeuten.

Schwerste Intelligenzminderung (ICD-10 F73). Der IQ liegt unter 20. Personen mit einer schwersten geistigen Behinderung erreichen als Erwachsene ein mentales Alter unter 3 Jahren. Die Personen sind schwer beeinträchtigt in der Selbstversorgung, Kontinenz, Kommunikation und Mobilität, sodass sie ständige Hilfe und Überwachung benötigen.

Die Ursachen einer geistigen Behinderung sind vielfältig. Endogene Faktoren wie Genmutationen und Chromosomenanomalien oder exogene Faktoren wie cerebrale Schädigungen oder mütterlicher Substanzmissbrauch während der Schwangerschaft sind in Betracht zu ziehen. Bei vielen behinderten Personen ist eine eindeutige Ursachenzuschreibung schwierig. Da höhergradige Behinderungen oft durch biologische Faktoren ausgelöst werden und bei leichteren Behinderungen psychosoziale Rahmenbedingungen eine größere Rolle spielen, liegt bei Menschen mit einer leichten geistigen Behinderung der Anteil an ungeklärter Ätiologie deutlich höher (Neuhäuser & Steinhausen, 2003).

Menschen mit einer geistigen Behinderung zeigen eine massiv erhöhte Prävalenzrate für psychische Erkrankungen wie tiefgreifende Entwicklungsstörungen (z. B. Autismus), schizophrene und affektive Psychosen, Stereotypen und Automutilationen, Enuresis und Enkopresis oder Essstörungen. Zu den häufigen psychopathologischen Symptomen bei geistiger Behinderung gehören auch Hyperaktivität und Aufmerksamkeitsdefizite. Häufig gehen eine ausgeprägte motorische Unruhe und mangelnde Zielorientierung mit einer ungenügenden Fokussierung der Aufmerksamkeit, großer Ablenkbarkeit und fehlenden Ausdauer einher (Steinhausen, 2003).

Da geistig behinderte Kinder in ihren Bildungs-, Entwicklungs- und Lernmöglichkeiten schwer beeinträchtigt sind, können sie im allgemeinen Unterricht ohne spezifische sonderpädagogische Unterstützung nicht hinreichend gefördert werden. Damit jedes geistig behinderte Kind im Rahmen seiner Möglichkeiten Fertigkeiten erlernen kann, die ihm eine möglichst selbstständige und selbst bestimmte Teilnahme am sozialen Leben ermöglichen, müssen geeignete Förderangebote zur Verfügung gestellt werden. Einige Einrichtungen bieten integrative Gruppen an, in denen behinderte und nicht behinderte Kinder gemeinsam betreut werden. In der Regel werden Kinder mit einer geistigen Behinderung jedoch in speziellen Kindertagesstätten und Förderschulen für geistig Behinderte (auch Sonderschulen, Förderzentren, Schulen für Behinderte) unterrichtet. Kinder mit einer leichten geistigen Behinderung im Bereich zur Lernbehinderung können bei günstigem Ressourcenprofil von Kind und Umfeld in Förderschulen für Lernbehinderte (auch Förderschule mit dem Schwerpunkt Lernen) unterrichtet werden.

Eine Diagnose der geistigen Behinderung erfolgt durch die Messung der kognitiven Fähigkeiten mit Hilfe eines standardisierten Intelligenztests, wobei eine Abweichung um mehr als zwei Standardabweichungen, respektive ein Intelligenzwert unter 70, die Diagnose der geistigen Behinderung bedingt. Der Einsatz von Intelligenztests bei geistig behinderten Kindern erfolgt meist nicht problemlos, da die Testverfahren ursprünglich nicht für die systematische Analyse geistig Behinderter entwickelt worden sind: Testverfahren beinhalten häufig vor allem Aufgaben mit einer mittleren Schwierigkeit, sodass sie im durchschnittlichen Leistungsbereich sehr viel besser differenzieren als im über- und unterdurchschnittlichen Bereich. So sind Mess- und Schätzfehler in den Extrembereichen sehr groß (Holling, Preckel & Vock, 2004). Weiter sind Intelligenz- und Entwicklungstests in der Regel an unauffälligen Kindern normiert, während geistig behinderte Kinder kaum berücksichtigt werden. Testaufgaben sind deshalb für Kinder mit geistiger Behinderung überwiegend zu schwer (Sarimski, 2003). Weiter kommt hinzu, dass Testverfahren häufig bei den jüngsten Altersgruppen aufgrund von zu wenig leichter Aufgaben Bodeneffekte aufweisen, sodass nicht genau zwischen einer unterdurchschnittlichen und weit unterdurchschnittlichen Leistung differenziert werden kann. Dies führt dazu, dass die Testverfahren bei kognitiv schwachen Kindern in jüngeren Altersgruppen häufig noch nicht zu verwertbaren Ergebnissen führen. Eine Durchführung psychometrischer Testverfahren ist bei geistig behinderten Kindern daher nur selten standardisiert möglich: Zusätzliche Motivationshilfen, Lenkung der Aufmerksamkeit oder die Aufteilung der Untersuchung auf mehrere Termine sind oft vonnöten, um eine Testung durchführen zu können. Der Einsatz von psychometrischen Testverfahren eignet sich daher im Bereich einer leichten geistigen Behinderung, um einzuschätzen, ob ein Kind von der alterstypischen Leistungsfähigkeit bedeutsam abweicht und eine besondere Förderung notwendig ist. Ein Einsatz von Intelligenztests eignet sich aber kaum für schwerbehinderte Kinder. Bei ihnen ist eine qualitative Beschreibung ihrer Fähigkeiten und Fertigkeiten aus der Beobachtung von allgemeinen Entwicklungstests möglich.

5.2 Einsatz der IDS

Zur Intelligenzeinschätzung bei kognitiv schwachen Kindern eignen sich beispielsweise die *Snijders-Oomen non-verbale Intelligenztests für Kinder* im Altersbereich 2½ bis 7 Jahren (SON-R 2½-7; Tellegen, Laros & Petermann, 2007) und 5½ bis 17 Jahren (SON-R 5½-17; Snijders, Tellegen & Laros, 1997) aufgrund ihres sprachfreien Charakters. Die *Kaufman Assessment Battery for Children* (K-ABC; Melchers & Preuss, 2009) ermöglicht eine Einschätzung vielseitiger Funktionsbereiche der kognitiven Informationsverarbeitung und ist für leistungsschwache Kinder gut geeignet, da die Lösungen der Aufgaben relativ unabhängig von den Lernerfahrungen des Kindes sind. Jüngere oder schwerbehinderte Kinder sind mit den Anforderungen dieser Intelligenztests häufig überfordert, sodass bei geistig Behinderten mit Fähigkeiten auf dem Niveau eines ein- bis dreijährigen Kindes der Einsatz des *Entwicklungstest 6 Monate bis 6 Jahre* (ET 6-6; Petermann, Stein & Macha, 2006) empfohlen werden kann.

Aus ressourcenorientierter Sicht soll sich die Untersuchung behinderter Kinder nicht auf die Beurteilung der intellektuellen Fähigkeiten beschränken. Daher scheint es wertvoll, weitere Funktionsbereiche standardisiert abzuklären. Die IDS verfügen über ein breites Spektrum an Funktionsbereichen zur Untersuchung der kognitiven wie auch allgemeinen Entwicklung. Der Testboden der Intelligenzeinschätzung liegt in den IDS bei einem IQ = 55, sodass eine geistige Behinderung feststellbar ist, aber nicht zwischen verschiedenen Graden der Intelligenzminderung unterschieden werden kann. Zusätzlich differenzieren die IDS in der allgemeinen Entwicklung im Bereich ± 3 Standardabweichungen und können Hinweise geben, ob in den Bereichen *Psychomotorik*, *Sozial-Emotionale Kompetenz*, *Mathematik*, *Sprache* und *Leistungsmotivation* Entwicklungsrückstände vorliegen.

5.3 Fallbeispiel 1: Lena (6;2) mit einer leichten geistigen Behinderung und Störung der expressiven und rezeptiven Sprachentwicklung

5.3.1 Anamnese und Problembeschreibung

Lenas (6;2) leibliche Mutter besuchte aufgrund einer leichten Intelligenzminderung eine Förderschule. Sie lernte dort weder lesen noch schreiben und ist nicht in der Lage, ihr Leben in allen Facetten ohne Unterstützung zu meistern. Lenas Vater besuchte ebenfalls die Förderschule. Beide Elternteile sind ohne Berufsausbildung.

Die Schwangerschaft verlief problematisch. Lenas Mutter war körperlich ständig schlecht, begleitet von häufigem Erbrechen. Hinzu gesellten sich massive Beziehungsprobleme und schwere Depressionen, welche medikamentös behandelt wurden. Nach heftigen Beziehungskonflikten während der Schwangerschaft wurde sie gemeinsam mit einem leiblichen Kleinkind von ihrem Partner aus der gemeinsamen Wohnung verwiesen. Das Geschwisterkind der noch nicht geborenen Lena wurde in Bereitschaftspflege aufgenommen. Die werdende Mutter, zunächst heimatlos, gebar Lena in einer Mutter-Kind-Einrichtung und lebte gemeinsam mit ihr für neun Monate dort. Lena kam vier Wochen zu früh in der 36. Schwangerschaftswoche mit 2360 g spontan zur Welt, APGAR 9/10 (kein 3. Wert notiert).

Die Mutter kehrte mit Lena in ihre Heimat zurück. Ihr erstes Kind lebte inzwischen in einer Vollzeitpflegefamilie. Für die junge Mutter wurde zur Unterstützung eine Familienhilfe installiert. Es wurde jedoch deutlich, dass die Mutter nicht in der Lage ist, für ihre Tochter zu sorgen. Lena kam daher in eine Pflegefamilie. Zu diesem Zeitpunkt war Lena fast drei Jahre alt, 11 kg leicht, sehr blass, sprach nicht und hatte sehr viele Absencen. Eine Vorstellung im Sozialpädiatrischen Zentrum ergab bei Lena die Diagnose einer leichten Allgemeinretardierung mit erheblicher Störung der expressiven und rezeptiven Sprachentwicklung (F89, F80.9), Z. n. Deprivation (Z62.5) und Absencen (G40.7).

Die Pflegeeltern – der Pflegevater arbeitet als Werkzeugmacher, die Pflegemutter als Kinderkrankenschwester – wohnen gemeinsam mit ihren leiblichen Kindern und Pflegekindern in idyllischer dörflicher Umgebung. Lena wird zunehmend offener und macht große Fortschritte im Bereich der sozialen, emotionalen und sprachlichen Entwicklung. Sie spricht mehr, deutlicher und fängt an, kleine Erlebnisse zu erzählen. Sie zeigt sich eher praktisch orientiert, hilft gerne beim Abwasch und anderen Tätigkeiten im Haushalt. Die kognitiven Entwicklungsbereiche hingegen scheinen sich eher langsam zu entwickeln. Inzwischen besucht Lena einen Schulkindergarten für Geistigbehinderte. Sie wurde vom Schulbesuch zurückgestellt, um ihr noch „Entwicklungszeit" zu geben. Die beschriebene Untersuchung hatte eine Schulwegsempfehlung zum Ziel.

5.3.2 IDS-Testergebnisse

Kognitive Entwicklung. Die intellektuelle Leistungsfähigkeit von Lena liegt im weit unterdurchschnittlichen Bereich (IQ = 56; 90%-Konfidenzintervall IQ < 63). Die Leistung im Untertest *Denken Konzeptuell* (5 WP) liegt im Vergleich zur Altersgruppe im unterdurchschnittlichen Bereich. In allen anderen kognitiven Untertests zeigt Lena Leistungen im weit unterdurchschnittlichen Bereich: *Wahrnehmung Visuell* 4 WP, *Aufmerksamkeit Selektiv* 2 WP, *Gedächtnis Phonologisch* 4 WP, *Gedächtnis Räumlich-Visuell* 3 WP, *Denken Bildlich* 2 WP, *Gedächtnis Auditiv* 3 WP (s. Abb. 1).

Allgemeine Entwicklung. Im Funktionsbereich *Psychomotorik* zeigt Lena im Untertest *Grobmotorik* (3 WP) eine Leistung im weit unterdurchschnittlichen Bereich. Die Leistungen in der *Feinmotorik* (6 WP) und *Visuomotorik* (5 WP) liegen im unterdurchschnittlichen Bereich. Im Funktionsbereich *Sozial-Emotionale Kompetenz* erzielt Lena im Untertest *Emotionen Erkennen* (10 WP) und *Soziale Situationen Verstehen* (8 WP) Leistungen, die im Normbereich ihrer Altersgruppe liegen. Die Leistung im Untertest *Emotionen Regulieren* (5 WP) ist als unterdurchschnittlich und die Leistung im Untertest *Sozial Kompetent Handeln* (1 WP) als weit unterdurchschnittlich zu betrachten. Die Leistung in *Denken Logisch-Mathematisch* (1 WP) fällt weit unterdurchschnittlich aus. In den Untertests *Sprache Expressiv* (5 WP) und *Sprache Rezeptiv* (6 WP) zeigt Lena unterdurchschnittliche Leistungen. Die *Leistungsmotivation* wird für *Durchhaltevermögen* (2 WP) wie auch *Leistungsfreude* (1 WP) als weit unterdurchschnittlich bewertet (s. Abb. 1).

Stärken und Schwächen. Lena zeigt ein homogenes kognitives Entwicklungsprofil im weit unterdurchschnittlichen Bereich. Im Funktionsbereich *Sozial-Emotionale Kompetenz* hingegen zeigen sich Stärken und Schwächen: Während Lena Emotionen altersgerecht erkennen und benennen kann (*Emotionen Erkennen* 10 WP), zeigt sie deutliche Entwicklungsdefizite im Untertest *Sozial Kompetent Handeln* (1 WP). Im Vergleich zu den Leistungen in den weiteren Funktionsbereichen ist die Leistung in der *Sozial-Emotionalen Kompetenz* als relative Stärke zu bewerten. Weiter ist aus Abbildung 2 zu entnehmen, dass auch die *Sprache* als relative Stärke zu bewerten ist, während die Leistungen in der *Mathematik* und der *Leistungsmotivation* als relative Schwächen zu interpretieren sind.

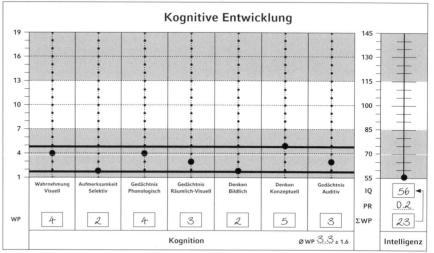
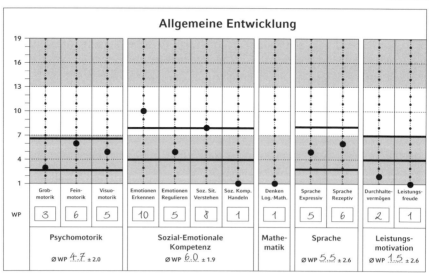

Abbildung 1: IDS-Profil von Lena

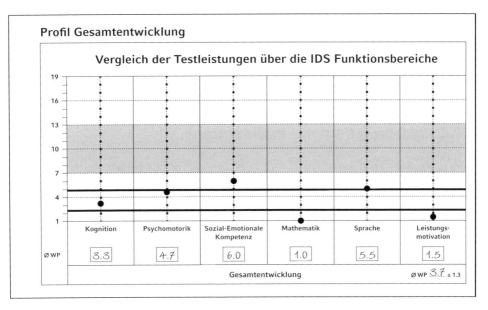

Abbildung 2: IDS-Gesamtprofil von Lena

5.3.3 Weitere Untersuchungsergebnisse

Verhaltensbeobachtung. Die Testung wurde auf zwei Sitzungen verteilt. In der ersten Sitzung wurden die Funktionsbereiche *Kognition* und *Psychomotorik* durchgeführt (Dauer ca. 45 min). In der zweiten Sitzung wurden Lena die Funktionsbereiche *Sozial-Emotionale Kompetenz*, *Mathematik* und *Sprache* vorgelegt (Dauer ca. 35 min). Lena wirkte in den Testsituationen abwesend. Sie zeigte sich sehr unsicher und schien sehr leicht ablenkbar sowie wenig ausdauernd zu sein. Insbesondere den Leistungsanforderungen in den Funktionsbereichen *Kognition* und *Mathematik* mochte sie sich kaum stellen. Es schien, als würden eine Aufmerksamkeitsproblematik und eine geringe Leistungsbereitschaft die entsprechenden Leistungen hemmen. Die Aufgabe zum Untertest *Aufmerksamkeit Selektiv* verstand Lena nicht. Sie verband die Enten miteinander, anstelle diese zu durchstreichen. Beim Untertest *Gedächtnis Auditiv* stellte die Länge der Geschichte die größte Schwierigkeit dar. In der zweiten Hälfte der Geschichte wurde Lena zunehmend unruhiger, sodass ein mehrmaliges Ermahnen zum Zuhören notwendig war.

Weitere Testbefunde. Zur differenzierteren Analyse der sprachlichen Fähigkeiten wurden Lena aus dem HAWIVA-III die sprachbasierten Untertests vorgegeben. Hier erzielte sie im Verbalteil einen IQ = 49 (Entwicklungsalter Allgemeines Wissen 3;0 bis 3;8 Jahre, Begriffe erklären < 4 Jahre, Begriffe erkennen < 4 Jahre) und in der Allgemeinen Sprachskala einen IQ = 69 (Entwicklungsalter Passiver Wortschatz 2;9 bis 3;5 Jahre, Aktiver Wortschatz 3;9 bis 4;2 Jahre). Zusätzlich wurden bei Lena vorweg im Alter von

5;7 Jahren zwei weitere Intelligenztests durchgeführt. Im SON-R 2½-7 schnitt Lena in allen Untertests deutlich unterdurchschnittlich ab und erreichte einen Gesamt-IQ von 55 (Handlungsskala IQ=57, Denkskala IQ=63), was einem Entwicklungsalter von 3;5 Jahren entspricht. Im K-ABC erreichte Lena einen Gesamt-IQ von 70 (einzelheitliches Denken IQ=59, ganzheitliches Denken IQ=81).

5.3.4 Interpretation und Intervention

Interpretation. Das kognitive IDS-Profil von Lena zeigt eine leichte geistige Behinderung. Die IDS-Testergebnisse bestätigen somit die Defizite in der kognitiven Entwicklung, die auch mit dem SON-R und dem K-ABC abgebildet wurden. Trotz der leichten geistigen Behinderung zeigte Lena in einzelnen Untertests der allgemeinen Entwicklung Leistungen, die nicht im weit unterdurchschnittlichen Bereich liegen (wie diejenigen der kognitiven Entwicklung) sondern im unterdurchschnittlichen oder sogar durchschnittlichen Bereich. Vorsicht ist mit der Interpretation der unterdurchschnittlichen Leistung in *Sprache Expressiv* geboten, da bei diesem Untertest für den Altersbereich von 5;0 bis 7;5 Jahren aufgrund von zu wenig leichter Items Bodeneffekte zu verzeichnen sind (s. IDS-Manual S. 197–201). Für die Testleistung von Lena bedeutet dies, dass bei ihr ein Entwicklungsdefizit in der expressiven Sprache vorliegt, aber mit den IDS nicht genau differenziert werden kann, ob ihre expressive Sprachleistung im unterdurchschnittlichen oder weit unterdurchschnittlichen Bereich liegt. Ein Vergleich mit den Testalteräquivalenzen (s. Anhang in diesem Fallbuch, S. 205 ff.) zeigt, dass die Sprachleistungen von Lena einem Testalter von unter 5 Jahren entsprechen. Die Testergebnisse aus dem HAWIVA-III stützen diesen Befund und lassen differenzierter erkennen, dass Lenas sprachliche Leistungen denjenigen eines 3- bis 4-jährigen Kindes entsprechen. Hervorzuheben ist die altersentsprechende Leistung von Lena in den Untertests *Emotionen Erkennen* und *Soziale Situationen Verstehen*. Obwohl Lena die Adjektive nicht immer korrekt aussprach („schreckend", „bösig") ist aus ihren Antworten ersichtlich, dass sie die Emotionen richtig erkannt hat und korrekt benennen möchte. Die Emotionserkennung gilt als basale sozial-emotionale Fähigkeit und bildet das Fundament für den Aufbau eines umfassenden Emotionsverständnisses. Dieses Fundament ist bei Lena vorhanden.

Intervention. Es scheint, als würde sich in den intraindividuell starken Leistungen der allgemeinen Entwicklung der positive Entwicklungsverlauf spiegeln, den Lena in den vergangenen drei Jahren bei den Pflegeeltern genommen hat. Womöglich können die intraindividuellen Stärken von Lena, die insbesondere in der sozial-emotionalen Kompetenz liegen, im Sinne einer wechselseitigen Beeinflussung dazu führen, dass Lena auch im Bereich der kognitiven Entwicklung einen Leistungsanstieg zeigen wird. Da die bisherigen Fortschritte im kognitiven Bereich aber noch zu wenig gefestigt erscheinen, wird von allen Beteiligten die Schule für Geistigbehinderte, wenn möglich in einer wohnortnahen Anlage in Form einer Außenklasse, als geeigneter Bildungsgang angesehen. Bei positiver Weiterentwicklung wäre aber durchaus auch eine Einschulung oder Umschulung in eine Förderschule für lernbehinderte Kinder denkbar.

5.4 Fallbeispiel 2: Michael (5;8) mit einer globalen Entwicklungsverzögerung

5.4.1 Anamnese und Problembeschreibung

Nach belasteter Schwangerschaft durch Blutungen, Nierenstau und psychischen Belastungen der Mutter aufgrund einer Fehlgeburt vor der aktuellen Schwangerschaft kam Michael in der 39. Schwangerschaftswoche spontan mit einem Geburtsgewicht von 3000 g zur Welt. Der APGAR betrug 10/10 (kein 3. Wert notiert). Michael war zunächst ein unauffälliger Säugling. Im Alter von drei bis vier Monaten entwickelte er sich jedoch wegen überstarker Blähungen zum Schreibaby.

Michaels frühkindliche motorische Entwicklung verlief altersentsprechend. Freies Gehen erfolgte mit 16 Monaten. Seine Sprachentwicklung zeigte jedoch Auffälligkeiten: Er lautierte mit fünf Monaten, hörte aber einige Wochen später damit auf und begann im 15. Lebensmonat erneut zu lautieren. Mit knapp zwei Jahren erfolgten Zweiwortsätze bei geringem Wortschatz. Nach einer Windpockenerkrankung mit hohem Fieber habe er das Reden erneut für einige Zeit eingestellt. Mit dreieinhalb Jahren besuchte Michael zwei Tage pro Woche einen Regelkindergarten. Dort kam es zu großen Problemen. Es wurde von Konzentrationsmangel, kurzer Verweildauer beim Spiel und Aggressionen gegenüber anderen Kindern berichtet. Nach einem gescheiterten Integrationsversuch wurde die Aufnahme in einen Sonderkindergarten angestrebt. Bei einer Vorstellung im Sozialpädiatrischen Zentrum im Alter von 3;9 Jahren sprach Michael in Dreiwortsätzen und ohne grammatikalische Regeln. Er zeigte eine Artikulationsstörung mit einer multiplen Dyslalie. Weiter hatte Michael noch keine Vorstellung von Mengen und Zahlen, das Farbenerkennen war nicht gesichert, die Sauberkeitserziehung noch nicht erfolgt. Es wurde eine globale Entwicklungsverzögerung (F83) diagnostiziert sowohl mit verzögerter Sprachentwicklung als auch verzögerter motorischer Entwicklung mit Schwerpunkt im feinmotorischen Bereich. Mit der Aufnahme in den Schulkindergarten für geistigbehinderte Kinder wurde der ET 6-6 durchgeführt. Michael zeigte dort in allen Entwicklungsbereichen weit unterdurchschnittliche Leistungen.

Im Schulkindergarten machte Michael große Fortschritte. Bereits nach der ersten Woche verschwanden die Aggressionen und Wutanfälle. Er begann, sich an Regeln zu halten und kümmerte sich liebevoll um schwächere Kinder. Er lernte, seine Wünsche zu äußern und absolvierte erfolgreich ein Toilettentraining. Große Fortschritte machte Michael auch in der Feinmotorik. Sein Wortschatz erweiterte sich nur wenig. Sein Sprachverständnis scheint noch immer begrenzt zu sein, sodass er weiterhin Logopädie erhält. Zudem arbeite er in der Regel willig und motiviert, zeige jedoch Konzentrationsprobleme und große Schwankungen in der Ausdauer. Wegen der anstehenden Einschulung erfolgt eine neue Untersuchung von Michael.

5.4.2 IDS-Testergebnisse

Kognitive Entwicklung. Wie aus Abbildung 3 zu entnehmen ist, liegt die intellektuelle Leistungsfähigkeit von Michael im weit unterdurchschnittlichen Bereich (IQ = 58; 90 %-Konfidenzintervall IQ < 66). In den einzelnen Untertests bewältigt Michael keine

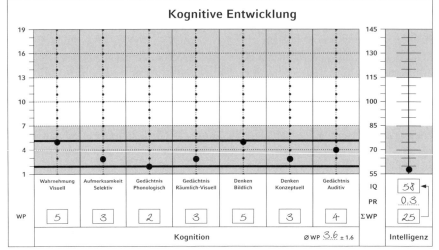
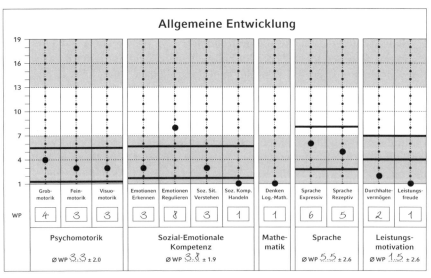

Abbildung 3: IDS-Profil von Michael

Aufgabe altersgemäß. Die Werte der einzelnen kognitiven Untertests liegen im unterdurchschnittlichen (*Wahrnehmung Visuell* 5 WP, *Denken Bildlich* 5 WP) bis weit unterdurchschnittlichen Bereich (*Aufmerksamkeit Selektiv* 3 WP, *Gedächtnis Phonologisch* 2 WP, *Gedächtnis Räumlich-Visuell* 3 WP, *Denken Konzeptuell* 3 WP, *Gedächtnis Auditiv* 4 WP).

Allgemeine Entwicklung. Die Werte des Funktionsbereichs *Psychomotorik* liegen im weit unterdurchschnittlichen Bereich: *Grobmotorik* (4 WP), *Feinmotorik* (3 WP), *Visuomotorik* (3 WP). Im Funktionsbereich *Sozial-Emotionale Kompetenz* erzielt Michael in den Untertests *Emotionen Erkennen* (3 WP), *Soziale Situationen Verstehen* (3 WP) und *Sozial Kompetent Handeln* (1 WP) ebenfalls weit unterdurchschnittliche Werte. Die Leistung im Untertest *Emotionen Regulieren* (8 WP) liegt im Normbereich der Altersgruppe. Im *Denken Logisch-Mathematisch* (1 WP) zeigt Michael eine weit unterdurchschnittliche und in *Sprache Expressiv* (6 WP) wie auch *Sprache Rezeptiv* (5 WP) eine unterdurchschnittliche Leistung. Die *Leistungsmotivation* liegt für *Durchhaltevermögen* (2 WP) und *Leistungsfreude* (1 WP) im weit unterdurchschnittlichen Bereich.

Stärken und Schwächen. Das kognitive Entwicklungsprofil von Michael ist homogen. Auch im allgemeinen Entwicklungsprofil zeigt Michael zumeist homogene Leistungen. Hervorzuheben sind die relative Stärke im Untertest *Emotionen Regulieren* und die relative wie auch absolute Schwäche im Untertest *Sozial Kompetent Handeln*. Über alle Funktionsbereiche hinweg zeigt Michael eine relative wie auch absolute Schwäche in der *Mathematik* und eine relative Stärke im Funktionsbereich *Sprache* (s. Abb. 4).

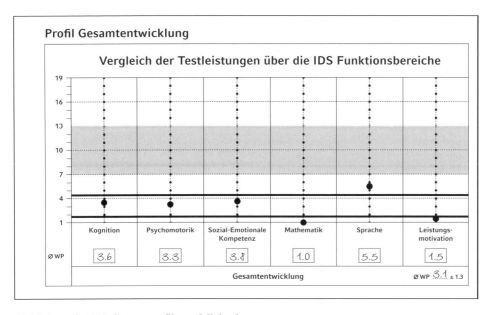

Abbildung 4: IDS-Gesamtprofil von Michael

5.4.3 Weitere Untersuchungsergebnisse

Verhaltensbeobachtung. Michael war während der Testung sehr kontaktfreudig. Obwohl er nur wenige Aufgaben lösen konnte und weit unterdurchschnittliche Testleistungen zeigte, war er leicht motivierbar und konnte den ganzen Test in einer Sitzung absolvieren. Die Testung dauerte 1 Stunde und 5 Minuten. Den Untertest *Aufmerksamkeit Selektiv* verstand Michael nicht. Er wollte die Enten lieber anmalen als durchstreichen. Im Untertest *Denken Bildlich* stellte Michael die Klötzchen auf und versuchte, die Aufgaben dreidimensional zu lösen. Im Untertest *Visuomotorik* wollte Michael lieber etwas anderes als die vorgegebenen Figuren zeichnen.

Weitere Testbefunde. Im Alter von 3;9 Jahren wurde bei Michael der ET 6-6 durchgeführt. Er wurde mit dem Altersgruppentest „42 bis 48 Monate" untersucht. Michael erzielte in allen Untertests deutlich unterdurchschnittliche Testwerte, so dass gravierende Entwicklungsdefizite in den Bereichen der kognitiven, sprachlichen und sozial-emotionalen Entwicklung abgebildet wurden. Daraufhin wurde er in den Schulkindergarten für geistig behinderte Kinder aufgenommen.

In der aktuellen Untersuchung wurde vorweg im Alter von 5;1 Jahren der SON-R 2½-7 durchgeführt. Hier erzielte Michael einen Gesamt-IQ von 50 (Handlungsskala IQ=52, Denkskala IQ=57), was einem Entwicklungsalter von 2;11 Jahren entspricht. Im Alter von 6;7 Jahren wurde zusätzlich die Kaufman Computerized Assessment Battery (K-CAB; Petermann, 2010) durchgeführt. Michael erzielte einen Allgemeinen Kognitiven Index von IQ=59 (Wortschatz IQ=82, Begriffsbildung IQ=57, Index der Sequenziellen und Simultanen Verarbeitung IQ=60).

5.4.4 Interpretation und Intervention

Interpretation. Der Gesamtintelligenzwert von Michael liegt im Bereich einer leichten geistigen Behinderung. Dieses Testergebnis wird durch die Leistungen im SON-R 2½-7 und K-CAB gestützt. Innerhalb der einzelnen kognitiven Untertests treten keine wesentlichen Differenzen auf. Ebenfalls deutliche Entwicklungsdefizite zeigen sich in den Funktionsbereichen der allgemeinen Entwicklung. Hervorzuheben ist hier jedoch Michaels altersentsprechende Leistung im Untertest *Emotionen Regulieren*. Auf die Frage, was Michael tun könnte, damit er nicht mehr wütend ist, meinte er, dass er ein Buch holen und es sich anschauen könnte. Eine solche Antwort ist bei geistig behinderten Kindern kaum zu erwarten. Sprachlich zeigt Michael Artikulationsprobleme. In den IDS-Sprachuntertests erzielte er aber relativ hohe Werte. Wie bei Lena müssen diese Werte mit Vorsicht interpretiert werden, da hier Bodeneffekte dazu führen, dass nicht genau differenziert werden kann, ob Michaels Leistung im unterdurchschnittlichen oder weit unterdurchschnittlichen Bereich liegt. Michaels sprachliche Leistungen sollen daher mit Hilfe eines weiteren Verfahrens differenzierter untersucht werden. Ergebnisse aus dem Untertest Wortschatz des K-CAB (IQ=82) geben erste Hinweise, dass Michaels lexikalische Kenntnisse im unterdurchschnittlichen Bereich liegen.

Intervention. Die vorliegenden Befunde spiegeln weitestgehend die Ergebnisse aus vorherigen Untersuchungen und erklären den sonderpädagogischen Förderbedarf. Es wird daher empfohlen, Michael in eine Schule für Geistigbehinderte einzuschulen. Nach einer Elternberatung und Schulbesichtigung waren die Eltern mit der Einschulung in eine Sonderschule einverstanden. Eine integrative Beschulung wurde vorgeschlagen, aber von den Eltern nicht gewünscht. Michael besucht nun seit kurzer Zeit mit Freude die Schule für Geistigbehinderte.

5.5 Zusammenfassung

In den beiden Fallbeispielen konnte gezeigt werden, dass eine standardisierte Untersuchung mit den IDS, die gegebenenfalls an die Besonderheiten der Kinder angepasst wird, bei Kindern mit einer leichten geistigen Behinderung möglich und gewinnbringend ist.

Im Bereich der kognitiven Entwicklung wird mit den IDS ersichtlich, ob die Kinder Schwächen in Aufgaben zeigen, welche Aufmerksamkeitssteuerung (*Wahrnehmung Visuell, Aufmerksamkeit Selektiv*), Gedächtnisprozesse (*Gedächtnis Phonologisch, Gedächtnis Räumlich-Visuell, Gedächtnis Auditiv*) oder komplexere kognitive Funktionen und Problemlösen (*Denken Bildlich, Denken Konzeptuell*) erfordern. Im Bereich der allgemeinen Entwicklung fällt geistig behinderten Kindern insbesondere der Funktionsbereich *Sozial-Emotionale Kompetenz* häufig schwer, da der sprachliche Ausdruck notwendig ist. Trotz Kommunikationsschwierigkeiten und dem Gebrauch von Ein- und Zweiwortsätzen gelingt den geistig behinderten Kindern dennoch teilweise die für ihre Antwort treffende Wortwahl. Die Leistungen im Funktionsbereich *Mathematik* sind in der Regel weit unterdurchschnittlich ausgeprägt. Im Funktionsbereich *Sprache* müssen bei 5- bis 7-jährigen Kindern aufgrund von Bodeneffekten unterdurchschnittliche Leistungen mit Vorsicht interpretiert werden. Da hier zu wenige leichte Aufgaben vorhanden sind, ist nicht gesichert, ob das Kind eine Leistung im unterdurchschnittlichen oder weit unterdurchschnittlichen Bereich zeigt. Im Vergleich zur Altersgruppe zeigen die geistig behinderten Kinder in der *Leistungsmotivation* deutlich schlechtere Werte, meist im weit unterdurchschnittlichen Bereich. Häufig sind die Kinder abgelenkt, beginnen mit dem Ordner zu spielen oder wollen darin umblättern, sodass die Aufmerksamkeitslenkung durch die Testleiterin oder den Testleiter auf die Aufgaben notwendig ist.

Nebst den Wertpunkten kann das sogenannte mentale Alter (Testalteräquivalent) einen Hinweis geben, wo das Kind in seiner Entwicklung steht. Unter Umständen kann es auch einfacher sein, Eltern und Personen ohne Fachwissen, die Testergebnisse in Testalteräquivalenzen („Das Kind zeigt Leistungen im Bereich eines 6-Jährigen") zu kommunizieren. Diese Angaben fehlen im IDS-Handbuch und werden daher im Anhang in diesem Fallbuch mitgeliefert (vgl. S. 205 ff.).

Die geistig behinderten Kinder sind durch die Vielseitigkeit der IDS und das anregende Material in der Regel zur Mitarbeit gut motivierbar, auch wenn sie pro Untertest nur wenige Aufgaben lösen können. Zudem liefern die IDS gute Beobachtungsanlässe, die über die quantitativen Testergebnisse hinaus wertvolle Informationen liefern können (z. B. Versteht das Kind im Untertest *Wahrnehmung Visuell* die Begriffe „kürzer" und „länger"? Bekundet das Kind Mühe bei der Stifthaltung, sodass sich dies im Untertest

Aufmerksamkeit Selektiv negativ auf die Bearbeitungsgeschwindigkeit auswirkt? Können Kinder im Untertest *Gedächtnis Phonologisch* besser Zahlen oder Buchstaben nachsprechen? Auf welche Figuren zeigt das Kind im Untertest *Gedächtnis Räumlich-Visuell*: Lässt es sich durch das starke Merkmal der Farbe von der Form ablenken? Versucht das Kind im *Denken Bildlich* die Aufgabe dreidimensional zu lösen?).

Bestechend in der Praxis erweist sich zudem die kompakte Form, welche eine breite Darstellung der Gesamtentwicklung erlaubt. Bisher ergab sich diese Form nur durch eine Kombination verschiedener Verfahren wie z. B. die Verwendung eines standardisierten Entwicklungstests wie dem ET 6-6 für die allgemeine Entwicklung, mit dem SON-R 2½-7 für die Intelligenzentwicklung und für die Sprachentwicklung Untertests aus HAWIVA-III oder HAWIK-IV respektive SETK 2 bzw. 3-5. Nicht selten entfiel die Normierung durch Überschreitung von Altersgrenzen, wie sie zum Beispiel durch Rückstellungen vom Schulbesuch leicht entstehen. Die IDS schließen diese Lücke für Kinder mit geistiger Behinderung zumindest in leichtgradiger Form. Ihr Einsatz erleichtert somit die Schullaufbahnberatung, gerade im Grenzbereich von leichter Intelligenzminderung und Lernbehinderung und stellt diese in ökonomischer Form auf eine breite Basis.

Literatur

Dilling, H., Mombour, W. & Schmidt, M. H. (Hrsg.). (2010). *Internationale Klassifikation psychischer Störungen. ICD-10 Kap. V (F). Klinisch-diagnostische Leitlinien*. Bern: Hans Huber.

Holling, H., Preckel, F. & Vock, M. (2004). *Intelligenzdiagnostik*. Göttingen: Hogrefe.

Melchers, P. & Preuss, U. (2009). *K-ABC: Kaufman Assessment Battery for Children*. Deutschsprachige Fassung. Frankfurt: Pearson.

Neuhäuser, G. & Steinhausen, H. C. (2003). *Geistige Behinderung*. Stuttgart: Kohlhammer.

Petermann, F. (Hrsg.). (2010). *Kaufman Computerized Assessment Battery (K-CAB)*. Frankfurt/M.: Pearson.

Petermann, F., Stein, I. A. & Macha, T. (2006). *Entwicklungsdiagnostik mit dem ET 6-6* (3., veränd. Aufl.). Frankfurt: Harcourt Test Services.

Sarimski, K. (2003). Diagnostik. In G. Neuhäuser & H. C. Steinhausen (Hrsg.), *Geistige Behinderung* (S. 55–70). Stuttgart: Kohlhammer.

Snijders, J. T., Tellegen, P. J. & Laros, J. A. (1997). *Snijders-Oomen non-verbaler Intelligenztest SON-R 5½-17*. Göttingen: Hogrefe.

Steinhausen, H. C. (2003). Allgemeine und spezielle Psychopathologie. In G. Neuhäuser & H. C. Steinhausen (Hrsg.), *Geistige Behinderung* (S. 71–80). Stuttgart: Kohlhammer.

Tellegen, P. J., Laros, J. A. & Petermann, F. (2007). *SON-R 2½-7 non-verbaler Intelligenztest*. Göttingen: Hogrefe.

6 Lernbehinderung

Lea Erbacher, Graziella Roselli Köster & Urs Schuhmacher

6.1 Diagnostische Aufgabenstellung des Kindes

Das Thema Lernbehinderung wird in der Literatur kritisch und kontrovers diskutiert. Es ist ein wissenschaftlich wenig präziser Begriff und es finden sich viele unterschiedliche Ansätze und Definitionen, was unter einer Lernbehinderung zu verstehen ist. Im Allgemeinen wird er für Kinder und Jugendliche angewendet, welche dem Regelunterricht nicht zu folgen vermögen und ein umfassendes, anhaltendes Schulleistungsversagen aufweisen. Es handelt sich um ein Phänomen, welches sich im schulischen Kontext zeigt und sich auf eine Beeinträchtigung im schulischen Lernverhalten und der Leistungserbringung bezieht (Schröder, 2000).

In der ICD-10-GM Version 2011 wird die Lernbehinderung unter der Kategorie der umschriebenen Entwicklungsstörungen *schulischer Fertigkeiten* eingeordnet (F81). Die Lernbehinderung wird jedoch nicht spezifisch konkretisiert, sondern wird unter den nicht näher bezeichneten Entwicklungsstörungen schulischer Fertigkeiten kodiert (F81.9). Laut internationaler Terminologie gilt der Intelligenzquotient zwischen 70 bis 85 als Kriterium für eine Lernbehinderung (Deutsche Gesellschaft für Kinder- und Jugendpsychiatrie, Psychosomatik und Psychotherapie u. a., 2007). Dies stellt den Grenzbereich zwischen einer geistigen Behinderung und einer normalen intellektuellen Fähigkeit dar. Zudem ist die Lernbehinderung abzugrenzen von den weiteren umschriebenen Entwicklungsstörungen schulischer Fertigkeiten, wie der Lese-Rechtschreibstörung, der isolierten Rechtschreibstörung, der Rechenstörung und der kombinierten Störung schulischer Fertigkeiten, bei welchen die schulischen Leistungen deutlich unterhalb des Niveaus liegen, das aufgrund des chronologischen Alters und der allgemeinen Intelligenz zu erwarten wäre. Gemeinsam ist allen umschriebenen Entwicklungsstörungen schulischer Fertigkeiten, dass sie nicht einfach Folge eines Mangels an Gelegenheit zu lernen und nicht allein als Folge einer Intelligenzminderung (IQ < 70) oder einer erworbenen Hirnschädigung oder Krankheit aufzufassen sind. Es handelt sich dabei um Störungen, bei welchen der Fertigkeitserwerb bereits von frühen Entwicklungsstadien an gestört ist.

Lernbehinderte Kinder werden in der Schweiz in speziellen Kleinklassen und in Deutschland in Sonder- oder Förderschulen für lernbehinderte Kinder (auch Förderschulen mit Schwerpunkt Lernen) geschult oder werden in der Regelklasse mit spezifischen Förderzielen und binnendifferenziertem Unterricht gefördert.

Die Entstehung und Aufrechterhaltung einer Lernbehinderung ist ein mehrfaktorieller Prozess, wobei die unten genannten Faktoren zusammenspielen und das Risiko für das Auftreten einer Lernbehinderung erhöhen. Als erstes sind unzureichende neurologische Lernvoraussetzungen zu nennen. Lernen steht in Zusammenhang mit bestimmten Vorgängen im Zentralnervensystem und ist vom Aufbau neuronaler Netzwerke und neurophysiologischer Strukturen abhängig. Sind diese hirnorganischen Vorgänge durch Störungen

(Stoffwechselstörungen, Fehlbildungen des Zentralnervensystems etc.) beeinträchtigt, so ist die Aufnahme, Verarbeitung und Speicherung von Informationen und somit die Lernleistung eingeschränkt. Einen zweiten Faktor stellen ungünstige Sozialisationsfaktoren dar. Die zentralnervösen Voraussetzungen für die Intelligenz sind in hohem Maße erblich determiniert, lassen sich aber durch ungünstige familiäre Umweltfaktoren sekundär verstärken. Eine entsprechende genetische Prädisposition kann somit durch ein anregungsarmes Elternhaus mit geringer Leistungsorientierung, Arbeits- und Denkstil sowie eingeschränktem Sprachgebrauch verstärkt werden. Letztlich und im Sinne eines Teufelskreises wirken sich die Folgen auf der Ausführungs- und der motivationalen Ebene aus. Das Zusammenwirken von unzureichenden neurologischen Lernvoraussetzungen und einem anregungsarmen sozialen Umfeld kann in den ersten Jahren zu punktuellen Entwicklungsverzögerungen führen, welche sich in relativen Minderleistungen in einzelnen oder mehreren Bereichen zeigen können (Sprachkompetenzen, Aufmerksamkeitsleistungen, Gedächtnisfähigkeiten). Werden diese Defizite nicht rechtzeitig erkannt und in ausreichendem Maße kompensiert, haben diese Kinder geringe Möglichkeiten, zielführende Lernstrategien zu entwickeln und geeignete Lernwege zu nutzen. Dies führt dazu, dass sie sich im Laufe ihrer Entwicklung wenig strategisches Wissen aneignen und Lerninhalte wenig strukturiert aufnehmen können. Dies wiederum führt zu Lernrückständen und auf motivationaler Ebene zu Einbußen, Misserfolgserlebnissen und kann zur Entwicklung eines negativen schulischen Attributionsstils beitragen (Grünke, 2004; Klauer & Lauth, 1997).

Bei der Diagnose einer Lernbehinderung werden in Anlehnung an Grünke (2004) folgende Schwerpunkte gelegt:
1. Prüfung der schulrelevanten Leistungen (Rechnen, Schreiben und Lesen) anhand standardisierter Schulleistungstests, wie beispielsweise der Hamburger Schreibprobe (HSP; May, 2002), dem Salzburger Lese- und Rechtschreibtest (SLRT; Landerl, Wimmer & Moser, 1997) oder des Berner Screenings Mathematik (BesMath; Moser Opitz, Berger & Reusser, 2008). In den durchgeführten Tests müssen die Ergebnisse im Vergleich zur Altersnorm im unterdurchschnittlichen Bereich liegen.
2. Prüfung der Allgemeinintelligenz anhand eines Intelligenztests. Diese sollte in Übereinstimmung mit der internationalen Terminologie zwischen IQ = 70 und 85 liegen.
3. Weitere Ansatzpunkte liefern die bisherige Schulentwicklung, Lehrerbeobachtungen sowie anamnestische Daten. Es ist zu klären, ob sich die schulischen Minderleistungen bereits über einen längeren Zeitraum erstrecken und sich Auffälligkeiten in der kindlichen Entwicklung gezeigt haben.
4. Ausschluss von Sinnesschädigungen.
5. Bei Verdacht auf komorbide Verhaltensstörungen, welche mit dem Lernverhalten in Verbindung stehen, können weiterführende klinische Instrumente wie die Diagnosecheckliste Diagnostik-System für psychische Störungen für Kinder und Jugendliche II (DISYPS II; Döpfner, Görtz-Dorten & Lehmkuhl, 2008) verwendet werden.

6.2 Einsatz der IDS

Die IDS stellen ein diagnostisches Instrument dar, das die kognitive, psychomotorische, sozial-emotionale, mathematisch-rechnerische und sprachliche Entwicklung auf einer breiten Basis erfasst. Die IDS unterstützen den diagnostischen Prozess der Erfassung einer Lernbehinderung, indem sie neben der intellektuellen Entwicklung auch schulrelevante Leistungen wie sprachliche und rechnerische Fähigkeiten erfassen. Testalternativen zur Erfassung der Intelligenz im Kindesalter stellen der Hamburg-Wechsler-Intelligenztest für Kinder – IV (HAWIK-IV; Petermann & Petermann, 2007) sowie die Kaufman Assessment Battery for Children (K-ABC; Melchers & Preuss, 2001) dar. Weiter kann auch der Grundintelligenztest CFT-20-Revision (CFT-20-R; Weiß, 2006) zur Feststellung der kognitiven Leistungsfähigkeit angewendet werden. Besonders der CFT-20-R bietet sich als Ergänzung zu den IDS an, da er das visuell-basierte abstrakt und formal logische Denken im Sinne der fluiden Intelligenz überprüft, welches in dieser Form nicht in den IDS enthalten ist.

6.3 Fallbeispiel 1: Larissa (9;2) mit einer Lernbehinderung

6.3.1 Anamnese und Problembeschreibung

Larissa (9;2) ist in der Schweiz geboren. Sie ist die Älteste von drei Geschwistern. Die beiden jüngeren Brüder besuchen die erste Regelklasse und den Kindergarten. Der Vater ist als Logistikassistent angestellt, die Mutter arbeitet Teilzeit als Verkäuferin. Die Kinder werden hauptsächlich durch ihre Eltern betreut.

Die Mutter berichtet im Erstgespräch, dass die motorische und sprachliche Entwicklung ihrer Tochter altersentsprechend verlaufen sei. Die jährlichen ärztlichen Untersuchungen seien unauffällig ausgefallen. Augen und Ohren seien abgeklärt und ohne Befund. Bereits im Kindergarten seien Entwicklungsverzögerungen in der Formerfassung und der Merkfähigkeit sichtbar geworden. Darauf wurde Larissa Ende des zweiten Kindergartenjahres beim Schulpsychologischen Dienst mit der Frage nach der adäquaten Einschulung angemeldet. Die Empfehlung des Schulpsychologischen Dienstes für die Einschulungsklasse lehnte die Mutter ab und wollte, dass ihre Tochter regulär in die Schule eintrete. Es wurden Fördermaßnahmen für die Gedächtnisleistungen sowie die Formerfassung vereinbart. Seit Beginn der Schule benötige Larissa zu Hause sehr viel Unterstützung bei der Bearbeitung der Hausaufgaben. Die Mutter müsse ihr viele Aufgaben nochmals erklären. Sie sei der Überzeugung, dass ihre Tochter ohne ihre Hilfe die Schule bis zur dritten Klasse nicht erfolgreich bewältigt hätte.

Die Lehrpersonen berichteten, dass Larissa ein aufgestelltes, motiviertes Mädchen sei. Ihr Lieblingsfach sei das Turnen, auch schreibe und male sie sehr gerne. Die ungenügenden Noten, die sie vor allem im Rechnen erhalte, würden sie belasten. Bezüglich der schulischen Leistungen erzählten sie, dass Larissa im Rechnen einfache Additionen und Subtraktionen im Zahlenraum bis 20 nicht lösen könne. Sie benötige visuelle Hilfsmittel und ein kleinschrittiges Vorgehen, um die Rechenoperationen zu bewältigen. Im Deutschunterricht sei es schwierig für das Mädchen, die Rechtschreibregeln umzusetzen. Das Lesetempo sei langsam. Im Allgemeinen benötige sie eine 1:1 Betreuung, mehrere Erklärungen und Wiederholungen, um Aufgaben folgerichtig zu lösen. Nach Meinung der Lehrpersonen habe Larissa nur knapp den Übertritt in die dritte Klasse erreicht. Deutliche schulische Rückstände zeige sie beim Rechnen. Das Lesen und Schreiben seien knapp genügend.

Das Anliegen der Mutter und der Lehrperson war es, zu überprüfen, wo die Stärken und Schwächen von Larissa liegen würden und welche Unterstützungsmöglichkeiten für sie notwendig wären.

6.3.2 IDS-Testergebnisse

Kognitive Entwicklung. Die intellektuelle Leistungsfähigkeit von Larissa liegt unter dem Durchschnitt ihrer Altersklasse (IQ = 75; 90 %-Konfidenzintervall IQ = 68–82). Durchschnittliche Leistungen erzielt das Mädchen in *Denken Konzeptuell* (WP 8). Ein knapp altersentsprechendes Resultat zeigt sie in *Aufmerksamkeit Selektiv* (WP 7) und in *Denken Bildlich* (WP 7). Unterdurchschnittliche Ergebnisse sind in *Wahrnehmung Visuell* (WP 6), *Gedächtnis Räumlich-Visuell* (WP 5) und *Gedächtnis Auditiv* (WP 5) zu beobachten. Deutlich unter der Altersnorm sind ihre Leistungen in *Gedächtnis Phonologisch* (WP 4).

Allgemeine Entwicklung. Im Bereich der *Psychomotorik* liegen alle Werte im Durchschnittsbereich. In *Grob-* und *Feinmotorik* erreicht sie einen Wertpunkt von 9, in *Visuomotorik* einen Wertpunkt von 10. Die Aufgaben im Bereich der *Sozial-Emotionalen Kompetenz* schließt das Mädchen altersentsprechend ab. Gute, in der Altersnorm liegende Ergebnisse zeigt sie in *Emotionen Erkennen* (WP 9), *Emotionen Regulieren* (WP 11), *Soziale Situationen Verstehen* (WP 8) und *Sozial Kompetent Handeln* (WP 9). Im Bereich *Denken Logisch-Mathematisch* zeigt sie eine stark unterdurchschnittliche Leistung (WP 3). Bereits das Erkennen von Einer und Zehner bei der Zahl 25 ist schwierig. Die nachfolgenden Aufgaben zu den Proportionen sind nicht mehr lösbar. Im Funktionsbereich *Sprache* sind die Leistungen in *Sprache Rezeptiv* im Durchschnittsbereich (WP 8) und in *Sprache Expressiv* knapp altersentsprechend (WP 7). Sie versteht einfache grammatikalische Sätze und kann sie umsetzen. Bei der expressiven Sprache ist anzumerken, dass Larissa noch unsicher in der hochdeutschen Sprache ist und dieser Umstand sie zusätzlich verunsichert. Sehr erfreuliche Ergebnisse erzielt sie in der *Leistungsmotivation*. Das *Durchhaltevermögen* (WP 10) sowie die *Leistungsfreude* (WP 9) sind trotz ihrer intellektuellen Schwierigkeiten in der Altersnorm.

Stärken und Schwächen. Wird das Profil der Gesamtentwicklung betrachtet, zeigt sich eine relative sowie absolute Schwäche im Bereich *Mathematik*. Intraindividuelle Stärken sind in den Bereichen *Psychomotorik*, *Sozial-Emotionale Kompetenz* sowie *Leistungsmotivation* ersichtlich. Der Funktionsbereich *Kognition* ist im Vergleich zur Altersnorm im unterdurchschnittlichen Bereich und liegt an der unteren Grenze von Larissas individuellem Wertpunktband.

Wird spezifisch die kognitive Entwicklung analysiert, zeigt Larissa eine relative Stärke im Bereich des konzeptuellen Denkens. Eine relative und absolute Schwäche wird im Untertest *Gedächtnis Phonologisch* ersichtlich. Im Funktionsbereich der allgemeinen Entwicklung sind keine intraindividuellen Stärken und Schwächen zu beobachten. Die Auswertungsergebnisse weisen ein homogenes Bild auf und liegen alle im Durchschnittsbereich der Altersnorm. Larissas IDS-Profile sind für die Funktionsbereiche in Abbildung 1 und für die Gesamtentwicklung in Abbildung 2 dargestellt.

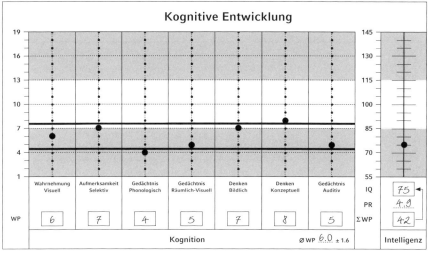
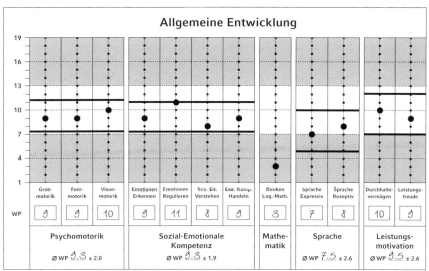

Abbildung 1: IDS-Profil von Larissa

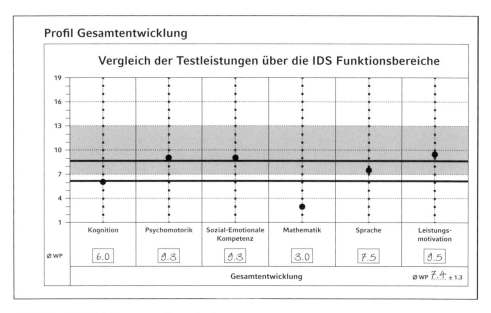

Abbildung 2: IDS-Gesamtprofil von Larissa

6.3.3 Weitere Untersuchungsergebnisse

Verhaltensbeobachtung. Larissa ist ein aufgestelltes Mädchen. Sie ist offen im Kontakt und spricht freudig über ihre Freizeitaktivitäten. Sie gehe gerne in die Schule und fühle sich wohl in der Klasse. Die Schwierigkeiten im Rechnen nehme sie bewusst wahr und sei wegen der ungenügenden Leistungen oftmals traurig. Sie habe vor Prüfungen häufig Bauchschmerzen und schäme sich, die Prüfungsergebnisse ihren Eltern zu zeigen.

Während der Abklärung arbeitete sie motiviert und ausdauernd mit. Bei längeren und komplexeren Aufgabenstellungen musste sie nachfragen, da sie sich nicht alle Arbeitsanweisungen merken konnte. Dies fiel beispielsweise bei der Bearbeitung des Untertests *Aufmerksamkeit Selektiv* auf, bei welchem sie sich nach einmaliger Darbietung nur eine Anweisung merken konnte. Bei einfachen kurzen Anweisungen verstand sie die Aufgabe und konnte sie richtig umsetzen. Die Arbeitsweise von Larissa war teilweise flüchtig und unstrukturiert. Sie überprüfte ihre Ergebnisse und Antworten nur, wenn sie darauf hingewiesen wurde. Die Bearbeitung der Aufgaben kostete sie viel Energie. Sie war nach den Abklärungsterminen jeweils sichtlich erschöpft.

Weitere Testbefunde. Ergänzend wurde der CFT-20-R (Weiß, 2006) durchgeführt, um das visuell-abstrakt und formal logische Denken zu überprüfen. Larissa erzielt in diesem Test ein Gesamtergebnis von IQ = 76. Dieses Resultat unterscheidet sich vom kognitiven Entwicklungsteil der IDS einzig um einen IQ-Punkt. Bei der Bearbeitung des CFT-20-R ermüdete Larissa schnell. Die visuell basierten Aufgaben strengten sie sichtlich an, sie gab sich aber große Mühe, sie richtig zu lösen. Auffallend ist zudem, dass sie bei der Bearbeitung der Aufgabengruppen nicht alle Aufgaben innerhalb der vorgegebenen Zeit löste.

Um die rechnerischen Fähigkeiten zu überprüfen wurde der BesMath-2 (Moser Opitz et al., 2008) für die zweite Regelklasse durchgeführt. Larissa liegt mit 24 Punkten deutlich unter dem Cut-off-Wert von 52 Punkten. Einfache mündliche Additionen und Subtraktionen im Zehner und Zwanzigerraum kann sie nur mit Hilfe ihrer Finger und zählend lösen. Multiplikationen sind nicht möglich, da sie diese nicht automatisiert hat und damit auch nicht aus dem Gedächtnis abrufen kann.

Um die Lese- und Rechtschreibfähigkeiten zu überprüfen wurden der Lesetest des Salzburger Lese- und Rechtschreibtests für Ende des zweiten Schuljahres (SLRT; Landerl et al., 1997) und die Hamburger Schreibprobe für die zweite Regelklasse (HSP; May, 2002) durchgeführt. Beim Lesetempo erzielt sie unterdurchschnittliche bis knapp durchschnittliche Ergebnisse (PR 9 bis 20). Sie liest stockend und macht im Vergleich zur Altersnorm vermehrt Fehler. Das Strategieprofil der HSP zeigt, dass Larissa vorwiegend mit der alphabetischen Strategie (lautgetreue Schreibweise) schreibt. Hier liegt sie mit ihrem Resultat im Durchschnittsbereich. Dagegen erreicht sie einen deutlich unterdurchschnittlichen Wert bei der Anwendung der orthographischen Strategie (PR 4.5). Interessanterweise wechselt sie im Laufe des Schreibens von verbundener Schrift zur Blockschrift. Sie beginnt Groß- und Kleinbuchstaben zu verwechseln und schreibt Großbuchstaben inmitten eines Wortes. Das Schreiben geht sehr langsam voran.

6.3.4 Interpretation und Intervention

Die intellektuelle Leistungsfähigkeit von Larissa liegt mit einem IQ von 75 deutlich unter dem Durchschnitt der Altersnorm. Zusätzlich zeigen sich in den Schulleistungstests (Rechnen, Lesen und Schreiben) im Vergleich zu Gleichaltrigen deutlich unterdurchschnittliche Leistungen, welche ihrer kognitiven Leistungsfähigkeit entsprechen. Eine Lese-Rechtschreibstörung, Rechenstörung sowie eine umschriebene Entwicklungsstörung schulischer Fertigkeiten können somit ausgeschlossen werden. Auch liegen keine Sehstörungen, Hirnschädigungen oder eine unangemessene Beschulung vor. Laut den anamnestischen Daten wurden bereits im Kindergartenalter Beeinträchtigungen in der intellektuellen Entwicklung festgestellt. Nach den diagnostischen Kriterien liegt eine Lernbehinderung vor.

Interpretation. Larissa weist im Vergleich zu Gleichaltrigen ein deutlich unterdurchschnittliches kognitives Entwicklungsprofil im Bereich einer Lernbehinderung auf. Ihre individuelle Leistungsstärke liegt beim konzeptuellen Denken. Hierbei erzielt sie einen durchschnittlichen Wert. Dass heißt, dass sie aus praktisch-konkreten, anschauungsgebundenen Informationen Zusammenhänge erkennen und Oberbegriffe bilden kann.

Deutliche Schwächen zeigen sich im Vergleich zur Altersnorm in den Bereichen der auditiven und visuell-räumlichen Gedächtnisfähigkeiten sowie der visuell-seriellen Wahrnehmungsfähigkeit. Dies erschwert es dem Mädchen sich die Kulturtechniken zu verinnerlichen. Die Aufgabe zur selektiven Aufmerksamkeit meistert das Mädchen knapp altersentsprechend. Ihr Arbeitstempo bei dieser Aufgabe ist reduziert, was auf eine verlangsamte kognitive Verarbeitungsgeschwindigkeit hinweist. Im bildlichen Denken liegen ihre Leistungen an der unteren Grenze der Altersnorm. Das strukturierte, problemorientierte Vorgehen bereitet ihr Mühe. Bei der Bearbeitung geht sie nach Versuch und Irrtum vor und kann die einfacheren Aufgaben nicht in der Zeitgrenze lösen, erkennt aber die Raum-Lage der Figuren.

Wird das Profil der allgemeinen Entwicklung betrachtet, werden altersentsprechende Leistungen in den Bereichen *Psychomotorik* und *Leistungsmotivation* deutlich. Ebenfalls gute Ergebnisse erzielt das Mädchen im Kompetenzbereich der sozial-emotionalen Entwicklung, was auf eine Stärke im alltagsbezogenen, praktischen Lernen hinweist. Im Funktionsbereich *Mathematik* zeigt sich eine deutliche inter- und intraindividuelle Schwäche des Mädchens. Dies kann auf die deutlichen Einschränkungen in den auditiven und visuell-räumlichen Gedächtnisleistungen zurückzuführen sein. Bei den Sprachfähigkeiten wird ersichtlich, dass Larissa kurze Sätze versteht und sie nachspielen kann. Dies zeigt, dass sie ein altersentsprechendes Sprachverständnis aufweist. Je länger die Sätze jedoch werden, desto schwieriger wird es für sie, sich alle Handlungen einzuprägen, da hier wiederum die auditive Gedächtnisfähigkeit gefordert wird. In der expressiven Sprache ist ihr Ergebnis knapp altersentsprechend, was auch auf die Schwierigkeiten zurückzuführen ist, dass diese in hochdeutscher Sprache gesprochen werden sollen. Dies verunsichert das Mädchen zusätzlich.

Intervention. Larissa ist ein sehr offenes, motiviertes Mädchen. Sie wird zu Hause von ihrer Mutter und zusätzlich von einer Lerntherapeutin unterstützt, was eine wichtige Ressource im sozialen Umfeld des Mädchens darstellt.

Im schulischen Kontext ist es angezeigt, dass Larissa durch die schulische Heilpädagogin unterstützt wird. Neue Lerninhalte sollten ihr auf praktisch-konkretem anschauungsgebundenen Weg und mit strukturierten Vorlagen vermittelt werden. Wiederholungen und Übungsphasen sind für das Mädchen aufgrund ihrer reduzierten Gedächtniskapazität unerlässlich. Zugleich ist es wichtig, dass das Mädchen konkrete Gedächtnisstrategien einübt, so dass sie Inhalte besser zu speichern lernt. In den Stunden können kurze Pausen eingeführt werden, so dass sie das Gehörte und Gesehene verarbeiten und in ihr Langzeitgedächtnis überführen kann. Kurze, auf das Wesentliche reduzierte sprachliche Anweisungen erleichtern ihr die sprachliche Informationsaufnahme und deren Umsetzung. Aufgrund der langsamen kognitiven Verarbeitungsgeschwindigkeit sollte die Arbeitsgeschwindigkeit in den Stunden angepasst und ihr in Prüfungen mehr Zeit zur Verfügung gestellt werden.

Hinsichtlich der rechnerischen Fähigkeiten werden angepasste individuelle Lernziele mit Notenbefreiung und Lernbericht empfohlen. Die Klassenlehrperson erarbeitet mit der schulischen Heilpädagogin und den Eltern eine individuelle Lernzielvereinbarung, die Quartals- und Semesterlernziele festlegt und Grundlage für die tägliche Förderung ist. Besonders im Rechnen ist es wichtig, dass Larissa sich Strategien aneignet, wie sie ihr Arbeitsgedächtnis entlasten kann und grundlegende Rechenschritte einübt und automatisiert. Zu Hause können die Rechenfertigkeiten im Alltag beim Tischdecken oder Einkaufen geübt werden.

Bezüglich der Schriftsprache zeigt Larissa sehr gute Leistungen im lautgetreuen Schreiben. Was sie hört, kann sie lautgetreu aufschreiben. Die Rechtschreibregeln sind noch nicht gefestigt. Durch ihre guten fein- und visuomotorischen Fertigkeiten kann sie sich durch das Abschreiben der Wörter die Rechtschreibregeln auf praktischem Wege verinnerlichen. Das wiederholende Einüben der Rechtschreibregeln kann durch die schulische Heilpädagogin unterstützt werden. Beim Lesen kann sie durch Üben mit Wortkarteien die Wortbilder als Ganzes speichern und muss die Wörter nicht mehr einzeln erlesen. Zugleich kann in der Schule eine Lesegruppe aufgestellt werden, bei der Larissa mit weiteren Mitschülern den Leseprozess und die Lesestrategien einüben kann.

In der Abklärung wurde ersichtlich, dass Larissa schnell Antwort gibt und unstrukturiert arbeitet, ohne ihre Ergebnisse nochmals zu überprüfen. Wichtig ist zu lernen, dass sie sich bei Aufgaben kontrolliert, ihr Handeln plant und plangemäß vorgeht. Schließlich bilden die außerschulischen Aktivitäten eine gute Ergänzung zur schulischen Förderung und den schulischen Anforderungen. Durch ihre sportlichen Aktivitäten erhält sie positive Erfolgserlebnisse. Auch in der Mädchenriege kann sie ihre Stärke im sozial-emotionalen Bereich gut nutzen und den anderen Kindern ein Vorbild sein.

6.4 Fallbeispiel 2: Jasmin (7;3) mit Schulschwierigkeiten

6.4.1 Anamnese und Problembeschreibung

Jasmin ist 7;3 Jahre alt, besucht die erste Regelklasse und wohnt mit ihren leiblichen Eltern und ihrem älteren Bruder Samir (11;9) zusammen. Die Familie stammt aus dem Iran, zu Hause wird persisch gesprochen. Die Eltern sind vor vielen Jahren in die Schweiz gekommen und sprechen gut Deutsch. Die Kinder sind in der Schweiz geboren und aufgewachsen. Die Mutter hat im Herkunftsland studiert und ist zurzeit Hausfrau, der Vater hatte früher ein eigenes Geschäft und arbeitet nun als Taxifahrer.

Schwangerschaft, Geburt und frühkindliche Entwicklung von Jasmin verliefen unauffällig. Mit einem Jahr kam Jasmin in die Kinderkrippe. Bereits als Kleinkind hatte sie einen hohen Bewegungsdrang, sie erkannte Gefahren schlecht und hatte mehrere Unfälle. Sie hatte Mühe, bei einer Aktivität ausdauernd und konzentriert zu sein. Die Mutter empfand die Kleinkindzeit als sehr anstrengend. Gemäß Angaben der Mutter spricht Jasmin gut persisch mit Ausnahme einzelner Schwierigkeiten beim Nachsprechen wenig geläufiger Wörter.

Am Ende des ersten Semesters der ersten Regelklasse meldete sich die Mutter persönlich wegen Konzentrationsschwierigkeiten von Jasmin zur Beratung beim Schulpsychologischen Dienst. Die Schwierigkeiten haben gemäß Mutter schon im Kindergarten bestanden. Bereits der ältere Bruder war wegen Schulschwierigkeiten beim Schulpsychologischen Dienst abgeklärt worden.

Die Lehrperson berichtet, dass Jasmin ein fröhliches Mädchen sei und gerne zur Schule gehe. Ihre Stärken lägen in den musischen Fächern wie Musik, Sport und Gestalten. Sie lese und schreibe gerne und komme schulisch diesbezüglich gut mit. Im Rechnen habe sie Schwierigkeiten. Jasmin sei motorisch unruhig und könne kaum ruhig sitzen. Oft wirke sie abwesend und ließe sich schnell ablenken. Die Mutter erzählt, dass Jasmin für das Erledigen der Hausaufgaben sehr lange brauche, häufig seien diese für Jasmin zu schwierig. Sie habe Mühe, ihre Unterlagen zu ordnen. Mündliche Arbeitsanweisungen verstehe sie häufig nicht oder vergesse diese schnell. Sie habe Schwierigkeiten, sich selbst einzuschätzen. Sie liebe es, im Mittelpunkt zu stehen und brauche viel Bestätigung. Manchmal erzähle sie Dinge, die nicht wahr seien. Zeitweise verhalte sie sich impulsiv, könne nicht abwarten bis sie an die Reihe komme und geriete schnell in Streit mit ihren Kolleginnen. Jasmin wirke recht kindlich.

6.4.2 IDS-Testergebnisse

Kognitive Entwicklung. Die intellektuelle Leistungsfähigkeit von Jasmin liegt mit IQ = 77 (90 %-Konfidenzintervall IQ = 70–84) im unterdurchschnittlichen Bereich, also im Bereich einer Lernbehinderung. Vier von sieben Untertests fallen (weit) unterdurchschnittlich aus: *Wahrnehmung Visuell* (3 WP), *Gedächtnis Phonologisch* (5 WP), *Denken Bildlich* (5 WP) und *Gedächtnis Auditiv* (3 WP). Der Untertest *Gedächtnis Räumlich-Visuell* (7 WP) liegt im Grenzbereich vom Durchschnitt zum Unterdurchschnitt. Alterentsprechende Leistungen zeigt Jasmin in *Aufmerksamkeit Selektiv* (9 WP) und *Denken Konzeptuell* (12 WP).

Allgemeine Entwicklung. Im Funktionsbereich *Psychomotorik* liegen die Werte der Untertests rund um die untere Durchschnittsgrenze: *Grobmotorik* (7 WP), *Feinmotorik* (6 WP) und *Visuomotorik* (8 WP). Im Funktionsbereich *Sozial-Emotionale Kompetenz* erzielt Jasmin in den ersten drei Untertests durchschnittliche Werte: *Emotionen Erkennen* (8 WP), *Emotionen Regulieren* (8 WP) und *Soziale Situationen Verstehen* (9 WP). Im Untertest *Sozial Kompetent Handeln* (1 WP) hingegen fällt der Wert massiv ab. Im Funktionsbereich *Mathematik* erreicht sie 7 WP, was einer Leistung an der Grenze vom Durchschnitt zum Unterdurchschnitt entspricht. Im Funktionsbereich *Sprache* erzielt Jasmin unterdurchschnittliche Ergebnisse (*Sprache Expressiv* 6 WP, *Sprache Rezeptiv* 4 WP). Im Funktionsbereich *Leistungsmotivation* sind die Werte sehr unterschiedlich, durchschnittlich in *Durchhaltevermögen* (10 WP) und unterdurchschnittlich in *Leistungsfreude* (5 WP).

Stärken und Schwächen. Jasmin zeigt im Bereich der kognitiven Entwicklung relative Stärken in *Aufmerksamkeit Selektiv* und *Denken Konzeptuell*. Eine absolute und relative Schwäche zeigt sie sowohl in *Wahrnehmung Visuell* als auch in *Gedächtnis Auditiv*. Eine absolute und auch relative Schwäche wird zudem im Untertest *Sozial Kompetent Handeln* ersichtlich. Hier missversteht sie die Fragen und gibt teilweise wahllose Antworten. Es wird ersichtlich, dass sie sich nicht in die Situation hineinversetzen kann. Eine absolute und relative Schwäche zeigt sie auch im Funktionsbereich *Sprache*. Sie hat größte Mühe, einen korrekten Satz zu bilden *(Sprache Expressiv)* oder einen Satz inhaltlich mit den Holzfiguren nachzuspielen *(Sprache Rezeptiv)*. Jasmins IDS-Profile sind für die Funktionsbereiche in Abbildung 3 und für die Gesamtentwicklung in Abbildung 4 dargestellt.

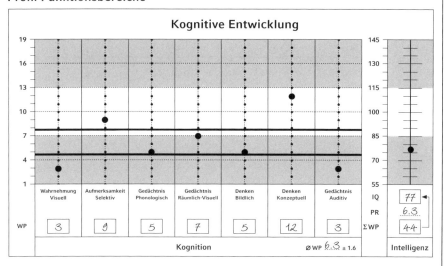
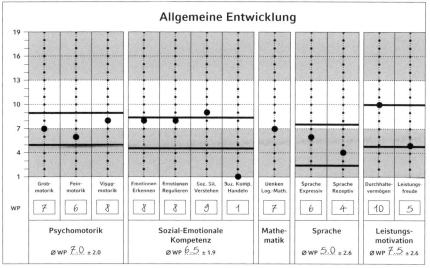

Abbildung 3: IDS-Profil von Jasmin

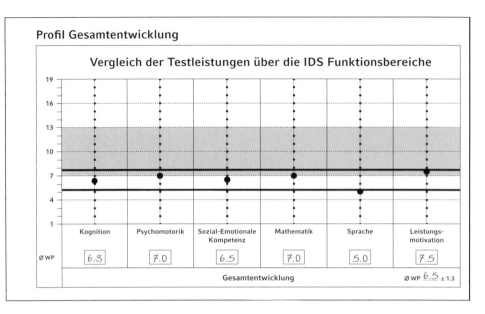

Abbildung 4: IDS-Gesamtprofil von Jasmin

6.4.3 Weitere Untersuchungsergebnisse

Verhaltensbeobachtung. Jasmin wirkt noch sehr jung und verspielt. Auch körperlich ist sie zierlich und klein. Während dem Erstgespräch mit der Mutter kann sie knapp zwanzig Minuten ruhig sitzen, danach betrachtet sie das Spielmaterial im Zimmer und wechselt oft die Spielgelegenheit. Sie unterbricht die Mutter häufig beim Sprechen und verhält sich der Mutter gegenüber leicht oppositionell. Jasmin drückt sich mündlich sehr umständlich aus und spricht dysgrammatikalisch. Beim Sprechen und Spielen fallen große Sprachverständnisschwierigkeiten auf. Mehrmals reagiert Jasmin auf Überforderung mit verlegenem Grinsen oder setzt sich übertrieben lustig in Szene. Jasmin würde während der Abklärung am liebsten nur spielen. Wir spielen deshalb mehrmals das Kartenspiel „Schwarzer Peter". Die Karten hält sie ungeschickt in der Hand.

Um einen Eindruck zu bekommen, welche Zahlen sie schon kennt, und ob sie sich im Zahlenraum orientieren kann, spielen wir das Brettspiel „Leiterlispiel". Sie kann die Zahlen auf dem Brett richtig benennen, so beispielsweise 26 oder 62. Sie ist noch unsicher im Spielverlauf und verwechselt die Spielrichtung, welche sich nach der Größe der Zahlen richtet.

Die IDS-Testdurchführung wird auf verschiedene Abklärungssitzungen aufgeteilt. Jasmin lässt sich trotz großer Spielfreude auf den Test ein und zeigt Durchhaltevermögen. Auffallend ist ihr äußerst schlechtes Anweisungsverständnis, die meisten Anweisungen müssen mehrmals wiederholt werden. Im Untertest *Wahrnehmung Visuell* arbeitet sie sehr schnell, überprüft ihre Lösungen nicht und macht dadurch viele Fehler. In *Aufmerksamkeit Selektiv* wirkt sie nervös und arbeitet auch da schnell. Deutlich überfordert ist sie im Untertest *Gedächtnis Auditiv*, hier erinnert sie sich spontan und gestützt kaum an die Details der Geschichte. *Denken Konzeptuell* scheint ihr leicht zu fallen, sie erzielt viele Punkte. Etwas unlogisch ist jedoch, welche Aufgaben sie richtig löst. Zwei leichtere Aufgaben kann sie nicht, sie schafft aber zwei schwierigere Aufgaben. Jasmin erkennt und reguliert im Funktionsbereich *Sozial-Emotionale Kompetenz* die Emotionen altersentsprechend. Dennoch fällt auf, dass ihre Emotionsregulationsstrategien einseitig sind, sie bringt vor allem Beispiele, wo die soziale Unterstützung eine Rolle spielt. Im Untertest *Sozial Kompetent Handeln* ist sie sprachlich aber auch inhaltlich stark überfordert. Auch im Funktionsbereich *Sprache* offenbaren sich ganz deutlich die sprachlichen Schwierigkeiten, welche bereits im Erstgespräch aufgefallen sind. Sprachlicher Ausdruck und Verständnis sind stark eingeschränkt.

Weitere Testbefunde. Jasmin erhält auch noch eine Schreibaufgabe. Sie muss einen Satzanfang ergänzen. Sie kann bereits lesen und den Satz beenden. Sie vermischt beim Schreiben Groß- und Kleinbuchstaben im Wort. In der Diagnosechecklist Diagnostik-System für psychische Störungen für Kinder und Jugendliche II (DISYPS II; Döpfner et al., 2008) beurteilt die Lehrerin die Aufmerksamkeitsstörung, die Hyperaktivität und Impulsivität als sehr auffällig. Die Mutter schätzt diese ebenfalls als auffällig ein.

6.4.4 Interpretation und Intervention

Jasmin ist ein Kind, das in seiner körperlichen Erscheinung und in seinem Wesen noch sehr jung wirkt. Ihre intellektuellen Fähigkeiten sind unterdurchschnittlich und liegen gemäß IDS-Testbefund im Rahmen einer Lernbehinderung. Jedoch ist eine definitive Beurteilung der Lernbehinderung zu diesem Zeitpunkt noch etwas zu früh. Ihre Leistungsfähigkeit ist vermutlich auch durch ihr unaufmerksames und unruhiges Verhalten und ihre mündlichen expressiven und rezeptiven Sprachschwierigkeiten beeinflusst. Jasmin ist ein fremdsprachiges Kind aus einem anderen kulturellen Kontext. Ihre Sprachschwierigkeiten sind aber nicht in erster Linie darauf zurückzuführen, da sie in der Schweiz geboren und aufgewachsen ist und früh eine Kinderkrippe besucht hat, was Deutsch als Zweitspracherwerb sehr erleichtert.

Interpretation. Jasmins intellektuelle Fähigkeiten sind unterdurchschnittlich und liegen im Bereich einer Lernbehinderung. Die Leistungen in den Untertests der kognitiven Entwicklung sind sehr unterschiedlich. Aus dem Rahmen fallen insbesondere die Untertests *Aufmerksamkeit Selektiv* und *Denken Konzeptuell*, welche beide im durchschnittlichen Bereich liegen. Diese Ergebnisse überraschen auch, weil im Alltag gegenteilige Beobachtungen gemacht werden. Beim Untertest *Aufmerksamkeit Selektiv* bedeutet dies, dass Jasmin sich durchaus auf eine visuelle Darstellung fokussieren kann und in der Lage ist, zwei Regeln gleichzeitig anzuwenden. Zudem hat sie eine hohe Bearbeitungsgeschwindigkeit und altersentsprechende visuomotorische Fähigkeiten. Diese zeigen sich auch im Untertest *Visuomotorik* und beim Schreiben der Buchstaben in der Satzergänzungsaufgabe. Erstaunlich ist der Befund im Untertest *Denken Konzeptuell*, hier beweist Jasmin, dass sie schlussfolgernd denken kann und fähig ist, Kategorien zu bilden. Da dieser Untertest konkrete Objekte darstellt, ist der Untertest gewissermaßen auch sprachgebunden.

Die auditiven und verbalen Gedächtnisleistungen in den Untertests *Gedächtnis Phonologisch* und *Gedächtnis Auditiv* (Merkfähigkeit und Langzeitgedächtnis) von Jasmin sind sehr eingeschränkt. Jasmin hat große Schwierigkeiten, verbale Information aufzunehmen und zu behalten. Dies reduziert ihre Aufmerksamkeit in der Schule noch mehr. Ohne Hilfe kann sie komplexe mündliche Anweisungen der Lehrerin selten umsetzen. Auch die Erfassung und Wiedergabe eines Textes sind schwierig. Die schwachen Gedächtnisleistungen decken sich mit den Ergebnissen in *Sprache Expressiv* und *Sprache Rezeptiv*. Jasmin formuliert Sätze fehlerhaft und kann nur bruchstückweise sprachlichen Inhalt wiedergeben und in größeren Zusammenhang bringen.

Ihre Leistung im Untertest *Gedächtnis Räumlich-Visuell* (visuelles Arbeitsgedächtnis) liegt im Übergang vom Durchschnitt zum Unterdurchschnitt. Im Untertest *Denken Bildlich*, welches problemlösendes Denken erfordert, ist sie bei den komplexen Aufgaben überfordert. Das Erkennen der Raum-Lage und das schrittweise Vorgehen bei der Lösungssuche sind schwierig. Die Resultate decken sich mit den Leistungen im Untertest *Denken Logisch-Mathematisch,* die im Übergang zum unterdurchschnittlichen Bereich liegen. In der Schule bereitet Mathematik Jasmin noch größere Mühe als die Testergebnisse vermuten lassen. Rückwärtszählen, die Zahlengröße begreifen, der Zehnerübergang und Subtraktionen sind schwierig. Additionen gelingen besser, Rechnungen im Zahlenraum 20 sind noch nicht automatisiert. Ihr Arbeitstempo ist sehr langsam.

Intervention. Mutter und Lehrerin überrascht das Ausmaß der auffälligen Ergebnisse von Jasmin. Der Empfehlung einer logopädischen Abklärung und Therapie wird sofort zugestimmt. Allerdings möchte die Mutter auf keinen Fall eine weitergehende kinder- und jugendpsychiatrische Abklärung, um der möglichen Aufmerksamkeitsdefizit- und Hyperaktivitätsstörung weiter nachzugehen. Auch möchte sie zurzeit keine weiteren schulpsychologischen Tests durchführen lassen.

Jasmin bleibt vorerst in der Regelklasse, vielleicht müssen zukünftig eine Lernzielanpassung oder andere sonderpädagogische Maßnahmen ergriffen werden. Im Moment wird sie weiterhin von einer schulischen Heilpädagogin begleitet, die ihr besonders im Rechnen und der Einführung neuer Themen helfen wird. Aufgaben müssen Jasmin möglichst konkret veranschaulicht werden und Anweisungen auch schriftlich gegeben werden. Da die Mutter sehr engagiert ist und Jasmin auch zu Hause gut unterstützt, wird sie sie einmal pro Woche auch während dem Unterricht unterstützen. Die Lehrerin wird außerdem Verhaltensziele mit Jasmin vereinbaren, da sich gezeigt hat, dass sie sich mit einem Belohnungssystem gut motivieren lässt. Jasmin ist sehr wichtig, was die Lehrerin von ihr denkt. Sie vergleicht ihre eigenen Leistungen auch stark mit den Leistungen der anderen Kinder.

Eine Prognose des weiteren schulischen Verlaufs ist im Moment noch schwierig, da Jasmin erst am Anfang ihrer Schullaufbahn steht. Schwierigkeiten bestehen zurzeit im allgemeinen Lernen, in der expressiven und rezeptiven Sprache und in der Mathematik. Ob sich die Schwierigkeiten mit zunehmendem Komplexitätsgrad in der Schule im Sinne einer Lernbehinderung generalisieren werden, wird sich zeigen und hängt auch vom Erfolg der integrierten schulischen Förderung und der logopädischen Therapie ab. Auch die Bereitschaft der Mutter, eine weitergehende kinderpsychiatrische Abklärung bezüglich einer Aufmerksamkeitsdefizit- und Hyperaktivitätsstörung zu machen, ist wichtig für den weiteren Schulverlauf. Zu einem späteren Zeitpunkt ist die Durchführung von Schulleistungstests und eine erneute Intelligenzabklärung mit einem anderen Verfahren wie beispielsweise dem HAWIK-IV, wo auch nur einzelne Indizes (z. B. Wahrnehmungsgebundenes Logisches Denken und Verarbeitungsgeschwindigkeit) durchführbar sind, welche weniger sprachgebunden sind, sinnvoll, um den Befund Lernbehinderung zu sichern.

6.5 Zusammenfassung

Die IDS sind für die Beurteilung einer Lernbehinderung in Bezug auf die kognitive Entwicklung als geeignet zu betrachten. Sie erheben wesentliche Basisfertigkeiten der intellektuellen Entwicklung, welche Grundlagen für die schulischen Leistungen darstellen. Ebenso wichtig ist die Erhebung der allgemeinen Entwicklung, um ein Gesamtbild des Kindes zu erhalten. Bezüglich der schulspezifischen Leistungen können die IDS Aussagen über die rechnerischen und sprachlichen Fertigkeiten machen, jedoch fehlt die Erhebung der Lese- und Rechtschreibfähigkeiten des Kindes. Diese sind neben den kognitiven und mathematischen Fähigkeiten ein wichtiges Kriterium, um eine Lernbehinderung umfassend zu diagnostizieren.

Das Testmaterial der IDS ist sehr abwechslungsreich gestaltet und weckt das Interesse der Kinder. Besonders der Bereich der sozial-emotionalen Kompetenz ist ein wichtiger Teil, der bisher noch in keinem weiteren Test integriert ist. Allerdings ist zu beachten, dass dieser Bereich durch die sprachlichen Fähigkeiten eines Kindes beeinflusst wird. Die Bewertung der Antworten ist nicht immer eindeutig, da falsche Antworten auch durch undifferenzierten Wortschatz und nicht nur durch fehlende Bewältigungsstrategien zustande kommen können. Im Allgemeinen sind die IDS stark sprachlastig, was eine ungünstige Voraussetzung für fremdsprachige und Kinder mit Sprachstörungen darstellt. Bezüglich der Aufgaben im Bereich der kognitiven Entwicklung ist kritisch anzumerken, dass der Untertest *Aufmerksamkeit Selektiv* gleichzeitig unterschiedliche kognitive Prozesse testet. Er erfasst sowohl die selektive Aufmerksamkeit, als auch die Verarbeitungsgeschwindigkeit eines Kindes. Dies erschwert eine eindeutige Interpretation. Zugleich fehlt ein Untertest zum formal-abstrakt logischen Denken, wie dies beim CFT-20-R oder beim HAWIK-IV durch den Matrizentest überprüft wird.

Literatur

Deutsche Gesellschaft für Kinder- und Jugendpsychiatrie, Psychosomatik und Psychotherapie u. a. (2007). *Leitlinien zur Diagnostik und Therapie von psychischen Störungen im Säuglings-, Kindes-, und Jugendalter*. Köln: Deutscher Ärzte Verlag GmbH.

Döpfner, M., Görtz-Dorten, A. & Lehmkuhl, G. (2008). *DISYPS II Diagnostik-System für psychische Störungen nach ICD-10 und DSM-IV für Kinder und Jugendliche II*. Bern: Hans Huber.

Grünke, M. (2004). Lernbehinderung. In G. Lauth, M. Grünke & J. Brunstein (Hrsg.), *Interventionen bei Lernstörungen: Förderung, Training und Therapie in der Praxis* (S. 65–77). Göttingen: Hogrefe.

Klauer, K.J. & Lauth, G.W. (1997). Lernbehinderungen und Lernschwierigkeiten bei Schülern. In F.E. Weinert (Hrsg.), *Psychologie des Unterrichts und der Schule* (Enzyklopädie der Psychologie, Serie Pädagogische Psychologie, S. 701–738). Göttingen: Hogrefe.

Landerl, K., Wimmer, H. & Moser, E. (1997). *Salzburger Lese- und Rechtschreibtest. Verfahren zur Differentialdiagnose von Störungen der Teilkomponente des Lesens und Schreibens für die 1. bis 4. Schulstufe (SLRT)*. Bern: Hans Huber.

May, P. (2002). *Hamburger Schreib-Probe 1–9. Diagnose orthografischer Kompetenz zur Erfassung der grundlegenden Rechtschreibstrategien. Manual/Handbuch* (6., aktual. und erw. Aufl). Hamburg: vpm.

Melchers, P. & Preuss, U. (2001). *Kaufman Assessment Battery for Children (K-ABC)*. Deutschsprachige Fassung. Leiden: PITS.

Moser Opitz, E., Berger, D. & Reusser, L. (2008). *Berner Screening Mathematik (BesMath). Screening zum Erfassen von Schülerinnen und Schülern mit schwachen Mathematikleistungen*. Im Auftrag der Erziehungsdirektion Bern.

Petermann, F. & Petermann, U. (2007). *Hamburg Wechsler Intelligenztest für Kinder – IV (HAWIK-IV)*. Bern: Hans Huber.

Schröder, U. (2000). *Lernbehindertenpädagogik. Grundlagen und Perspektiven sonderpädagogischer Lernhilfe*. Stuttgart: Kohlhammer.

Weiß, R. H. (2006). *Grundintelligenztest Skala 2-Revision (CFT-20-R)*. Göttingen: Hogrefe.

7 Hochbegabung

Letizia Gauck

7.1 Diagnostische Aufgabenstellung des Kindes

Wenn eine Hochbegabung vermutet wird, ist dies zunächst ein subjektives Urteil, vergleichbar mit dem Verdacht auf ein unscharfes psychisches Krankheitsbild wie der Aufmerksamkeitsdefizit-(Hyperaktivitäts-)Störung AD(H)S. Anders als bei der AD(H)S, bei der internationale Klassifikationsschemata die Diagnose objektivieren, gibt es bei einer Hochbegabung keine schriftlich niedergelegte Konsensdefinition der in Theorie und Praxis tätigen Expertinnen und Experten. Es obliegt also der Verantwortung der Diagnostikerin oder des Diagnostikers, ob und wenn ja, welche Hochbegabung festgestellt wird. Eine in der Wissenschaft und in der schulpolitischen Praxis weit verbreitete Definition ist eine Gleichsetzung der Hochbegabung mit einer extrem hoch ausgeprägten Intelligenz (Holling & Kanning, 1999). Aber auch die Intelligenz ist ein nicht direkt beobachtbares Konstrukt, das auf vielerlei Arten definiert wurde. Hier zeichnet sich ein Konsens dahingehend ab, dass es einen grundlegenden Intelligenzfaktor gibt, Generalfaktor oder auch g genannt. In der Hierarchie unter diesem g-Faktor befinden sich eine Reihe verschiedener, spezieller Intelligenz-Fähigkeiten. Dabei ist die übliche, aber willkürliche Festsetzung des Cut-offs für den g-Faktor bei einem Wert, der mindestens zwei Standardabweichungen über dem Mittelwert der Normalverteilung liegt. Gemäß dieser Definition werden die etwa zwei Prozent Intelligentesten eines jeden Jahrgangs als hochbegabt bezeichnet (Holling & Kanning, 1999).

Diese Definition ist häufig als zu eindimensional angegriffen worden. Gegenmodelle gibt es viele. Die beiden einflussreichsten sind das Drei-Ringe-Modell von Renzulli (1978; Renzulli, Reis & Stedtnitz, 2001) und das Hochbegabungsmodell von Heller und Mitarbeitern (Heller, 2001). Renzulli postulierte, dass eine Hochbegabung nur zustande kommen kann, wenn eine überdurchschnittliche intellektuelle Fähigkeit, Kreativität und Engagement zusammenkommen (Renzulli, 1978). Auch dieses Modell wurde heftig kritisiert: Im Zentrum der Kritik standen einerseits die große Situationsabhängigkeit des Engagements oder der Motivation, sowie die Probleme, Kreativität zu erfassen. Renzulli reagierte auf die Kritik und spricht nun nicht mehr von „Hochbegabung", sondern von „Hochleistungsverhalten" (Renzulli, Reis & Stedtnitz, 2001). Auf dieser Definition fußt das Förderprojekt „Drehtürmodell", das deutlich mehr als zwei Prozent der Kinder zugutekommen soll.

Im Münchner Hochbegabungsmodell (Heller, 2001) stehen einer Reihe verschiedener Potenziale (Musikalität, soziale Kompetenz, intellektuelle Fähigkeiten etc.) eine Reihe unterschiedlicher Leistungsbereiche gegenüber. Dabei kann ein Kind nur dann sein Potenzial in Form von Leistung zeigen, wenn Umwelt- und Persönlichkeitsvariablen einen günstigen Einfluss auf die Entwicklung ausüben. Auch in diesen multidimensionalen Modellen wird der Aspekt der intellektuellen Begabung/Fähigkeit meist gleichgesetzt mit hoher Intelligenz. Aufstellungen von besonderen Merkmalen hochbegabter Kinder in Form von Checklisten haben sich nicht als befriedigend valide herausgestellt, mit Ausnahme sehr gut beobachtbarer kognitiver Merkmale wie das bereits erworbene Wissen (Perleth, 2010). Checklisten können allenfalls einen ersten Hinweis geben.

Wenn auch häufig als zu einseitig kritisiert, stellt der Intelligenztest in der Praxis in den meisten Fällen das Mittel der Wahl dar und in der Theorie den „kleinsten gemeinsamen Nenner" (Preckel, 2010, S. 20). Welche zusätzlichen Quellen der Diagnostiker oder die Diagnostikerin befragt und welche weiteren Methoden er oder sie einsetzt, ist vom individuellen Begabungsmodell und von der Fragestellung abhängig. Die Fragestellungen in der Begabungs- und Begabtendiagnostik sind sehr vielgestaltig (Elbing & Heller, 1996; Wittmann & Holling, 2004). Sehr häufig sind Eltern die Auftraggeber in ihrer Suche nach der optimalen Förderung für ihr Kind, z. B. mit der Frage nach einer vorzeitigen Einschulung oder eines Überspringens. Auch Verhaltensauffälligkeiten des Kindes können der Anlass sein, wenn eine Unter- oder Überforderung abgeklärt werden soll.

7.2 Einsatz der IDS

Die IDS eignen sich sowohl bei Fragestellungen im Hinblick auf die optimale Förderung wie auch beim Vorliegen von Verhaltensauffälligkeiten. Für eine gute Förderung ist eine gute Passung von Maßnahme und Kind entscheidend. Dabei ist es sehr hilfreich, wenn nicht nur die kognitiven Fähigkeiten berücksichtigt werden, sondern das gesamte Entwicklungsprofil. Beispielsweise ist für das Gelingen einer vorzeitigen Einschulung oder des Überspringens nicht nur die intellektuelle Leistungsfähigkeit wichtig, sondern auch der kindliche Entwicklungsstand in den Bereichen bereits erworbenes Wissen, soziale und emotionale Fähigkeiten und Kompetenzen sowie gegebenenfalls der Feinmotorik (Vock, Preckel & Holling, 2007).

Als Testalternativen kommen alle neueren Intelligenztestverfahren in Betracht, die auf dem von der Diagnostikerin oder dem Diagnostiker gewählten Intelligenzkonstrukt basieren (Preckel, 2010). Dabei ist jedoch zu beachten, dass viele gängige Intelligenztests im obersten Bereich der Normalverteilung nicht gut differenzieren. Die Tests enthalten zu wenig schwierige Aufgaben, sodass Deckeneffekte auftreten (Preckel, 2003), das heißt hochbegabte Kinder können (fast) alle Aufgaben lösen. Im Altersbereich der IDS ist die am häufigsten eingesetzte Alternative der Hamburg-Wechsler-Intelligenztest für Kinder IV (HAWIK-IV) von Petermann und Petermann (2007). Im Gegensatz zu den IDS werden im HAWIK-IV nur Werte für die Intelligenz des Kindes ermittelt. Generell sollten in der Intelligenzdiagnostik nach Möglichkeit zwei verschiedene Tests eingesetzt werden, um Vor- und Nachteile der einzelnen Tests auszubalancieren. Zwei geeignete Tests zu finden, die altersgerecht und ökonomisch sind, ist nicht immer einfach, da die Normen von Intelligenztests nicht älter als zehn Jahre sein sollten. Werden dennoch Tests eingesetzt, deren Normierung länger zurück liegt, sollte der Flynn-Effekt bei der Interpretation berücksichtigt werden (siehe Holling & Kanning, 1999).

7.3 Fallbeispiel 1: Thomas (6;6), sehr intelligent, nachdenklich und in der Schule oft unaufmerksam

7.3.1 Anamnese und Problembeschreibung

Thomas (6;6) ist ein groß gewachsener, dunkelblonder Erstklässler mit einer blauen Brille. Seine Schwester Lena ist 9 Jahre alt. Thomas Vater arbeitet bei einer großen Bank im Management und seine Mutter ist frei schaffende Journalistin und Schriftstellerin. Die Familie ist, bedingt durch Arbeitsstellenwechsel des Mannes, in den letzten sieben Jahren drei Mal umgezogen. Auffälligkeiten in der Schwangerschaft und bei der Geburt habe es nicht gegeben. Im Alter von etwa sechs Monaten fiel den Eltern auf, dass Thomas seine Umgebung nicht regelrecht zu fokussieren schien. Bei einer augenärztlichen Abklärung habe sich gezeigt, dass Thomas auf einem Auge fast nichts sehe. Im Alter von etwa anderthalb Jahren fielen den Eltern erstmals der umfangreiche Wortschatz und das gute Gedächtnis ihres Sohnes auf. Sehr früh, mit etwa drei Jahren, habe er begonnen, sich intensiv mit philosophischen Themen wie dem Tod, Gott und der menschlichen Psyche auseinander zu setzen. Im Alter von vier Jahren habe Thomas weitgehend selbstständig das Lesen gelernt. Im ersten Kindergartenjahr sei Thomas zum ersten Mal stark angeeckt. Er habe sich bei Gruppenspielen demonstrativ weggedreht und begonnen, andere zu stören. Ein Umzug habe vorübergehend zu einer Erleichterung geführt, da Thomas im neuen Kindergarten einen guten Freund gefunden habe. Dieser sei allerdings in eine andere Schule eingeschult worden, und die Probleme hätten sich wieder gehäuft, da Thomas die Aufforderung etwas zu üben entweder überhöre oder er mehrfach daran erinnert werden müsse, um die Aufgaben zu Ende zu bringen. Die Mutter berichtet von einem stundenlangen Kampf mit den Hausaufgaben. Thomas habe wieder begonnen, andere Kinder im Unterricht zu stören. Die Klassenlehrerin von Thomas habe den Eltern geraten, eine Aufmerksamkeitsstörung ausschließen zu lassen. Die Eltern sind unsicher, da sie Thomas' Verhalten in den Ferien und häufig in seiner Freizeit als unproblematisch einstufen – im Gegenteil, Thomas könne sich stundenlang mit einem selbstgewählten Projekt beschäftigen und brauche sehr wenig Aufmerksamkeitszuwendung von Erwachsenen. Allerdings falle ihnen auf, dass er sich wenig zutraue. Sie vermuten, dass Thomas unterfordert ist (zu der Überschneidung der Symptomatik von einer Aufmerksamkeits-Defizit-Störung [ADS] bzw. einer Aufmerksamkeits-Defizit-Hyperaktivitäts-Störung [ADHS] und Unterforderung siehe Webb et al., 2005).

7.3.2 IDS-Testergebnisse

Kognitive Entwicklung. Thomas erreichte in den IDS einen Intelligenzquotienten von 132, was einem Prozentrang von 98 entspricht (90%-Konfidenzintervall IQ = 125–139). Sehr hoch ausgeprägt sind vor allem die Untertests *Denken Bildlich* (WP 17), *Denken Konzeptuell* (WP 16), *Gedächtnis Auditiv* (WP 16) und *Gedächtnis Phonologisch* (WP 17). Mit 7 Wertpunkten schneidet Thomas in der *Aufmerksamkeit Selektiv* fast unterdurchschnittlich ab. In seinem kognitiven Profil stellt dies nicht nur eine persönliche, sondern auch eine normative Schwäche dar. Angesichts der extremen Streuung der Untertest-Werte muss die Interpretation der Gesamtintelligenz mit Vorsicht erfolgen.

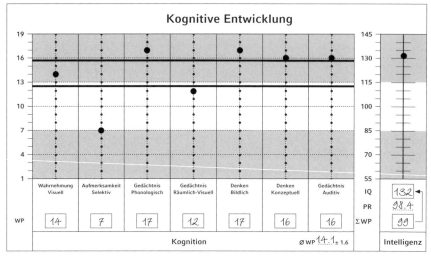
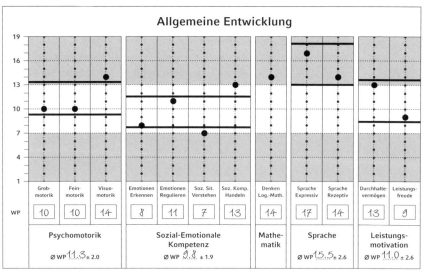

Abbildung 1: IDS-Profil von Thomas

Allgemeine Entwicklung. Auch in der allgemeinen Entwicklung zeigt Thomas ein sehr heterogenes Profil. Sehr stark schneidet er in den Bereichen *Sprache Expressiv* (WP 17), *Sprache Rezeptiv* (WP 14) und *Mathematik* (WP 14) ab. Auch sein Wert im Untertest *Visuomotorik* ist überdurchschnittlich (WP 14). Dagegen zeigen sich persönliche und (fast) normative Schwächen beim *Emotionen Erkennen* (WP 8) und beim *Soziale Situationen Verstehen* (WP 7). Auch die Einschätzung seiner *Leistungsfreude* ist durchschnittlich (WP 9).

Stärken und Schwächen. Große persönliche und normative Stärken zeigt Thomas im Denken, im Gedächtnis und in der Sprache sowie geringer ausgeprägt in der Mathematik. Deutliche persönliche und normative Schwächen hat Thomas in der selektiven Aufmerksamkeit (hier beeinträchtigte ihn möglicherweise seine Sehschwäche), im Erkennen von Emotionen und im Verständnis sozialer Situationen. Thomas IDS-Profile sind für die Funktionsbereiche in Abbildung 1 und für die Gesamtentwicklung in Abbildung 2 dargestellt.

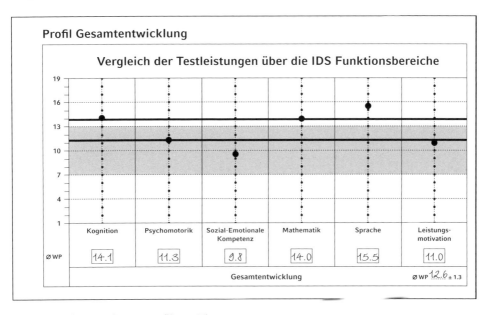

Abbildung 2: IDS-Gesamtprofil von Thomas

7.3.3 Weitere Untersuchungsergebnisse

Verhaltensbeobachtung. In der Untersuchungssituation wirkte Thomas zunächst sehr zurückhaltend und beobachtend. Im Laufe der ersten halben Stunde wurde er deutlich offener und zugewandter. Er antwortete bereitwillig auf Fragen. Die Testung schien ihm Spaß zu machen; er arbeitete konzentriert an den verschiedenen Aufgabenstellungen. Bei den kognitiven Aufgabenstellungen zeigte er eine sehr gute Selbsteinschätzung, wobei er sich von schwierigeren Aufgaben leicht verunsichern ließ und schnell aufgab.

Lediglich bei der Aufgabe, soziale Situationen zu verstehen, war er der Meinung, er hätte die Bilder korrekt beschrieben.

Weitere Testbefunde. Um das Ergebnis der Intelligenztestung zu verifizieren, wurde zusätzlich der Grundintelligenztest Skala 1 (CFT 1; Cattell, Weiß & Osterland, 1997) durchgeführt. Auch hier lag das Gesamtergebnis im extrem hohen Bereich (Intelligenzquotient oder IQ von 144; Vertrauensintervall: 134–154), auch wenn man eine gewisse Überschätzung des Potenzials durch die veralteten Normen berücksichtigt.

Zusätzlich zu standardisierten Testverfahren werden je nach Fragestellung weitere Verfahren wie Gespräche mit Eltern und Lehrpersonen, eine Verhaltensbeobachtung im Unterricht und/oder Fragebögen eingesetzt. Thomas zeigte im Gespräch durchaus ein Problembewusstsein für sein soziales Fehlverhalten. Auf die Frage nach Ausnahmen (wo er sich gut an Regeln halten könne), nannte Thomas spontan den Musikunterricht. Dort sei ganz klar, was passiere, wenn man gegen die Regeln verstoße (das werde auch durchgesetzt), und es sei weniger „langweilig". Um das Problemverhalten besser beurteilen zu können, fand ein Gespräch mit der Klassenlehrerin und ein Unterrichtsbesuch statt. Tatsächlich zeigte Thomas stark schwankendes Aufmerksamkeitsverhalten. Bei direkter Instruktion neuer Inhalte und wenn ihn der Unterrichtsstoff interessierte, arbeitete er konzentriert mit. Bei Übungen zur Festigung des Stoffes und bei anspruchsvollen visuomotorischen Aufgaben (z. B. Sticken) zeigte er eine Palette unaufmerksamen und störenden Verhaltens. Wenn die Lehrerin ihm in der Folge keine Aufmerksamkeit zuwandte, intensivierte Thomas sein störendes Verhalten, indem er seinen Platznachbarn ablenkte, ihm etwas wegnahm oder ihn schubste.

7.3.4 Interpretation und Intervention

Interpretation. Thomas ist ein Kind mit extrem hohem logisch-abstrakten Denkvermögen. Eine persönliche und normative Schwäche ist dagegen die selektive Aufmerksamkeit (visuell). Diese Schwäche ist möglicherweise erklärbar durch die Sehbehinderung, da Thomas vermutlich nicht über Tiefensehen verfügt und ihm die Differenzierung komplexer visueller Inhalte wahrscheinlich schwerfällt. Möglicherweise erklärt diese Sehschwäche seine langsame Arbeitsweise. Im Unterricht zeigt Thomas situationsabhängig unaufmerksames und störendes Verhalten. Besonders ausgeprägt ist dieses problematische Verhalten in Lernsequenzen, die unstrukturiert sind und in denen Thomas wenig Denkarbeit leisten muss. Ähnliche Beobachtungen macht die Mutter zu Hause.

Die Diagnose einer AD(H)S ist eine Ausschlussdiagnose, d.h. es darf keine anderen Gründe für das Problemverhalten geben. Bei Thomas sind sowohl eine Überforderung wie eine Unterforderung denkbar auf der Basis seines sehr heterogenen Profils. Da Thomas keine Zusatzförderung erhält, ist eine kognitive Unterforderung sehr wahrscheinlich. Er sagt selbst, er halte sich weniger gut an Regeln, wenn der Unterricht „langweilig" sei. Auf der anderen Seite zeigt Thomas anstrengungsvermeidendes Verhalten. Es ist denkbar, dass er zu problematischem Verhalten neigt, wenn er sich visuomotorisch überfordert fühlt. Gegen eine ADS spricht, dass Thomas während des gesamten zweiten

Kindergartenjahres kein Problemverhalten gezeigt hat. Zudem ist er bei Aufgaben, die ihn interessieren, voll bei der Sache, auch wenn sie Durchhaltevermögen über einen langen Zeitraum erfordern. Auf der Basis dieser alternativen Erklärungsmöglichkeiten für das Problemverhalten wird keine ADS diagnostiziert. Im Rahmen einer Prozessdiagnostik soll zunächst beobachtet werden, ob sich Thomas' Verhalten bei adäquater Förderung verändert.

Intervention. In einem Gespräch mit der Klassenlehrperson wurde der Zusammenhang zwischen Problemverhalten und Anforderungsniveau besprochen. Gemeinsam wurden Ideen entwickelt, wie Thomas innerhalb der Gruppe individuell gefördert werden kann, sodass er einerseits kognitiv gefordert wird, er aber dennoch graphomotorisch genügend Übungsmöglichkeiten hat. In einem ersten Schritt wurden ihm Teile der Lesefibel erlassen mit der alternativen Aufgabe, in der Klassenbibliothek zu lesen. Der sehr motivierte Thomas berichtete seinen Mitschülern und Mitschülerinnen gerne, was er während dieser Zeit gelesen hatte. Andererseits wurde mit der Klassenlehrerin besprochen, dass Thomas Aufmerksamkeit benötigt, wenn er sich an die Regeln hält. Reagiert eine Lehrperson nur auf negative Verhaltensweisen, steigt deren Auftretenswahrscheinlichkeit (negative Aufmerksamkeit wird von den meisten Kindern als besser erlebt als gar keine).

7.4 Fallbeispiel 2: Benedikt (6;1), extrem sprachbegabt, im Zeichnen talentiert und in der Schule unterfordert

7.4.1 Anamnese und Problembeschreibung

Benedikt (6;1) ist für sein Alter eher klein gewachsen, macht aber einen sehr aufgeweckten, selbstbestimmten Eindruck. Kaum in der Praxis, stürzt er sich auf die kleine Bibliothek und vertieft sich in Logikspiele und Labyrinthe. Seine Unhöflichkeit (er hat mich noch nicht einmal angeschaut, geschweige denn mich begrüßt) wirkt dabei nicht unfreundlich. Es ist einfach ganz klar, wofür er sich gerade brennend interessiert. Auf meine Fragen an ihn lässt er sich nicht ein. Erst als ich das Gespräch über die Logikspiele mit ihm suche, tritt er in Kontakt mir mir.

Beide Eltern sind Steuerberater. Benedikt hat eine jüngere Schwester, mit der er sehr fürsorglich umgeht. Die Mutter berichtet, dass Benedikt sie von Anfang an sehr gefordert habe. Die Geburt sei schwierig und langwierig gewesen und Benedikt habe von Anfang an bis heute große Schwierigkeiten mit Ein- und Durchschlafen gehabt. Er habe viel geschrien. Als Benedikt ein Jahr alt gewesen sei, sei eine Zöliakie (Glutenunverträglichkeit) festgestellt worden, neben weiteren Nahrungsmittelunverträglichkeiten. Neben all diesen Schwierigkeiten fielen den Eltern früh seine rasche Auffassungsgabe und sein großes zeichnerisches Talent auf. Im Alter von vier Jahren zeichnete Benedikt nicht nur korrekt Menschen, sondern ihm gelang es, Bewegung und Raum zum Ausdruck zu bringen (s. Abb. 3 und 4).

Benedikt habe sich sehr auf den Kindergarten gefreut und sei schnell enttäuscht gewesen. Er habe immer öfter über Bauch- und Kopfweh geklagt. Zu Hause habe er im Alter

Abbildung 3: Ohne Titel, gemalt mit 4;4   **Abbildung 4:** Ohne Titel, gemalt mit 6;3

von knapp viereinhalb Jahren lesen gelernt und habe wenige Wochen später Kinderbücher mit über 100 Seiten selbst gelesen. Aufgrund dieser großen Lesefähigkeit wurde Benedikt ein Jahr früher eingeschult, was er problemlos meisterte. In letzter Zeit habe er allerdings wieder häufiger über Bauch- und Kopfschmerzen geklagt. Die Eltern suchen Hilfe, weil sie in der Förderung von Benedikt verunsichert sind. Auch die Lehrperson wünscht sich Anregungen, wie sie Benedikt am besten fördern kann.

7.4.2 IDS-Testergebnisse

Kognitive Entwicklung. Benedikt zeigt in den IDS eine intellektuelle Leistungsfähigkeit im überdurchschnittlichen Bereich (IQ=119; 90%-Konfidenzintervall IQ=112–126). Die Ergebnisse der Untertests liegen größtenteils im durchschnittlichen Bereich. Lediglich in den Untertests *Denken Konzeptuell* (15 WP), *Gedächtnis Phonologisch* (14 WP) und *Gedächtnis Räumlich-Visuell* (14 WP) schneidet er überdurchschnittlich ab. Eine persönliche Schwäche zeigt sich mit einem leicht unterdurchschnittlichen Wert (8 WP) in der *Aufmerksamkeit Selektiv*.

Allgemeine Entwicklung. Sehr heterogen ist Benedikts Profil der allgemeinen Entwicklung. Extrem hoch ist sein Wert in *Sprache Expressiv* (WP 18), sehr hoch auch in der *Visuomotorik* (WP 16). Leicht überdurchschnittlich gut gelingt es Benedikt, Emotionen bei anderen zu erkennen (WP 14) und sozial kompetent zu handeln (WP 13). An der Grenze zur Überdurchschnittlichkeit liegen auch die Werte im *Denken Logisch-Mathematisch* (WP 13) und *Sprache Rezeptiv* (WP 13). Dagegen schneidet Benedikt in der Grobmotorik fast unterdurchschnittlich ab (WP 7). Klar unterdurchschnittlich ist sein *Durchhaltevermögen* (WP 5). Die Aufgabenstellungen interessierten ihn offenbar nur wenig und waren, vor allem beim *Denken Logisch-Mathematisch* über weite Strecken viel zu leicht für ihn.

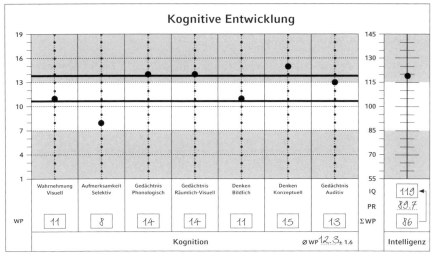
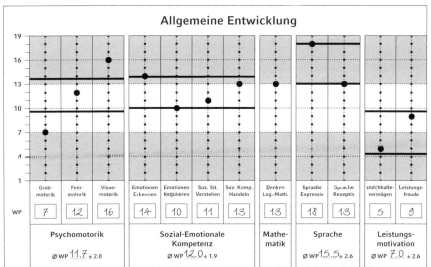

Abbildung 5: IDS-Profil von Benedikt

Stärken und Schwächen. Persönliche und normative Stärken zeigen sich bei Benedikt im Denken (v. a. im *Denken Konzeptuell*), im Gedächtnis, in der *Visuomotorik* und in der *Sprache*. Das passt zu den Informationen aus der Anamnese, auch wenn die Angaben zur bisherigen Entwicklung eine noch höhere Begabung vermuten lassen. Tatsächlich sprechen der unterdurchschnittliche Wert im *Durchhaltevermögen* und die Verhaltensbeobachtung dafür, dass Benedikt bei weitem nicht alles gezeigt hat, was er hätte zeigen können. Benedikts IDS-Profile sind für die Funktionsbereiche in Abbildung 5 und für die Gesamtentwicklung in Abbildung 6 dargestellt.

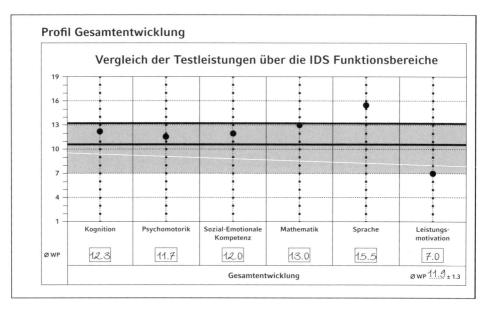

Abbildung 6: IDS-Gesamtprofil von Benedikt

7.4.3 Weitere Untersuchungsergebnisse

Verhaltensbeobachtung. Benedikt war zunächst, angesichts der vielen, ihn faszinierenden Bücher in der Praxis, nur schwer für die Testung zu motivieren. Der hohe Aufforderungscharakter des Materials half, wobei Benedikt immer wieder eigene Ideen einbrachte und für die Fortsetzung des Tests motiviert werden musste. Besonders ausgeprägt fiel dies beim Untertest *Denken Logisch-Mathematisch* auf, bei dem Benedikt eine ganze Reihe deutlich schwierigerer Aufgaben erfand. Im ersten Drittel waren die Aufgaben viel zu einfach für ihn, was zu Motivationsverlust führte und – bei den schwierigeren Aufgaben später – zu Leichtsinnsfehlern. Großen Spaß machte Benedikt der Umgang mit den Figuren im Untertest *Sprache Rezeptiv*, wobei er auch hier weit über die eigentliche Fragestellung hinausging und eigene Geschichten erfand.

Weitere Testbefunde. Um einen noch besseren Eindruck von Benedikts Potenzial zu erhalten, wurden zusätzlich der HAWIK-IV (Petermann & Petermann, 2007) und der

CFT 1 (Cattell, Weiß & Osterland, 1997) durchgeführt. Die Labyrinth-Aufgabe zu Beginn des CFT 1 motivierte Benedikt sichtlich und er arbeitete meist konzentriert mit. Beim CFT 1 wurde die Testzeit für Erstklässler verwendet. Verglichen mit Gleichaltrigen (6;0 bis 6;2) war Benedikt dadurch im Nachteil, erreichte aber dennoch einen Gesamt-IQ von 144 (Prozentrang > 99; Vertrauensintervall: 134–154). Auch im HAWIK-IV erzielte Benedikt einen extrem hohen Intelligenzquotienten von 145 (Prozentrang > 99; Vertrauensintervall: 140–148), wobei er in den Bereichen Sprachverständnis und Wahrnehmungsgebundenes Logisches Denken deutlich besser abschnitt als im Arbeitsgedächtnis und der Verarbeitungsgeschwindigkeit.

7.4.4 Interpretation und Intervention

Interpretation. Der „nur" überdurchschnittliche Wert in den IDS ist vermutlich auf fehlende Motivation zurückzuführen. Beispielsweise begann Benedikt beim Untertest *Denken Logisch-Mathematisch*, eigene, sehr viel schwierigere Aufgaben zu konzipieren anstatt sich auf die eigentliche Fragestellung zu konzentrieren. Die beiden zusätzlich durchgeführten Tests zeigen ein extrem hohes kognitives Leistungspotenzial. Benedikts *Sozial-Emotionale Kompetenz* liegt leicht über dem Durchschnitt. Sehr heterogen ist dagegen sein Profil im Bereich Motorik: Seine *Visuomotorik* ist weit überdurchschnittlich entwickelt, während seine grobmotorischen Fähigkeiten nur knapp durchschnittlich sind. Da Benedikt keine spezielle schulische Förderung erhält, ist von einer gravierenden kognitiven Unterforderung auszugehen.

Intervention. Da Benedikt bereits vorzeitig eingeschult wurde und im Schnitt mindestens ein Jahr jünger ist als seine Mitschülerinnen und Mitschüler, scheint eine erneute Akzeleration (Beschleunigung der Schullaufbahn) nicht das Mittel der Wahl, zumal seine Grobmotorik nur knapp altersgemäß entwickelt ist. Um seine Leistungsmotivation zu erhalten, ist es dringend erforderlich, das Curriculum anzupassen: Inhalte, die er bereits beherrscht (v. a. im Lesen) sollten weggelassen werden (Compacting). Stattdessen erhält Benedikt nun eine Stunde Zusatzförderung pro Woche, um selbstständiges Arbeiten zu erlernen. Das Ziel ist, dass er möglichst bald während des regulären Unterrichts an einem eigenen Projekt arbeiten kann, das er nach Abschluss der Klasse präsentieren kann.

7.5 Zusammenfassung

Grundsätzlich muss ein Intelligenztest genügend schwere Aufgaben enthalten, um in der Begabten- und Begabungsdiagnostik eingesetzt werden zu können (Preckel, 2010). Dies ist bei den IDS der Fall. Allerdings enthalten die IDS auch eine Reihe von sehr einfachen Aufgaben (v. a. in der Mathematik), die Motivation und Durchhaltevermögen bei sehr begabten Kindern auf eine Probe stellen. Günstiger wäre die Möglichkeit, die Aufgabenvorlage adaptiv an das Leistungsniveau des Kindes anzupassen.

Jeder Intelligenztest beruht auf einem spezifischen Intelligenzmodell, misst also einen spezifischen Aspekt der Intelligenz. Im Fall der IDS liegt bei der Intelligenzdefinition

ein großes Gewicht auf basalen kognitiven Fähigkeiten wie der Wahrnehmung, der Aufmerksamkeit und dem Gedächtnis: Von den sieben Untertests zur kognitiven Entwicklung prüfen nur zwei explizit das Denkvermögen. Bereits erworbene, stark mit Kognition verbundene Kompetenzen in Mathematik und Sprache werden in den IDS – anders als in den meisten anderen gängigen Intelligenztests – nicht als Teil der Intelligenz (kristallisierte Intelligenz; Cattell, 1963) betrachtet, sondern im Rahmen der allgemeinen Entwicklung ausgewertet. In den IDS ist es zudem nicht möglich, kognitive Operationen und Inhalte (z. B. numerischer oder verbaler Art) voneinander getrennt betrachten zu können, wie dies z. B. im Intelligenzstrukturmodell von Jäger (1984) vorgesehen ist. Begabungen im logisch-abstrakten Denkvermögen, die sich auf einen Bereich beschränken (Mathematik, Sprache oder räumliches Denkvermögen), werden möglicherweise weniger gut erkannt als mit anderen Verfahren. Tatsächlich gibt es Hinweise darauf, dass mit Hilfe der IDS ähnliche, aber nicht identische Aspekte der Intelligenz identifiziert werden wie z. B. mit dem HAWIK-IV (Hagmann-von Arx, Meyer & Grob, 2008).
Es fällt auf, dass beide Jungen in den oben genannten Fallbeispielen eine persönliche und tendenziell sogar eine normative Schwäche zeigten beim Untertest *Aufmerksamkeit Selektiv*. Dieser Untertest hat neben kognitiven Aspekten eine starke visuelle und motorische Komponente. Es gibt Hinweise darauf, dass hochbegabte Kinder im Durchschnitt in der Verarbeitungsgeschwindigkeit deutlich schlechter abschneiden als bei anderen kognitiven Aufgabenstellungen (u. a. Wechsler, 2003). Möglicherweise ist es sinnvoll, bei der Diagnose hochbegabter Kinder basale kognitive Prozesse wie Verarbeitungsgeschwindigkeit und Arbeitsgedächtnis weniger stark zu gewichten (Hagmann-von Arx et al., 2008). Beim HAWIK-IV wird eine solche Gewichtung vor allem bei großen Profildifferenzen empfohlen (Daseking, Petermann & Waldmann, 2008). Denn auch Extrembegabungen in speziellen Begabungsbereichen können bei der Prognose der Leistungsentwicklung eine große Rolle spielen (Webb, Lubinski & Benbow, 2007). Für Neuauflagen und Weiterentwicklungen der IDS wäre es wünschenswert, dass das IDS-Manual Informationen enthält, wie häufig spezifische Differenzen zwischen Untertests und persönliche Schwächen/Stärken in der Normstichprobe auftraten und bei welcher Profildifferenz die Bildung von Gesamtwerten nicht mehr ratsam ist.

Eine Stärke der IDS liegt in der Breite der erhobenen Leistungs- und Entwicklungsbereiche. Gerade bei Fragen nach vorzeitiger Einschulung und Überspringen sind alle Bereiche der allgemeinen Entwicklung sehr relevant. Sie sollten bei der Entscheidung berücksichtigt werden, und die Ergebnisse der IDS bieten hierfür eine sehr gute Diskussionsgrundlage.

Literatur

Cattell, R. B. (1963). Theory of fluid and crystallized intelligence: A critical experiment. *Journal of Educational Psychology, 54,* 1–22.
Cattell, R. B., Weiß, R. H. & Osterland, J. (1997). *Grundintelligenztest Skala 1 (CFT 1)* (5., revid. Aufl.). Göttingen: Hogrefe.
Daseking, M., Petermann, F. & Waldmann, H. C. (2008). Der allgemeine Fähigkeitsindex (AFI) – eine Alternative zum Gesamt-Intelligenzquotienten (G-IQ) des HAWIK-IV? *Diagnostica, 54,* 211–220.

Elbing, E. & Heller, K.A. (1996). Beratungsanlässe in der Hochbegabtenberatung. *Psychologie in Erziehung und Unterricht, 43,* 57–69.

Hagmann-von Arx, P., Meyer, C.S. & Grob, A. (2008). Assessing intellectual giftedness with the WISC-IV and the IDS. *Journal of Psychology, 216,* 172–179.

Heller, K.A. (2001). *Hochbegabung im Kindes- und Jugendalter* (2. Aufl.). Göttingen: Hogrefe.

Holling, H. & Kanning, U.P. (1999). *Hochbegabung. Forschungsergebnisse und Fördermöglichkeiten.* Göttingen: Hogrefe.

Jäger, A. (1984). Intelligenzforschung: Konkurrierende Modelle, neue Entwicklungen, Perspektiven. *Psychologische Rundschau, 35,* 21–35.

Perleth, C. (2010). Checklisten in der Hochbegabungsdiagnostik. In F. Preckel, W. Schneider & H. Holling (Hrsg.), *Diagnostik von Hochbegabung* (S. 65–87). Göttingen: Hogrefe.

Petermann, F. & Petermann, U. (2007). *Hamburg Wechsler Intelligenztest für Kinder-IV (HAWIK-IV).* Bern: Huber.

Preckel, F. (2010). Intelligenztests in der Hochbegabtendiagnostik. In F. Preckel, W. Schneider & H. Holling (Hrsg.), *Diagnostik von Hochbegabung* (S. 19–43). Göttingen: Hogrefe.

Renzulli, J.S. (1978). What makes giftedness? Re-examining a definition. *Phi Delta Kappan, 261,* 180–184.

Renzulli, J.S., Reis, S. & Stedtnitz, U. (2001). *Das Schulische Enrichment Modell. Begabungsförderung ohne Elitebildung.* Aarau: Sauerländer.

Vock, M., Preckel, F. & Holling, H. (2007). *Förderung Hochbegabter in der Schule. Evaluationsbefunde und Wirksamkeit von Maßnahmen.* Göttingen: Hogrefe.

Webb, J.T., Amend, E.R., Webb, N.E., Goerss, J., Beljan, P. & Olenchak, F.R. (2005). *Misdiagnosis and dual diagnoses of gifted children and adults.* Scottsdale, AR: Great Potential Press.

Webb, R.M., Lubinski, D. & Benbow, C.P. (2007). Spatial ability: A neglected dimension in talent searches for intellectually precocious youth. *Journal of Educational Psychology, 99,* 397–420.

Wechsler, D. (2003). *The WISC-IV technical and interpretative manual.* San Antonio, TX: Pschological Corporation.

Wittmann, A.J. & Holling, H. (2004). *Hochbegabtenberatung in der Praxis.* Göttingen: Hogrefe.

8 Aggressive Verhaltensauffälligkeit

Karin Banholzer & Klaus Schmeck

8.1 Diagnostische Aufgabenstellung des Kindes

Aggression kann genau wie Angst als essenzieller Teil des menschlichen Lebens gesehen werden und trägt in adaptiver Funktion wesentlich zur Selbst- und Arterhaltung bei. Psychopathologisch bedeutsam ist demgegenüber die maladaptive Form der Aggression. Diese ist dadurch definiert, dass sie außerhalb eines angemessenen sozialen Kontextes auftritt und in Relation zu den auslösenden Bedingungen in Intensität, Häufigkeit, Dauer und vor allem Schweregrad der aggressiven Reaktion unverhältnismäßig stark ausgeprägt ist. Maladaptives aggressives Verhalten ist weiterhin dadurch charakterisiert, dass es nicht im sozialen Kontext erklärbar ist und nicht in einer angemessenen Zeit wieder beendet wird.

Aggressives Verhalten ist bei der Mehrzahl aller Kinder im Verlauf ihrer Entwicklung zu erkennen. Bei fast 80 % von Kindern zwischen dem 1. und 2. Lebensjahr findet man Verhaltensweisen wie „andere Kinder schlagen", „treten" oder „beißen" (Seguin et. al., 2002). Der Erwerb der Fähigkeit zur Hemmung aggressiver Impulse und zur Regulation von Emotionen gehört deshalb zu den zentralen Entwicklungsaufgaben von Kindern.

Aggressive Verhaltensstörungen zählen zu den zahlenmäßig häufigsten kinder- und jugendpsychiatrischen Störungsbildern. In einer repräsentativen epidemiologischen Untersuchung wurden circa 6 % aller Jungen und circa 3 % aller Mädchen von ihren Eltern als ausgeprägt aggressiv (Zornesausbrüche, Bedrohen anderer, häufige Raufereien oder Angreifen anderer, Zerstören von eigenen oder fremden Dingen) eingeschätzt (Döpfner et al., 1998). Im Gegensatz zu anderen psychopathologischen Störungsbildern wie depressiven Störungen oder Angststörungen stellen jedoch aggressive Verhaltensstörungen in den gegenwärtigen diagnostischen Klassifikationssystemen keine eigenständige Störung dar. Am häufigsten werden sie der Diagnose Störung des Sozialverhaltens zugeordnet, aber aggressives Verhalten findet sich auch bei einer Vielzahl anderer Störungen wie dem hyperkinetischen Syndrom, depressiven Störungen im Kindes- und Jugendalter, Anpassungsstörungen oder Belastungsreaktionen, bipolaren und schizophrenen Psychosen oder tiefgreifenden Entwicklungsstörungen.

Von zentraler Bedeutung ist die Differenzierung von aggressiven Verhaltensweisen im Sinne von „heißer" versus „kalter" Aggression (Steiner et al., 2005). Die „kalte" (instrumentelle) Aggression verläuft eher verdeckt und geplant und der Täter erwartet sich einen Vorteil von seiner Handlung (z. B. Machtgewinn oder materielle Vorteile). Demgegenüber steht in der Regel nicht geplante und offen ausgeübte „heiße" (affektive/impulsive) Aggression, welche auf dem Boden einer erhöhten Reizbarkeit die Ausführung von Impulsen ohne ausreichende Emotions- und Handlungskontrolle darstellt. Die Konsequenzen sind in der Regel negativ und die Handlungen werden begleitet von Emotionen wie Wut, Frustration oder Angst (Schmeck, 2007).

8.2 Einsatz der IDS

Zentral für eine differenzierte Diagnose, Indikationsstellung und eine effektive Therapie von aggressiven Verhaltensauffälligkeiten ist die Analyse der verschiedenen Ebenen des Problemverhaltens. Mit dem Einsatz der IDS und dem Fokus auf zugrundeliegende *Sozial-emotionale Kompetenzen* kann Aufschluss darüber gewonnen werden, ob Kinder Schwierigkeiten haben, soziale Situationen und Gefühle zu erkennen und/oder Schwierigkeiten bei der Emotionsregulation aufweisen. Gelingt es beispielsweise einem Kind, eigene und fremde Gefühle beim Gegenüber zu erkennen, ist es jedoch gleichzeitig mit sozialen Situationen überfordert und in seinen Fähigkeiten, Wut adäquat zum Ausdruck zu bringen, reduziert, sind dies entscheidende diagnostische Informationen, auf die sich ein im Anschluss folgender Therapieplan aufstellen lässt.

Als Testalternativen sind folgende Fragebögen anzuführen: Der Fragebogen zum aggressiven Verhalten von Kindern (FAVK; Görtz-Dorten, Döpfner & Kinnen, 2010) eignet sich für Kinder und Jugendliche im Alter von 4 bis 14 Jahren und erhebt auslösende und aufrechterhaltende Komponenten aggressiven Verhaltens, wobei insgesamt vier Komponenten aggressiven Verhaltens erfasst werden wie Störungen sozial-kognitiver Informationsverarbeitung, Störungen der Impulskontrolle, Störungen sozialer Fertigkeiten und Störungen sozialer Interaktionen. Der Fragebogen liegt in einer Fremd- und Selbstbeurteilungsform vor.

Der Fragebogen zur Erhebung der Emotionsregulation bei Kinder und Jugendlichen (FEEL-KJ; Grob & Smolenski, 2009) erfasst mehrdimensional und emotionsspezifisch Emotionsregulationsstrategien für die Emotionen Angst, Trauer und Wut. Hierbei werden adaptive und maladaptive Strategien eingeschätzt.

8.3 Fallbeispiel 1: Konrad (8;0) mit einer Anpassungsstörung mit gemischter Störung von Gefühlen und Sozialverhalten

8.3.1 Anamnese und Problembeschreibung

Konrad (8;0) ist das zweitjüngste Kind von vier Geschwistern. Er besucht die erste Klasse. Konrads Vater arbeitet ganztags als selbstständiger Architekt. Konrads Mutter ist ausgebildete Kinderkrankenschwester, aktuell nicht berufstätig und versorgt die Kinder zu Hause. Die Eltern sind seit geraumer Zeit getrennt, wobei beide im gemeinsamen Haus auf getrennten Etagen weiterwohnen. Konrad ist ein Kind mit Ausdauer, er bastelt und baut sehr gerne, fährt Fahrrad und ist gerne in Bewegung. Die Mutter beschreibt Konrad als nach außen eher provokativ wirkendes Kind, das im Grunde jedoch sensibel und verletzlich sei. Der Vater berichtet, dass Konrad schon immer „originell" und anders als seine anderen Kinder gewesen sei. Er habe einen starken Willen, gehorche nur, wenn es ihm passe, sein Sohn habe einen speziellen Charakter. Konrad sei nach Schilderung der Mutter ein Wunschkind gewesen, die Schwangerschaft sei komplikationsfrei verlaufen. Konrad sei jedoch drei Wochen vor dem Geburtstermin zur Welt gekommen und dies auf der Autofahrt ins Krankenhaus. Der Junge sei eineinhalb Jahre gestillt worden, habe im Alter von drei Monaten einen Asthmaanfall erlitten und habe seitdem viel inhalieren müssen. Er sei mit 11 Monaten gelaufen und auch die Sprachentwicklung sei unauffällig verlaufen. Als Konrad 15 Monate alt gewesen sei, sei sein jüngerer Bruder zur Welt gekommen. In dieser Zeit habe sich der Vater sehr um den Jungen gekümmert. Außerdem hätten Paarkonflikte bereits zu massiven Spannungen innerhalb der Familie geführt. Konrad sei es im Kindergarten nicht leicht gefallen Freunde zu finden. Ebenso habe er Trennungsängste gezeigt. Mit seinen älteren Geschwistern verstehe sich Konrad gut, sei jedoch auf seinen jüngeren Bruder oft eifersüchtig und streite mit diesem.

Aktuelles Problemverhalten: Seit der Einschulung hätten sich die verweigernden, provokativen Verhaltensweisen von Konrad gesteigert. Er weigere sich Hausaufgaben zu machen, zu schreiben oder zu lesen. Gemäß Eltern und Lehrpersonen sei Konrad ein aufgewecktes Kind, sei jedoch unruhig, verweigere sich und störe im Unterricht, wirke manchmal traurig und angespannt. In der Pause komme es zu Auseinandersetzungen mit anderen Kindern, Konrad werde handgreiflich und schlage andere. Konrad zeige Stimmungs- oder Gefühlsschwankungen, mit Wutausbrüchen, die im familiären Umfeld besonders gegen den Vater gerichtet seien. Konrad selbst berichtet, dass er nicht in die Schule möchte, weil die anderen Kinder ihn nicht mögen, obwohl er keinen Blödsinn mache. Er sei dann traurig und schlage die Kinder.

Aufgrund der anfänglichen Schilderung des Problemverhaltens wurde als Differenzialdiagnose eine hyperkinetische Störung des Sozialverhaltens (DD F90.1) diskutiert, konnte jedoch im Untersuchungsverlauf verworfen werden.

Die Untersuchung hatte zum Ziel, Gründe für Konrads Verhaltensauffälligkeiten zu eruieren und adäquate inner- und außerfamiliäre Fördermaßnahmen für seine weitere Entwicklung abzuleiten.

8.3.2 IDS-Testergebnisse

Kognitive Entwicklung. Die intellektuelle Leistungsfähigkeit von Konrad liegt im durchschnittlichen Bereich (IQ = 104; 90 %-Konfidenzintervall IQ = 97–111). Hinsichtlich der einzelnen Untertests liegt Konrad in den Aufgaben *Wahrnehmung Visuell* im unteren Durchschnittsbereich (8 WP), die selektive Aufmerksamkeitsleistung liegt im oberen Bereich des Durchschnitts (12 WP). Im Bereich *Gedächtnis Phonologisch* (8 WP) und *Gedächtnis Auditiv* (10 WP) erzielt Konrad einen durchschnittlichen Wert, ebenfalls im Untertest *Gedächtnis Räumlich-Visuell* (10 WP). Im Untertest *Denken Bildlich* zeigt der Junge überdurchschnittliche (14 WP) und im Untertest *Denken Konzeptuell* durchschnittliche (9 WP) Leistungen.

Allgemeine Entwicklung. Die Werte des Funktionsbereichs *Psychomotorik* liegen für die *Grobmotorik* (13 WP) und *Feinmotorik* (13 WP) im oberen Normbereich der Altersgruppe, hingegen die *Visuomotorik* (7 WP) im unteren Normbereich. Im Funktionsbereich der *Sozial-Emotionalen Kompetenz* erzielt Konrad in *Emotionen Erkennen* (12 WP), *Emotio-*

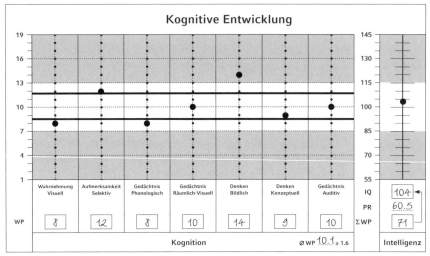

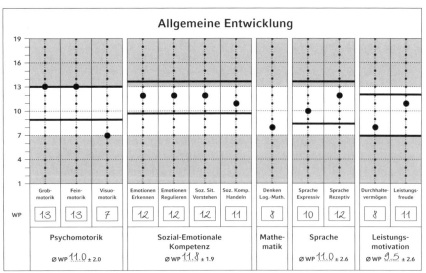

Abbildung 1: IDS-Profil von Konrad

nen Regulieren (12 WP), im Untertest *Soziale Situationen Verstehen* (12 WP) und *Sozial Kompetent Handeln* (11 WP) durchschnittliche Ergebnisse. Die Leistungen im *Denken Logisch-Mathematisch* (8 WP) sind als durchschnittlich zu betrachten. Im Untertest *Sprache Rezeptiv* (10 WP) und *Sprache Expressiv* (12 WP) liegen durchschnittliche Leistungen vor. Die Leistungsmotivation ist für *Durchhaltevermögen* (8 WP) wie auch *Leistungsfreude* (11 WP) als durchschnittlich zu bezeichnen.

Stärken und Schwächen. Die Erfassung der kognitiven wie auch der allgemeinen Entwicklung zeigt ein insgesamt einheitliches Profil. Zwischen den einzelnen Bereichen liegen keine nennenswerten Diskrepanzen vor, lediglich im Bereich *Denken Bildlich* zeigt der Junge überdurchschnittliche (14 WP) Ergebnisse und Stärken. Auch innerhalb einzelner Funktionsbereiche weist Konrad einen ausgeglichenen Entwicklungsstand auf. Relative Schwächen liegen bei Konrad im Bereich *Visuomotorik* (7 WP), allerdings immer noch im Normbereich. Vielleicht erklärt diese leichte Schwäche teilweise, dass sich Konrad in der Schule anfangs widersetzt, bei Schreibübungen mitzumachen. Durchschnittliche Werte inter- wie auch intraindividuell erzielt Konrad in allen Bereichen der *Sozial-Emotionalen Kompetenz*. Im Bereich *Sozial Kompetent Handeln* ist bei einer qualitativen Analyse der Ergebnisse jedoch ersichtlich, dass Konrad mehrere Strategien aufzählt, sowohl sozial kompetentes direktes Verhalten als auch sozial nicht kompetentes Verhalten, was sich quantitativ aufgrund der Bewertung von mehreren Antworten nicht in dem Maße widerspiegelt. Bei Konrads Wissen von Emotionsregulationsstrategien wird bei der Antwortanalyse deutlich, dass er über verschiedene adaptive Emotionsregulationsstrategien verfügt (z. B. Zerstreuung, Problemorientiertes Verhalten). Konrads IDS-Profile sind für die Funktionsbereiche in Abbildung 1 und für die Gesamtentwicklung in Abbildung 2 dargestellt.

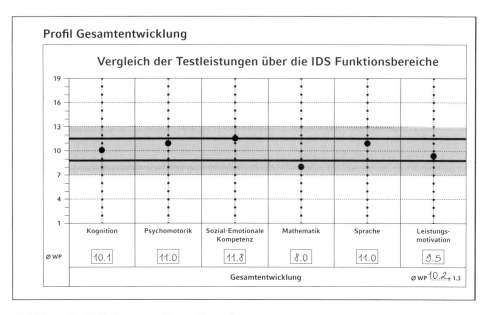

Abbildung 2: IDS-Gesamtprofil von Konrad

8.3.3 Weitere Untersuchungsergebnisse

Verhaltensbeobachtung. Konrad arbeitet während der Untersuchung gut motiviert mit. Er fasst sehr schnell Vertrauen und ist sehr gesprächig. Konrad freut sich sehr, wenn er eine schwierige Aufgabe gelöst hat, möchte unbedingt wissen, ob er es auch richtig gemacht hat. Konrad nutzt die ihm zur Verfügung gestellte Aufmerksamkeit und kann von dieser profitieren, er beantwortet die an ihn gestellten Fragen ausführlich und gibt mehrere Antwortmöglichkeiten, insbesondere im Bereich *Sozial-Emotionale Kompetenz*. Konrad ist sehr umgänglich und versteht die an ihn gestellten Testanweisungen problemlos.

Weitere Testbefunde. Beiden Elternteilen wird der Fragebogen zum Verhalten von Kindern und Jugendlichen (Child Behavior Checklist, CBCL/4-18) ausgeteilt. Die Elternteile zeigen eine sehr unterschiedliche Wahrnehmung von Konrad. Der Vater beschreibt Konrad als psychisch überdurchschnittlich belastet (Gesamtwert T-Wert: 68). Insbesondere im Bereich *Soziale Probleme* erreicht der Junge einen erhöhten Wert (SP T-Wert: 73), sowie im Bereich *Aufmerksamkeitsprobleme* (AP T-Wert: 72). Auch die Ergebnisse auf den Achsen *Sozialer Rückzug* (SR T-Wert: 69) und *Dissoziales Verhalten* (DV T-Wert: 68) liegen im Grenzbereich zur Auffälligkeit. Die Mutter nimmt Konrad als insgesamt psychisch nicht belastet wahr (Gesamtwert T-Wert: 53). Konrads Ergebnisse zum CBCL/4-18 sind in Tabelle 1 dargestellt.

Tabelle 1: Konrads Ergebnisse zur Child Behavior Checklist (CBCL/4-18)

CBCL/4-18	Einschätzung Vater T-Wert	Einschätzung Mutter T-Wert
Sozialer Rückzug (RZ)	69	51
Körperliche Beschwerden (KB)	50	57
Ängstlich/Depressiv (AD)	63	54
Soziale Probleme (SP)	73*	62
Schizoid/Zwanghaft (SZ)	59	50
Aufmerksamkeitsprobleme (AP)	72*	58
Dissoziales Verhalten (DV)	68	52
Aggressives Verhalten (AV)	62	52
Internalisierende Auffälligkeiten	64	52
Externalisierende Auffälligkeiten	64	52
Gesamtwert	68*	53

Anmerkung: * klinisch auffällig

Das Junior Temperament und Charakter Inventar (JTCI 7-11) wurde an die Mutter und an den Vater ausgeteilt. Die Persönlichkeitsausprägung von Konrad nach Wahrnehmung der Mutter weist insgesamt sowohl bei den Temperamentsmerkmalen wie auch bei den Charakterzügen keine Auffälligkeiten auf. Die Mutter erlebt Konrad lediglich im Vergleich zu anderen Kindern als empfindsamer (*Belohnungsabhängigkeit* T-Wert: 65) und mit unterdurchschnittlichem Arbeitseifer (*Beharrungsvermögen* T-Wert: 38). Die Persönlichkeitsausprägung von Konrad nach Wahrnehmung des Vaters zeigt einen Jungen, bei dem das Temperamentsmerkmal *Beharrungsvermögen* unterdurchschnittlich (T-Wert: 36) sowie der Charakterzug *Selbsttranszendenz* unterdurchschnittlich (T-Wert: 38) ausgeprägt sind. Der Vater erlebt seinen Sohn unterdurchschnittlich eifrig (*Arbeitseifer* T-Wert: 38), ehrgeizig (*Ehrgeiz* T-Wert: 39) und perfektionistisch (*Perfektionismus* T-Wert: 32). Konrad schiebt nach Auffassung des Vaters die Dinge gerne vor sich her, betreibt wenig Aufwand, um Dinge zu erledigen und hofft, dass die Dinge irgendwie funktionieren. Ebenso hat Konrad nach Auffassung des Vater Schwierigkeiten, Verantwortung für sein Verhalten zu übernehmen (*Verantwortlichkeit* T-Wert: 35), ist nicht gut in der Lage, in einem Team mitzumachen (*Hilfsbereitschaft* T-Wert: 38) und hat einen überdurchschnittlich ausgeprägten Gerechtigkeitssinn (*Gewissen* T-Wert: 65). Der Vater hat den Eindruck, dass sich Konrad unterdurchschnittlich mit der „Menschheit oder der Natur" verbunden fühlt (*Spiritualität* T-Wert: 33).

8.3.4 Interpretation und Intervention

Interpretation. Bei Konrad liegen folgende multiaxialen Diagnosen nach ICD 10 vor: *Achse I* Anpassungsstörung mit gemischter Störung von Gefühlen und Sozialverhalten F43.25; *Achse II* keine umschriebenen Entwicklungsstörungen bekannt; *Achse III* durchschnittliche Intelligenz IQ 104; *Achse IV* Krankheit der oberen Atemwege, nicht näher bezeichnet J.39.9; *Achse V* Disharmonie in der Familie zwischen Erwachsenen 1.1, abweichende Elternsituation 5.1; *Achse VI* deutliche soziale Beeinträchtigung (4).

Konrad ist ein durchschnittlich intelligentes Kind. Sein Intelligenzprofil zeigt keine inter- oder intraindividuelle Variabilität. Die Bereiche *Wahrnehmung Visuell*, *Aufmerksamkeit Selektiv*, *Gedächtnis Phonologisch*, *Gedächtnis Räumlich-Visuell*, *Denken Konzeptuell* und *Gedächtnis Auditiv* sind altersgemäß entwickelt, wobei Konrad im Bereich *Denken Bildlich* im Vergleich zu seiner Altersgruppe weiter entwickelt ist. Auch in der allgemeinen Entwicklung zeigt Konrad insgesamt keine inter- und intraindividuelle Variabilität. Lediglich im Bereich *Visuomotorik* zeigt der Junge zwar gerade noch eine altersgemäße Leistung, allerdings im unteren Bereich angesiedelt. In den einzelnen Bereichen des Funktionsbereiches der *Sozial-Emotionalen Kompetenz* wie auch in der *Sprache* zeigt Konrad durchschnittliche Leistungen.

Auffallend ist, dass die Eltern ihren Sohn recht unterschiedlich erleben. So schätzt der Vater Konrad als psychisch überdurchschnittlich belastet ein, insbesondere in den Bereichen *soziale Probleme*, *Aufmerksamkeit*, *sozialer Rückzug*, *dissoziales Verhalten*. Die Mutter nimmt Konrad hingegen nicht als psychisch belastet wahr. Diese unterschiedliche Einschätzung der Eltern zeigt sich auch in der Wahrnehmung ihres Kindes bezüglich Temperamentsmerkmalen und Charakterzügen. Erlebt die Mutter ihren Sohn eher als empfindsamer als andere Kinder und nicht so fleißig, sieht der Vater Konrads Temperamentsmerkmal *Beharrungsvermögen* und den Charakterzug *Selbsttranszendenz* insgesamt als unterdurchschnittlich ausgeprägt. Zudem hat der Vater den Eindruck, dass Konrad Schwierigkeiten hat, Verantwortung zu übernehmen und kein guter Teamplayer ist, was sich auch in den Ergebnissen der CBCL/4-18 (Vater) zeigt (s. Tab. 1). Dieser Aspekt deckt sich zudem mit der Wahrnehmung von Konrad, der darunter leidet, dass er beispielsweise nicht mit anderen Kindern mitspielen darf und ausgeschlossen wird. Dies führt wiederum dazu, dass Konrad auf der emotionalen Ebene mit Traurigkeit reagiert, kognitiv den Gedanken hat, dass es doch gemein ist, dass ihn die anderen Kinder nicht mitspielen lassen und auf der Verhaltensebene sich aggressiv verhält, andere Kinder schlägt. Der vom Vater wahrgenommene überdurchschnittliche Gerechtigkeitssinn von Konrad, der sich auch in den IDS im Bereich *Sozial-Emotionale Kompetenz* widerspiegelt, kann in diesen sozialen Situationen zur Konfliktverschärfung beitragen. Gleichsam ist anzumerken, dass sehr wahrscheinlich die Trennungssituation der Kindseltern einen Einfluss auf Konrads Verunsicherung hat, und den Schweregrad der Verhaltensauffälligkeiten mit beeinflusst.

Intervention. Konrad ist ein Kind, das besonderer Aufmerksamkeit bedarf. Der Junge zeigt in seinen sozialen Fähigkeiten und Fertigkeiten leichte Defizite. Obwohl er zwar über das Wissen verfügt, wie in unterschiedlichen sozialen Situationen angemessenes Verhalten aussehen sollte, gelingt es ihm im Umgang mit Peers nur schwer, dieses Wissen in Verhalten umzusetzen. Daher ist es empfehlenswert, Konrad in diesem Bereich therapeutisch zu unterstützen. Ebenso ist es für Konrad wünschenswert, dass er sowohl im sozialen Kontext, als auch im schulischen Bereich Erfolgserlebnisse erzielt und somit seine intrinsische Motivation und Lernfreude gesteigert werden kann, um das Risiko zu vermindern, dass Konrad sich inkompetent und erfolglos fühlt, was wiederum zu Gefühlen des Traurigseins und zu aggressivem Verhalten führen kann. Ebenso ist es wichtig, beide Elternteile besonders in der Trennungssituation darin zu begleiten und sie zu unterstützen, die kindlichen Bedürfnisse von Konrad im Fokus zu behalten. Hierbei ist die unterschiedliche Problemwahrnehmung von Mutter und Vater zu berücksichtigen, was in begleitenden Elterngesprächen in Hinblick auf Konrads Rolle im Familiensystem und seinem aggressiven Verhalten insbesondere gegenüber dem Vater aufgegriffen und thematisiert werden sollte. Ebenso wird angestrebt, dass Konrad in seiner Freizeit an einem Kindergruppenangebot teilnimmt, um seine sozialen Fertigkeiten aktiv zu trainieren und Freundschaften zu knüpfen. Daher empfehlen wir als Intervention eine verhaltenstherapeutische Begleitung von Konrad mit parallel dazu geführten Elterngesprächen.

8.4 Fallbeispiel 2: Marie (5;5) mit einer kombinierten Störung des Sozialverhaltens und der Emotionen

8.4.1 Anamnese und Problembeschreibung

Die 5,5-jährige Marie lebt seit ihrer fünften Lebenswoche im Kinderheim. Marie habe einen 8-jährigen Bruder, der ebenfalls im Kinderheim lebe und den sie regelmäßig dort sieht. Marie könne sehr ausdauernd und gerne spielen und schaue sich Bücher an. So könne sie entspannen. Sie sei ein humorvolles, aufgewecktes Mädchen. Sie sei musikalisch, bastle gerne, helfe beim Kochen, könne sich Dinge gut merken, habe einen guten Wortschatz und besucht die Pfadfindergruppe.

Marie sei in der 33. Schwangerschaftswoche als „Frühchen" zur Welt gekommen, sie sei ein schreckhaftes Kind gewesen. Die Mutter habe während der Schwangerschaft Methadon eingenommen, sodass das Kind nach 10 Tagen einen neonatalen Drogenentzug durchgemacht habe und im Krankenhaus hospitalisiert gewesen sei. Marie sei mit ca. 12 bis 13 Monaten gelaufen, die Sprachentwicklung sei altersentsprechend gewesen, ebenso die anderen Entwicklungsschritte. Bis Marie sechs Monate alt gewesen sei, habe die Mutter das Mädchen und den Bruder regelmäßig jedes Wochenende zu sich genommen. Phasenweise sei es aufgrund gesundheitlicher Beeinträchtigungen der Mutter immer wieder zu Kontaktabbrüchen gekommen. Aktuell verbringt Marie jedes Wochenende bei der Mutter. Zum Vater bestehe kein Kontakt. Die Erzieherin berichtet, dass ein Kontaktverbot zwischen Vater und den Kindern bestehe, der Vater auch Hausverbot im Kinderheim habe. Die Mutter schildert Maries Vater als sehr explosiv und aufbrausend.

Aktuelles Problemverhalten: Die Erzieherin der 5;5-jährigen Marie schildert, dass Marie schnell in Streit mit anderen Kindern gerate. Das Mädchen habe das Gefühl, zu kurz zu kommen, ihre Kontaktaufnahme verlaufe über negatives Verhalten. Sie zeige aggressives Verhalten gegenüber anderen Kindern, zeige eine aggressive Mimik, um andere zu erschrecken. Sie neige zu Wutausbrüchen, wirke unausgeglichen und angespannt. Phasenweise wache sie nachts auf und zeige Ängste (Angst im Dunkeln, Angst vor Geräuschen). Ebenso habe sie Angst vor neuen, unüberschaubaren Situationen, sie suche dann die Nähe zu den Betreuern. Das Mädchen suche die Aufmerksamkeit der Betreuer, indem sie über Schmerzen klage und gehalten werden möchte, gerne Baby spiele und getragen werden möchte. Sie fange auch Streit mit Gleichaltrigen an, lasse sich schubsen, fange dann zu weinen an und möchte sich von Betreuern trösten lassen. Marie sei sehr auffällig in Konfliktsituationen, habe eine niedere Frustrationsschwelle. Auch die Mutter berichtet, dass wenn Marie von Samstag auf Sonntag bei ihr übernachte, sie dort kurze Wutausbrüche zeige. Marie drohe in Konfliktsituationen an zu schlagen. Die Mutter reagiere in diesen Situationen so, dass sie versuche, das Mädchen verbal zu beruhigen, was nur teilweise gelinge. Bezüglich Maries Essverhalten wird geschildert, dass das Mädchen große Mengen essen könne, den letzten Bissen nach dem Essen dann oftmals erbreche. Seit einem Jahr habe Marie entschieden, kein Fleisch zu essen, zuvor habe sie immer gefragt, woher das Fleisch komme. Sie habe dann betont, sie esse keine toten Tiere.

Verlauf der Beschwerden: Zuerst seien im Alter von ca. drei Jahren bei Marie Ängste aufgetreten, gefolgt von aggressivem Verhalten, was jetzt ca. seit zwei Jahren zu beobachten sei, im Verlauf zunehmend progredient. Im November 2008 habe eine erste Abklärung durch einen Kinderarzt stattgefunden mit der Empfehlung einer Psychotherapie, die jedoch dann nicht stattgefunden habe.

8.4.2 IDS-Testergebnisse

Kognitive Entwicklung. Die intellektuelle Leistungsfähigkeit von Marie liegt im durchschnittlichen Bereich (IQ = 104; 90 %-Konfidenzintervall IQ = 97–111). Hinsichtlich der einzelnen Untertests erreicht Marie in den Aufgaben *Wahrnehmung Visuell* einen durchschnittlichen Wert (10 WP). Die selektive Aufmerksamkeitsleistung des Mädchens ist als durchschnittlich (9 WP) einzuschätzen. Die Gedächtnisleistungen sind unterschiedlich. Im Bereich des *Gedächtnis Phonologisch* erreicht sie überdurchschnittliche Werte (15 WP). Hinsichtlich *Gedächtnis Räumlich-Visuell* (8 WP), *Denken Bildlich* (9 WP), *Denken Konzeptuell* (9 WP) und *Gedächtnis Auditiv* (11 WP) erzielt Marie durchschnittliche Werte.

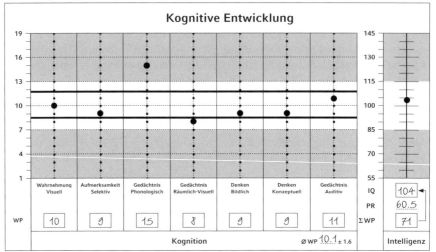
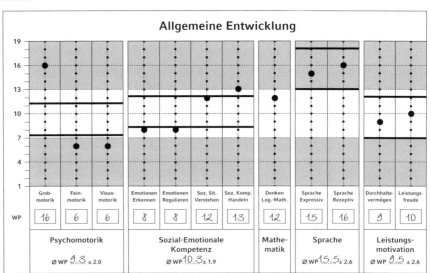

Abbildung 3: IDS-Profil von Marie

Allgemeine Entwicklung. Die Werte des Funktionsbereichs *Psychomotorik* liegen für die *Grobmotorik* (16 WP) im überdurchschnittlichen Bereich, hingegen für die *Feinmotorik* (6 WP) und die *Visuomotorik* (6 WP) im unterdurchschnittlichen. Im Funktionsbereich der *Sozial-Emotionalen Kompetenz* erzielt Marie in *Emotionen Erkennen* (8 WP), *Emotionen Regulieren* (8 WP), *Soziale Situationen Verstehen* (12 WP) und *Sozial Kompetent Handeln* (13 WP) durchschnittliche Ergebnisse. Die Leistungen im *Denken Logisch-Mathematisch* (12 WP) sind als durchschnittlich zu betrachten. In den Untertests *Sprache Rezeptiv* (16 WP) und *Sprache Expressiv* (15 WP) liegen überdurchschnittliche Leistungen vor. Die *Leistungsmotivation* ist für *Durchhaltevermögen* (9 WP) wie auch *Leistungsfreude* (10 WP) als gut durchschnittlich zu bezeichnen.

Stärken und Schwächen. Die Erfassung der kognitiven Entwicklung zeigt insgesamt ein einheitliches Profil, wobei Maries Ergebnisse im Bereich *Gedächtnis Phonologisch* überdurchschnittlich sind und sie hier eine Ressource hat. Die allgemeine Entwicklung zeigt sich im Bereich *Psychomotorik* eher uneinheitlich. Verfügt Marie über überdurchschnittliche Fertigkeiten in der *Grobmotorik*, zeigt sie hingegen deutliche Schwächen im Bereich *Feinmotorik* und *Visuomotorik*. Hervorstechend sind im Bereich *Sprache* Maries überdurchschnittliche Leistungen, sowohl expressiv als auch rezeptiv. Hier liegt eine große Ressource bei Marie vor. Durchschnittliche Werte inter- wie auch intraindividuell erzielt Marie in allen Bereichen der *Sozial-Emotionalen Kompetenz*. In dem Bereich *Emotionen Erkennen* und *Emotionen Regulieren* wird bei einer qualitativen Analyse der Ergebnisse ersichtlich, dass Marie zwar Gefühle von Wut erkennt, aber über keine adaptiven Emotionsregulationsstrategien im Umgang mit Wut verfügt. Gleichsam wird bei der weiteren qualitativen Analyse deutlich, dass Marie bei Gefühlen von Traurigkeit sich mit einem Bild der Mutter zu trösten versucht. Maries IDS-Profile sind für die Funktionsbereiche in Abbildung 3 und für die Gesamtentwicklung in Abbildung 4 dargestellt.

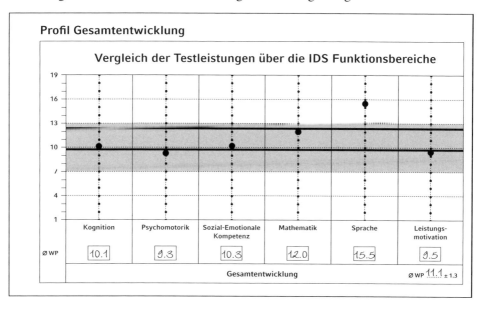

Abbildung 4: IDS-Gesamtprofil von Marie

8.4.3 Weitere Untersuchungsergebnisse

Verhaltensbeobachtung. Gleich zu Beginn ist auffallend, wie intensiv Marie ihre Umgebung wahrnimmt, sie Reize aufnimmt und wie genau sie Gegebenheiten beobachtet. So bemerkt sie beim zweiten Termin sofort kleinste Veränderungen im Büro. Das Mädchen zeigte sich höflich, zurückhaltend und angepasst, provozierendes oder aggressives Verhalten konnten in diesem Setting nicht beobachtet werden. Marie arbeitet während der Untersuchung gut motiviert mit, wirkt gleichzeitig deutlich angespannt und unterbricht die Testung durch einen Toilettengang. Insgesamt wird die Testung auf zwei Termine in der gleichen Woche verteilt. Marie versteht die an sie gestellten Testanweisungen problemlos. Das Mädchen fasst im Kontakt zur Testleiterin langsam Vertrauen, ist nach anfänglicher Zurückhaltung im Verlauf zunehmend offener und gesprächig. Ihre Stimme ist leise und wirkt heiser. Auffallend ist, dass sich Marie oft nicht zutraut, schwierige Aufgaben zu lösen, sie sagt, diese seien aber schwer, obwohl sie die Aufgabe letztendlich bravourös meistert.

Weitere Testbefunde. Der Bezugsperson aus dem Kinderheim wird der Fragebogen zum Verhalten von Kindern und Jugendlichen (Child Behavior Checklist, CBCL/4-18) ausgeteilt. Die Bezugsperson beschreibt Marie als psychisch überdurchschnittlich belastet (Gesamtwert T-Wert: 66). Insbesondere im Bereich *Aggressives Verhalten* erreicht das Mädchen einen erhöhten Wert (AV T-Wert 73). Die Ergebnisse zum CBCL/4-18 sind in Tabelle 2 dargestellt.

Tabelle 2: Maries Ergebnisse zur Child Behavior Checklist (CBCL/4-18)

CBCL/4-18	Einschätzung Bezugsperson T-Wert
Sozialer Rückzug (RZ)	56
Körperliche Beschwerden (KB)	62
Ängstlich/Depressiv (AD)	54
Soziale Probleme (SP)	62
Schizoid/Zwanghaft (SZ)	68
Aufmerksamkeitsprobleme (AP)	57
Dissoziales Verhalten (DV)	60
Aggressives Verhalten (AV)	73*
Internalisierende Auffälligkeiten	57
Externalisierende Auffälligkeiten	70*
Gesamtwert	66*

Anmerkung: * klinisch auffällig

Das Junior Temperament und Charakter Inventar (JTCI 3-6) wurde an die Bezugsbetreuerin ausgeteilt. Die Persönlichkeitsausprägung von Marie nach Wahrnehmung der Bezugsperson zeigt ein Mädchen, bei dem das Temperamentsmerkmal *Schadensvermeidung* überdurchschnittlich (T-Wert: 62) sowie der Charakterzug *Kooperativität* unterdurchschnittlich (T-Wert: 39) ausgeprägt sind. Die Bezugsperson erlebt Marie als ein Mädchen, das sich gerne knapp an der Grenze des Erlaubten bewegt (*Regellosigkeit* T-Wert: 67) und gleichzeitig maßvoll und geduldig sein kann (*Extravaganz* T-Wert: 39). Marie wird als überdurchschnittlich schüchtern und zurückhaltend erlebt (*Schüchternheit* T-Wert: 65). Das Mädchen erzielt im Bereich *Soziale Akzeptanz* unterdurchschnittliche Ergebnisse (T-Wert: 30), hat also eher Schwierigkeiten, die Art und den Willen von anderen zu akzeptieren.

8.4.4 Interpretation und Intervention

Interpretation. Bei Marie liegen folgende multiaxialen Diagnosen nach ICD 10 vor: *Achse I* kombinierte Störung des Sozialverhaltens und der Emotionen F92.8; *Achse II* keine umschriebenen Entwicklungsstörungen bekannt; *Achse III* durchschnittliche Intelligenz (IQ 104); *Achse IV* nicht bekannt; *Achse V* Psychische Störung, abweichendes Verhaltens eines Elternteils 2.0, Erziehung in einer Institution 5.0; abweichende Elternsituation 5.1; *Achse VI* deutliche soziale Beeinträchtigung (4).

Marie ist ein durchschnittlich intelligentes Kind. Ihr Intelligenzprofil zeigt keine inter- oder intraindividuelle Variabilität. Die Bereiche *Wahrnehmung Visuell, Aufmerksamkeit Selektiv, Gedächtnis Räumlich-Visuell, Denken Bildlich, Denken Konzeptuell* und *Gedächtnis Auditiv* sind altersgemäß entwickelt, wobei Marie im Bereich *Gedächtnis Phonologisch* im Vergleich zu ihrer Altersgruppe weiter entwickelt ist. In der allgemeinen Entwicklung zeigt Marie im Bereich *Psychomotorik* ein uneinheitliches Profil, insofern das Mädchen im Bereich *Grobmotorik* überdurchschnittliche Ergebnisse und in den Bereichen *Feinmotorik* und *Visuomotorik* unterdurchschnittliche Ergebnisse erzielt. In den einzelnen Bereichen des Funktionsbereiches der *Sozial-Emotionalen Kompetenz* zeigt Marie durchschnittliche Leistungen. Auffallend ist bei der qualitativen Analyse, dass Marie das Gefühl von Wut sehr gut erkennt, ihr jedoch keinerlei Emotionsregulationsstrategien für den Umgang mit diesem Gefühl zur Verfügung stehen. Ebenso ist ihre Antwort zur Frage, was sie tun kann, damit sie nicht mehr traurig ist, dahingehend aufschlussreich, dass sie zum Trost ein Bild ihrer Mutter anschauen würde. Diese Hinweise auf Verlusterleben sind für eine an die Diagnose anschließende Therapie sehr bedeutsam. Besondere Leistungen zeigt Marie in den Bereichen expressive und rezeptive Sprache, was eine wichtige Ressource für das Mädchen darstellt. So ist es ihr aufgrund dieser Fertigkeit möglich, ihren Gefühlen und den bestehenden Problemen auf einer verbalen Ebene Ausdruck zu verleihen. Auch die Ergebnisse bezüglich Maries Leistungsmotivation sprechen für eine gute Leistungsfreude und ein gutes Durchhaltevermögen, wichtig im Hinblick auf eine bevorstehende Schulsituation.

Bezüglich Temperamentsmerkmalen und Charakterzügen erlebt die Bezugsperson aus dem Kinderheim Marie als ein Kind, das sich knapp an der Grenze zum Erlaubten bewegt, was sich auf der Dimension *Regellosigkeit* widerspiegelt. Das Mädchen wird als eher besorgt-vorsichtig und unsozial-opportunistisch wahrgenommen. Bezüglich Maries *Neugierverhalten* und *Verhaltensaktivierung* tendiert das Mädchen eher dazu, maßvoll und geduldig zu sein. Besonders Maries Schwierigkeit, die Art und den Willen anderer zu akzeptieren, führt in der Einrichtung des Kinderheims zu Konfliktsituationen. Das Mädchen selbst berichtet, dass es in der Einrichtung dann zu Streit kommt, wenn sie z. B. von älteren Jungen geärgert werde.

Insgesamt scheint sich Maries aggressives Verhalten auf der Basis einer Verunsicherung und Ängstlichkeit entwickelt zu haben. Welchen möglichen Einfluss eine frühe diffuse cerebrale Schädigung aufgrund eines neonatalen Entzugssyndroms auf die Entstehung und Entwicklung dieser bestehenden Symptomatik genommen haben könnte, bleibt hierbei unbeantwortet. Das Mädchen ängstigt sich vor neuen unkontrollierbaren Situationen und sucht in diesen Zusammenhängen Hilfe und Trost bei Erwachsenen oder reagiert im sozialen Kontext in Gruppen aggressiv. Im Rahmen einer Institution wie die eines Kinderheims macht Marie die Erfahrung, dass ihr durch negatives Verhalten Aufmerksamkeit in einer Gruppe zuteil wird und dadurch ihr Bedürfnis nach Zuwendung erfüllt wird. Dadurch werden Maries aggressive Verhaltensweisen auf der Basis einer Bedürftigkeit negativ verstärkt. In der Zweierbeziehung im Rahmen der Abklärung zeigte das Mädchen keinerlei aggressive oder provokative Verhaltensweisen, zeigte sich vielmehr angepasst und schüchtern. Die Ergebnisse der IDS weisen darauf hin, dass Marie Gefühle von Wut erkennt, ihr jedoch keine adäquaten Emotionsregulationsstrategien zur Verfügung stehen. Dieser Befund spielt für eine therapeutische Anschlussbehandlung eine zentrale Rolle. In Maries psychosozialer Entwicklung wird es entscheidend sein, inwieweit das Mädchen lernt, ihre Emotionen adäquat zu steuern und ihren negativen Gefühlen Ausdruck zu verleihen. Hierbei bedarf das Mädchen Unterstützung und therapeutische Begleitung. Die familiäre Situation und die Trennung von der Mutter werden sicherlich immer wieder zu einer Verunsicherung und emotionalen Instabilität führen.

Intervention. Marie ist ein Mädchen, das ihre Umwelt sehr intensiv und eher als bedrohlich wahrnimmt. Sie zeigt eine niedere Frustrationsschwelle und scheint durch negative Verhaltensweisen Aufmerksamkeit zu erlangen. Das Mädchen verfügt noch nicht in ausreichendem Maße über adäquate Strategien, die ihr bei ihrer Emotionsregulation behilflich wären. Besonders in Gruppensituationen gelingt Marie eine positive Kontaktaufnahme noch nicht. Um Marie in ihrer Entwicklung von sozial-emotionalen Kompetenzen zu unterstützen, empfehlen wir eine therapeutische Begleitung. Hierbei sind neben Einzelsitzungen Gespräche mit den Betreuungspersonen und der Mutter unterstützend angedacht. Für Marie sind positive Erfahrungen im sozialen Kontext wichtig sowie eine positive Verstärkung prosozialer Verhaltensweisen. Ebenso erscheint sehr wichtig, dass Marie unabhängig von ihrem negativen Verhalten Zuwendung erfährt und sich akzeptiert und wertgeschätzt fühlt. Sehr positiv ist, dass sie bereits in eine Pfadfindergruppe geht und außerhalb der Heimeinrichtung Kontakte zu anderen Kindern im erlebnispädagogischen Rahmen aufbauen kann.

8.5 Zusammenfassung

Kinder mit aggressivem Verhalten leiden häufig darunter, ihren Platz in einer Peergroup nicht einnehmen zu können und machen zunehmend negative soziale Erfahrungen. Es entsteht ein Teufelskreislauf von negativen sozialen Erfahrungen, Wut und Enttäuschung, und erneutem aggressiven Verhalten. Hilfreich bei der Testung mit den IDS ist, ein Gesamtbild über die kognitive und allgemeine Entwicklung zu erfassen. Insbesondere der Bereich *Sozial-Emotionale Kompetenz* ermöglicht es, einzuschätzen, inwieweit ein Kind über die Fähigkeiten verfügt, Emotionen zu erkennen, zu regulieren, soziale Situationen zu verstehen und sozial kompetent zu handeln. Das hierbei zur Verfügung gestellte Material ist kindgerecht und sehr anschaulich. Besonders die qualitative Analyse der Antworten in diesem Bereich gibt Hinweise, welche Strategien ein Kind zur Konfliktlösung bereits einsetzt und welche Strategien noch gefördert werden sollten. Diese Hinweise sind hilfreich für eine mögliche anschließende Therapie und unterstützen die Entwicklung von Therapiezielen. Anzumerken sei an dieser Stelle, dass eine differenzierte Darstellung der vom Kind eingebrachten Emotionsregulationsstrategien auf den Protokollbögen einen Mehrwert an Information darstellen würde. Eine kleine Schwäche im Bereich *Sozial Kompetent Handeln* könnte sein, dass die Nennung von mehreren Antworten, hierbei insbesondere die Mischung von adaptiven und maladaptiven Strategien den Eindruck, wie sozial kompetent ein Kind ist, verfälschen könnte, da bei der Auswertung das Mitteln der Antworten die Aussagen relativiert. Daher erscheint eine qualitative Analyse der Antworten wichtig, um spezifische Problembereiche differenziert zu analysieren. Insgesamt ist es mit den IDS gelungen, hilfreiche Informationen im Bereich aggressives Verhalten zu erlangen, deren Ableitungen für die praktische therapeutische Versorgungskette äußerst wertvoll sind.

Literatur

Döpfner, M., Plück, J., Berner, W., Englert, E., Fegert, J. M., Huss, M., Lenz, K., Schmeck, K., Lehmkuhl, G., Lehmkuhl, U. & Poustka, F. (1998). Psychische Auffälligkeiten und psychosoziale Kompetenzen von Kindern und Jugendlichen in den neuen und alten Bundesländern – Ergebnisse einer bundesweit repräsentativen Studie. *Zeitschrift für Klinische Psychologie, 27*, 9–19.

Görtz-Dorten, A., Döpfner, M. & Kinnen, C. (2010). *Fragebogen zum aggressiven Verhalten von Kindern (FAVK)*. Göttingen: Hogrefe.

Grob. A. & Smolenski, C. (2009). *Fragebogen zur Erhebung der Emotionsregulation bei Kindern und Jugendlichen (FEEL-KJ)*. Bern: Huber.

Schmeck, K. (2007). Aggressive Störungen. In H. Remschmidt, F. Mattejat & A. Warnke (Hrsg.), *Therapie psychischer Störungen im Kindes- und Jugendalter. Ein integratives Lehrbuch für die Praxis* (Kap. 25). Stuttgart: Thieme.

Seguin, J. R., Arsenault, L., Boulerice, B., Harden, P. W. & Tremblay, R. (2002). Response perseveration in adolescent boys with stable and unstable histories of physical aggression: the role of underlying processes. *Journal of Child Psychology and Psychiatry, 43*, 481–494.

Steiner, H., Delizonna, L., Saxena, K., Medic, S., Plattner, B. & Haapanen, R. (2005). Does the two factor model of aggression hold for incarcerated delinquents? *Scientific Proceedings of the Annual Meeting of the American Psychiatric Association, Atlanta*.

9 Störungen des Sozialverhaltens

Tania Pérez & Marc Schmid

9.1 Diagnostische Aufgabenstellung des Kindes

Aggressives und delinquentes Verhalten, wie es in Form der *Störung des Sozialverhaltens* als psychische Störung in den gängigen Diagnosesystemen (ICD-10; Dilling, Mombour & Schmidt, 1993 und DSM-IV-TR; Saß, Wittchen, Zaudig & Houben, 2003) klassifiziert wird, ist eine der psychischen Erkrankungen, die sich besonders negativ auf den weiteren Lebensweg eines jungen Menschen auswirken kann, weshalb einerseits erhebliche gesellschaftliche Folgekosten mit diesem Störungsbild einhergehen (Scott et al., 2001), und andererseits neben Kinder- und Jugendpsychiatrie/-psychologie häufig viele psychosoziale Hilfssysteme (Schule, Justiz, Sonderpädagogen, Sozialpädagogische Institutionen) involviert sind. Diese müssen für eine erfolgreiche Intervention entsprechend koordiniert werden (vgl. Henggeler et al., 2009).

Die Störungen des Sozialverhaltens stellen ein sehr heterogenes Störungsbild dar, weshalb an vielen Stellen Verbesserungsvorschläge für eine handlungsweisendere Klassifikation dieser Symptome formuliert wurden. Diese zielen auf die Bildung von verschiedenen Subgruppen als Basis für unterschiedliche evidenzbasierte Therapien ab (vgl. Moffitt et al., 2008). Nach dem DSM-IV-TR wird im Bereich der aggressiven Verhaltensstörungen zwischen einer Störung mit Oppositionellem Trotzverhalten (313.81) und einer Störung des Sozialverhaltens (312.8) differenziert. Die Störung mit Oppositionellem Trotzverhalten zeichnet sich durch ein Muster von aufsässigem und trotzigem Verhalten gegenüber Autoritätspersonen aus (Widersetzen gegenüber Anforderungen von Erwachsenen, Streiten mit Erwachsenen) und geht häufig mit körperlich aggressivem Verhalten gegenüber Gleichaltrigen einher. Weitere Symptome sind eine Neigung schnell wütend zu werden, nachtragendes und boshaftes Verhalten zu zeigen, andere häufig zu ärgern und Schuld von sich zu weisen. Die Diagnosekriterien der Störung des Sozialverhaltens und der Antisozialen Persönlichkeitsstörung dürfen nicht erfüllt sein. Bei der Störung des Sozialverhaltens werden die grundlegenden Rechte anderer und altersentsprechende soziale Normen und Regeln verletzt. Das Störungsbild umfasst aggressive, grenzverletzende und delinquente Verhaltensweisen, die sich in vier Gruppen einteilen lassen: aggressives Verhalten gegenüber Menschen oder Tieren (andere bedrohen, Schlägereien beginnen, etc.), Zerstörung von Eigentum (z. B. Brandstiftung), Betrug oder Diebstahl (Einbruch, lügen, um sich einen Vorteil zu verschaffen, etc.) und schwere Regelverstöße (Weglaufen und Schuleschwänzen). Um die Diagnosekriterien zu erfüllen, müssen mindestens drei Symptome im letzten Jahr aufgetreten sein und mindestens eines davon in den letzten sechs Monaten, die Störung muss zu Beeinträchtigungen in mindestens einem Funktionsbereich führen und die Kriterien einer Antisozialen Persönlichkeitsstörung dürfen nicht erfüllt sein. Die ICD-10 differenziert diese beiden Störungen nicht so stark, sondern beschreibt lediglich eine Störung des Sozialverhaltens mit Oppositionellem Trotzverhalten, bei der die Symptome aber ähnlich beschrieben werden (F91.3). Es gibt aber viele Hinweise darauf, dass es sinnvoll ist, trotz einer erheblichen Überlappung der Symptome, zwischen einer Störung mit Oppositionellem Trotzverhalten und einer Störung des Sozialverhaltens zu differenzieren (Rowe et al., 2005).

Die Angaben zur Prävalenz der Störungen des Sozialverhaltens variieren sehr stark. Canino et al. (2010) konnten zeigen, dass diese Unterschiede v. a. auf methodische Unterschiede in den Studien zurückzuführen sind. In ihrer Metaanalyse berichten sie eine durchschnittliche Prävalenz der Störung mit Oppositionellem Trotzverhalten von 3.3 % und von 3.2 % für die Störung des Sozialverhaltens. Bei Heranwachsenden in der stationären Jugendhilfe leidet fast die Hälfte unter einer Störung mit Oppositionellem Trotzverhalten oder einer Störung des Sozialverhaltens (Schmid, 2007). Beide Störungen treten bei Jungen deutlich häufiger auf als bei Mädchen, weshalb auch diskutiert wird, geschlechtsspezifische Diagnosekriterien einzuführen (Levene et al., 2004; Moffitt et al., 2008). Die Prävalenz der Störung des Sozialverhaltens steigt im Jugendalter an. Bei der Störung mit Oppositionellem Trotzverhalten verhält es sich genau umgekehrt, hier sinken die Prävalenzraten mit steigendem Alter. Dies ist wahrscheinlich auf den häufigen Übergang von der Störung mit Oppositionellem Trotzverhalten zu einer Störung des Sozialverhaltens zurückzuführen.

Häufige komorbide Störungen sind ADHS, Angststörungen und depressive Störungen, wobei die internalisierenden Störungen v. a. bei Kindern mit impulsiv-aggressivem Verhalten auftreten. Bei instrumentell-aggressiven Kindern ist dies wesentlich seltener der Fall (Maughan et al., 2004). Kinder mit instrumentell-aggressivem und kaltherzig unemotionalem Verhalten haben extreme Defizite in ihrer Empathiefähigkeit, ein viel stärker ausgeprägtes dissoziales Verhalten und eine schlechtere Prognose für den Verlauf der Störung als Kinder mit impulsiv-aggressivem Verhalten (Christian et al., 1997; Frick & Viding, 2009).

Das Jugendalter mit seinen spezifischen Entwicklungsaufgaben gilt als eine Lebensphase, in welcher Regelübertretungen und Delinquenz besonders häufig vorkommen. 30 % aller Tatverdächtigen befinden sich im Jugendalter (vgl. Schmid & Kölch, 2009). Aus diesem Grund wird im DSM-IV-TR zwischen Jugendlichen, die bereits im Kindesalter durch aggressives dissoziales Verhalten aufgefallen sind und einer größeren Gruppe von Jugendlichen, bei denen sich das dissoziale Verhalten erst im Jugendalter entwickelt, unterschieden, wobei ein früher Beginn und ein chronischer Verlauf häufig mit einer Vielzahl biologischer, familiärer und allgemeiner psychosozialer Risikofaktoren verbunden sind und mit komorbiden Störungen einhergehen (Moffitt, 2006).

Bei den Störungen des Sozialverhaltens handelt es sich nicht selten um sehr schwerwiegende Störungen, die sich negativ auf den weiteren Lebensweg auswirken können, da Störungen des Sozialverhaltens im Jugendalter nicht nur ein großer Risikofaktor für eine kriminelle Entwicklung, sondern, insbesondere bei Frauen, auch für internalisierende psychische Störungen im Erwachsenenalter darstellen (Copeland et al., 2007; Kim-Cohen et al., 2003).

Die Risikofaktoren für die Entstehung der Störungen des Sozialverhaltens sind sehr vielfältig. Dazu gehören biologische Faktoren, psychosoziale Faktoren (sozioökonomische Benachteiligung, abnorme Familienstruktur, schulische Probleme, etc.) und kindbezogene Faktoren (schwieriges Temperament, sprachliche Defizite, Defizite in der sozialen Informationsverarbeitung, etc.). Ein bedeutender Risikofaktor ist ein Erziehungsverhalten, das durch sehr strenge oder inkonsistente Disziplinierungsmaßnahmen oder mangelnde Kontrolle gekennzeichnet ist (Burke et al., 2002). Aggressive Verhaltensstörungen bei Kindern und Jugendlichen kommen in den unteren sozialen Schichten doppelt so häufig wie in den oberen sozialen Schichten vor (Schlack & Hölling, 2007).

Bei der Diagnostik werden sowohl die Eltern als auch das Kind exploriert. Eine Fremdanamnese ist bei Störungen des Sozialverhaltens unbedingt indiziert, da Betroffene ihre Symptome, selbst bei einer guten Kooperation mit dem Untersucher, oft unterschätzen oder eventuell bewusst oder unbewusst bagatellisieren (Döpfner et al., 2000; Handwerk et al., 1999). Das Ablehnen von Verantwortung für die eigenen Taten und das Lügen sind schließlich Symptome, welche die Definition des Störungsbildes beinhaltet. Die Eltern und das Kind werden bezüglich der aktuellen Symptomatik und Belastung, bezüglich der Entstehungsgeschichte und bezüglich ihrer Lebenssituation befragt. Wenn das Problemverhalten auch in der Schule auftritt, ist es wichtig auch von den Lehrern Informationen einzuholen (z. B. mit Hilfe eines standardisierten Fragebogens). Aufgrund der hohen Komorbidität der Störungen des Sozialverhaltens mit anderen Störungsbildern ist eine ausführliche Diagnostik zu Behandlungsbeginn unerlässlich.

9.2 Einsatz der IDS

Eine fundierte Intelligenzdiagnostik ist für eine umfassende Abklärung bei Störungen des Sozialverhaltens unabdingbar, da diese oft mit Schulproblemen einhergehen (Pajer et al., 2008). Es gibt auch Hinweise für neuropsychologische Defizite (Närhi et al., 2010). Für eine umfassende Therapieplanung ist deshalb eine Einschätzung der exekutiven Funktionen nötig, wobei es in diesem Forschungsbereich widersprüchliche Ergebnisse gibt. Exekutive Funktionen beinhalten neben Gedächtnisfunktionen, die Fähigkeit, seine Aufmerksamkeit aufrechtzuerhalten, die Kapazität, Aufgaben in Einzelteile zu zergliedern und bei der Lösungssuche planvoll vorzugehen, die Fähigkeit, Verhalten zu hemmen und vor der Handlung abzuwägen sowie die Internalisierung von Sprache. Schwierigkeiten in den exekutiven Funktionen können sich in den IDS zum Beispiel durch weit unterdurchschnittliche Ergebnisse in den verschiedenen Untertests (insbesondere zum Gedächtnis) oder durch wildes Rumprobieren aufgrund von fehlenden Strategien bei *Denken Bildlich* sowie in impulsiven Antworten, die auf Probleme bei der Hemmung von Verhaltensimpulsen hindeuten, äußern.

Einige Autoren vertreten die Auffassung, dass Defizite in den exekutiven Funktionen v. a. auf eine Komorbidität mit ADHS zurückgehen (z. B. Clark, Prior & Kinsella, 2000), andere konnten solche Defizite auch unabhängig von ADHS-Symptomen nachweisen (z. B. Toupin et al., 2000). Für die Therapieplanung ist die Klärung der Frage, ob ADHS vorliegt, von besonderem Interesse. Außerdem ist eine Einschätzung des Entwicklungsstandes eines Kindes in den wichtigsten Entwicklungsbereichen wichtig, um gegebenenfalls weitere Abklärungen einleiten zu können. Kinder mit Störungen des Sozialverhaltens haben zum Beispiel häufig verbale Defizite (Speltz et al., 1999), insbesondere wenn auch die Kriterien für eine Aufmerksamkeits-/Hyperaktivitätsstörung erfüllt sind.

Im deutschen Sprachraum stehen für die Intelligenztestung von Vorschul- und Schulkindern verschiedene Verfahren zur Verfügung (z. B. HAWIK-IV, SON-R 5½-17, K-ABC). Für die Entwicklungsdiagnostik liegen für Vorschulkinder ebenfalls mehrere Verfahren vor (z. B. WET, GES, ET 6-6). Die IDS bieten bisher als einziges Verfahren für Schulkinder einen Intelligenzwert und eine vollständige Entwicklungsdiagnostik. Bei Störungen des Sozialverhaltens kommt dem Funktionsbereich *Sozial-Emotionale Kompetenz* eine besondere Bedeutung zu. Die Antworten des Kindes in diesem Bereich liefern wichtige Ansatzpunkte für die Behandlung.

9.3 Fallbeispiel 1: Jan (5;9) mit einer Störung mit Oppositionellem Trotzverhalten

9.3.1 Anamnese und Problembeschreibung

Jan (5;9) ist ein Einzelkind und besucht den Kindergarten. Seine Mutter arbeitet Vollzeit als Sekretärin. Dabei fallen häufig Überstunden an. Der Vater ist gelernter Installateur und lebt schon seit drei Jahren nicht mehr mit der Mutter zusammen. Die Mutter beschreibt den Vater als sehr eifersüchtig und gewalttätig. Momentan sieht Jan seinen Vater sehr selten. Seit zwei Jahren hat die Mutter einen neuen Partner, an dem Jan sehr hängt.

Während den ersten drei Monaten ihrer Schwangerschaft mit Jan habe die Mutter dauernd erbrochen und musste deshalb zwei Wochen im Spital verbringen. Die weitere Schwangerschaft und die Geburt seien unproblematisch verlaufen. Nach Aussage der Mutter wurden alle Meilensteine der Entwicklung zeitgerecht erreicht. Als Jan zwei Jahre alt gewesen sei, hätte er immer großen Durst gehabt und die Windeln seien häufig „übergelaufen". Es wurde Diabetes diagnostiziert. Jan muss seitdem regelmäßig mit Insulinspritzen behandelt werden.

Tagsüber wird Jan entweder im Kindergarten oder im Tagesheim betreut. Dort zeige sich, dass ihn Gruppensituationen schnell langweilen, er viel direkte Ansprache und Betätigung durch die pädagogischen Fachkräfte brauche sowie viele Schwierigkeiten bei Interaktionen mit anderen Kindern habe. Die Erzieherinnen des Tagesheims berichten, dass Jan bei Konflikten schnell überfordert sei und sich dann nicht mehr selbst steuern und seine aggressiven Impulse hemmen könne. Er fluche viel, habe Wutanfälle, beschimpfe andere, streite viel und schlage die anderen Kinder teilweise auch. Eine typische Situation sei, dass Jan während dem Morgenkreis im Kindergarten plötzlich davonlaufe und in einem anderen Zimmer beginne, Dinge herumzuwerfen. Wenn die Erzieherin ihn dann zurückholen wolle, wehre er sich stark. Es sei schon vorgekommen, dass er die Erzieherinnen dann gebissen habe. Im Nachhinein wirke Jan dann meist niedergeschlagen. Die Mutter erlebt Jan ganz anders. Zu Hause gebe es klare Regeln und sie bestrafe ihn auch konsequent, wenn Jan diese Regeln nicht einhalte. Er übernehme auch schon Verantwortung im Haushalt. Seine Aufgabe sei es zum Beispiel den Hund zu füttern.

Die Untersuchung hatte zum Ziel, neben Jans kognitiver Leistungsfähigkeit auch seinen Entwicklungsstand sowie seine sozial-emotionale Kompetenz einzuschätzen, um daraus Förder- und Behandlungsmaßnahmen abzuleiten. Eine erfolgreiche Testung war erst möglich, nachdem er schon zwei Monate teilstationär behandelt worden war, da er sich vorher nicht testen lassen wollte, eine Testung vermutlich nicht durchgehalten und bei Misserfolgserlebnissen sofort abgebrochen hätte.

9.3.2 IDS-Testergebnisse

Kognitive Entwicklung. Die intellektuelle Leistungsfähigkeit von Jan liegt im unterdurchschnittlichen Bereich (IQ = 79; 90 %-Konfidenzintervall IQ = 72–86). Seine Leistung im Untertest *Wahrnehmung Visuell* ist als unterdurchschnittlich (5 WP) einzuschätzen. Seine selektive Aufmerksamkeitsleistung ist durchschnittlich (9 WP). Seine Gedächtnisleistung ist als unterdurchschnittlich einzuschätzen. Bei *Gedächtnis Phonologisch* erreicht er 4 WP, bei *Gedächtnis Räumlich-Visuell* und bei *Gedächtnis Auditiv* jeweils 5 WP. Im Bereich *Denken Bildlich* (9 WP) sowie im Bereich *Denken Konzeptuell* (9 WP) zeigt Jan durchschnittliche Leistungen.

Allgemeine Entwicklung. Im Bereich *Psychomotorik* erreicht Jan in der *Grobmotorik* (9 WP) durchschnittliche Werte, in der *Feinmotorik* (7 WP) knapp durchschnittliche Werte und in der *Visuomotorik* (4 WP) weit unterdurchschnittliche Werte. Die Werte des Funktionsbereichs *Sozial-Emotionale Kompetenz* liegen für *Emotionen Erkennen* (5 WP) und *Soziale Situationen Verstehen* (6 WP) im unterdurchschnittlichen Bereich. Für *Emotionen Regulieren* (7 WP) liegen sie im knapp durchschnittlichen Bereich und für *Sozial Kompetent Handeln* (11 WP) im durchschnittlichen Bereich. Die Leistungen im Untertest *Denken Logisch-Mathematisch* (4 WP) sind als weit unterdurchschnittlich zu betrachten. Im Untertest *Sprache Expressiv* (8 WP) erzielt Jan durchschnittliche Werte, im Untertest *Sprache Rezeptiv* (6 WP) dagegen unterdurchschnittliche. Die *Leistungsmotivation* ist für *Durchhaltevermögen* (10 WP) als durchschnittlich und für *Leistungsfreude* (5 WP) als unterdurchschnittlich zu betrachten.

Stärken und Schwächen. Absolute wie auch relative Schwächen liegen bei Jan im Untertest *Gedächtnis Phonologisch* vor. Defizite zeigen sich auch bei *Wahrnehmung Visuell*, *Gedächtnis Räumlich-Visuell* und *Gedächtnis Auditiv*. Auffällig ist, dass Jan in allen Untertests zum Gedächtnis deutliche Defizite zeigt, was auf Schwierigkeiten im Bereich der exekutiven Funktionen hindeuten könnte. Relative Stärken zeigt Jan bei *Aufmerksamkeit Selektiv*, *Denken Bildlich* und *Denken Konzeptuell*. Bei der allgemeinen Entwicklung zeigt Jan absolute und relative Schwächen bei *Visuomotorik* und *Emotionen Erkennen*. Absolute Schwächen zeigt er bei *Soziale Situationen Verstehen*, *Denken Logisch-Mathematisch* und *Sprache Rezeptiv*. Relative Stärken ergeben sich bei *Grobmotorik* und *Sozial Kompetent Handeln*, wobei sich bei den Antworten bei *Sozial Kompetent Handeln* schon erste Therapieeffekte erkennen lassen, da Jan v. a. Strategien nannte, die er in der Therapie gelernt hat. Jans IDS-Profile sind für die Funktionsbereiche in Abbildung 1 und für die Gesamtentwicklung in Abbildung 2 dargestellt.

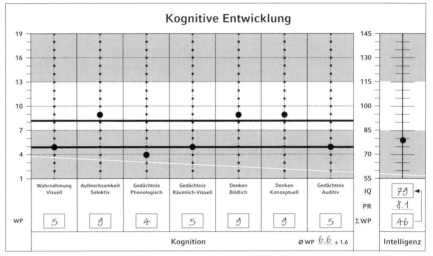
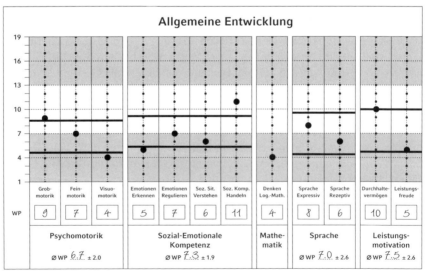

Abbildung 1: IDS-Profil von Jan

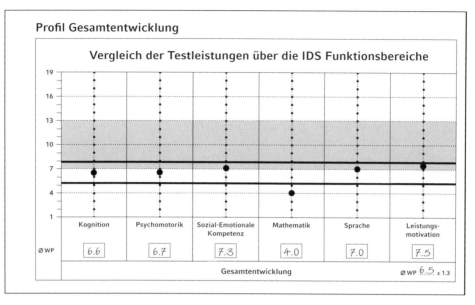

Abbildung 2: IDS-Gesamtprofil von Jan

9.3.2 Weitere Untersuchungsergebnisse

Verhaltensbeobachtung. Während der Testung wirkt Jan sehr verunsichert und in seiner Stimmung gedrückt. Er sagt häufig, die Aufgaben seien für ihn zu schwierig und er könne solche Aufgaben nicht lösen. Die Testleiterin muss ihm sehr oft gut zureden und ihn motivieren den Test weiterzuführen, damit er es trotzdem versucht. Wenn er für das Mitmachen und seine Anstrengungsbereitschaft gelobt wird, reagiert er eher erstaunt. Er selber zeigt von sich aus kaum Freude und Stolz, wenn er eine Aufgabe erfolgreich bewältigt hat. Beim Untertest *Aufmerksamkeit Selektiv* braucht er vergleichsweise lange, um sich die zwei Regeln einzuprägen, arbeitet dann aber recht zügig.

Weitere Testbefunde. Mit der Mutter wurde das diagnostische Interview Kinder-DIPS durchgeführt, aufgrund dessen wurde die Primärdiagnose Störung mit Oppositionellem Trotzverhalten gestellt. Zusätzlich wurde eine Enuresis Nocturna und eine subklinische Aufmerksamkeitsdefizit-/Hyperaktivitätsstörung diagnostiziert, d. h. er erfüllt vier Symptome. Sowohl in der Child Behavior Checklist (CBCL) als auch in der Teacher Report Form (TRF) waren die Werte in der Skala Aggressives Verhalten die höchsten, gefolgt von der Skala Aufmerksamkeitsprobleme.

Im Rahmen einer logopädischen Abklärung wurde eine Sprachentwicklungsverzögerung diagnostiziert. Betroffen sind das Sprachverständnis und die Sprachproduktion (Grammatik und Wortschatz). Das Nachsprechen von Silben bereitet ebenfalls Mühe. Im Frostig Entwicklungstest der visuellen Wahrnehmung 2 (FEW 2) erreicht Jan sowohl in Motorikreduzierte Wahrnehmung als auch in Visuomotorische Integration weit unterdurchschnittliche Ergebnisse. Bei der psychomotorischen Abklärung zeigt sich, dass Jan in der Grobmotorik gut entwickelt ist. Nur die Kraftdosierung fällt ihm noch schwer. Die Feinmotorik ist nicht auffällig, aber er fängt und wirft Bälle noch kleinkindlich mit dem Körper hinter dem Ball und vorbereiteter Armhaltung. Die Graphomotorik ist noch sehr ungesteuert. Bei Menschzeichnungen zeichnet Jan noch Kopffüßler.

9.3.3 Interpretation und Intervention

Interpretation. Die kognitive Leistungsfähigkeit von Jan ist als unterdurchschnittlich einzuschätzen. Deutliche Defizite zeigen sich vor allem im Bereich des Arbeitsgedächtnisses und in der Wahrnehmung. Es zeigen sich beträchtliche Defizite im Bereich der Emotionserkennung und Emotionsregulation sowie in den exekutiven Funktionen. Das unterstreicht die Diagnose einer Störung mit Oppositionellem Trotzverhalten. Im Bereich *Sozial Kompetent Handeln* fällt auf, dass Jan häufig in der Therapie vermittelte Lösungsstrategien genannt hat, zu einem großen Teil kann er diese auch schon anwenden. Außerdem ergaben sich in den IDS sowie in der vertieften Diagnostik Hinweise auf Sprachentwicklungsverzögerungen.

Intervention. Zur Behandlung der Sprachentwicklungsverzögerungen wurden entsprechend logopädische Fördermaßnahmen eingeleitet. Auf eine psychomotorische Förderung wurde vorerst verzichtet. Vor der Einschulung wird wieder eine Abklärung stattfinden, um die Frage zu klären, ob Jan eine Sonderbeschulung braucht.

Es wurde eine multimodale, tagesklinische Behandlung eingeleitet. Im Rahmen einer intensiven milieutherapeutischen Unterstützung wurden eine Einzeltherapie, eine Familientherapie und ein videobasiertes Elterntraining durchgeführt, wodurch die oppositionelle Symptomatik wesentlich reduziert werden konnte. Die Mutter konnte zu Beginn der Behandlung schlecht annehmen, dass Jan ein trotziges Verhalten zeigt, daher wurde ein videobasiertes Elterntraining durchgeführt. Mit der Zeit erkannte sie, dass es auch zwischen ihr und Jan wiederholt zu eskalierenden Situationen kam. Wichtige Themen im Elterntraining waren Verstärkung des prosozialen Verhaltens, adäquate Bestrafungsformen und altersentsprechende Pflichten und Verantwortung. Außerdem wurde sie instruiert, mit Jan zu Hause ein Toilettentraining durchzuführen, ihn für Toilettengänge zu loben und mit einem Punkteplan (Punkte können in gemeinsame Aktivitäten z. B. Schwimmbad, Zoobesuch etc. oder Geschenke eingetauscht werden) zu verstärken. Jan sprach sehr gut auf die Milieu- und Psychotherapie an, weshalb vorerst in Absprache mit der Mutter auf das Einleiten einer Medikation mit Methylphenidat verzichtet wurde. Im Behandlungsverlauf sollte eine erneute Diagnostik und Verhaltensbeobachtung bei schulischen Arbeiten realisiert werden. Die Indikation im Zusammenhang mit der anstehenden Einschulung wird nochmals zu prüfen sein.

Im Rahmen der Testung mit den IDS gab es einige Anzeichen, die für das Vorliegen einer Aufmerksamkeits-/Hyperaktivitätsstörung sprachen und in den ADHS Fragebögen, die das pädagogische Personal (der Tagesklinik und des Tagesheims) ausfüllte, erreichte er ebenfalls heterogene Ergebnisse im Grenzbereich. Der Zusammenhang zwischen seinem Zuckerspiegel und seiner Aufmerksamkeit muss geklärt werden.

9.4 Fallbeispiel 2: Till (9;7) mit einer Störung des Sozialverhaltens

9.4.1 Anamnese und Problembeschreibung

Till (9;7) ist ein lebhafter Junge, der noch sehr jung wirkt. Er besuchte bis vor kurzem, aufgrund von Sprachschwierigkeiten, eine Sonderschule. Seine Mutter ist sehr jung und arbeitet Vollzeit als Verkäuferin. Zu seinem leiblichen Vater habe Till nie Kontakt gehabt. Ein langjähriger Lebenspartner der Mutter, mit dem sie schon während ihrer Schwangerschaft mit Till zusammen war, sei die primäre männliche Bezugsperson für Till. Till sieht ihn, auch nachdem sich seine Mutter von ihm getrennt hat, noch regelmäßig. Till lebt mit seiner Mutter und Halbschwester seit einem Jahr mit dem neuen Partner der Mutter zusammen. Die Kinder verstehen sich gut mit ihm. Schwangerschaft und Geburt seien unproblematisch verlaufen. Nach Angaben der Mutter wurden alle Meilensteine der Entwicklung rechtzeitig erreicht, als Baby habe Till aber sehr viel geschrien. In der Schule gehörte Till von den Leistungen her zu den Besten, aber er brauchte aufgrund seiner Verhaltensprobleme eine Einzelbetreuung. Die Lehrer berichten, er sei in seinem Sozialverhalten noch sehr kindlich. Das zeige sich v. a. dadurch, dass er egozentrisch im Spiel sei, dass er häufig Babysprache verwende und dass er schnell anfange zu weinen. Deswegen, und auch weil es häufig vorgekommen sei, dass er tagsüber eingenässt habe, war er in der Schule ein Außenseiter. Er habe immer wieder Auseinandersetzungen mit anderen Schülern, er provoziere andere und sei gewalttätig. Er fange auch mit stärkeren Kindern Schlägereien an und sei dabei schon verletzt worden. Zu Hause komme es häufig zu Machtkämpfen mit der Mutter. Nach einem Streit sei er nachts auch schon weggelaufen. Er habe die Mutter schon geschlagen und stehle ihr häufig Geld. Außerdem habe er auch schon Fahrräder gestohlen. Gegenüber seiner Schwester sei Till so grob, dass die Mutter Angst hat, ihn mit seiner Schwester allein zu lassen. Er zeige in letzter Zeit vermehrt sexualisiertes Verhalten und habe kein Schamgefühl. Die Untersuchung hatte zum Ziel, Tills Leistungsfähigkeit und seinen emotionalen Entwicklungsstand einzuschätzen, um daraus Förder- und Behandlungsmaßnahmen abzuleiten.

9.4.2 IDS-Testergebnisse

Kognitive Entwicklung. Die intellektuelle Leistungsfähigkeit von Till liegt im durchschnittlichen Bereich (IQ = 95; 90 %-Konfidenzintervall IQ = 88–102). In den Aufgaben zum Untertest *Wahrnehmung Visuell* (11 WP) zeigt er durchschnittliche Leistungen. Bei *Aufmerksamkeit Selektiv* erreicht er ebenfalls einen durchschnittlichen Wert (13 WP). Die Gedächtnisleistungen sind unterdurchschnittlich. In den Untertests *Gedächtnis Phonologisch* (5 WP) und *Gedächtnis Räumlich-Visuell* (6 WP) zeigt Till unterdurchschnittliche Leistungen und im Untertest *Gedächtnis Auditiv* (2 WP) eine weit unterdurchschnittliche Leistung. Bei *Denken Bildlich* (13 WP) und *Denken Konzeptuell* (12 WP) erzielt er jeweils durchschnittliche Leistungen.

Allgemeine Entwicklung. In der *Grobmotorik* (10 WP) und *Feinmotorik* (10 WP) erreicht Till jeweils durchschnittliche Werte, in der *Visuomotorik* hingegen unterdurch-

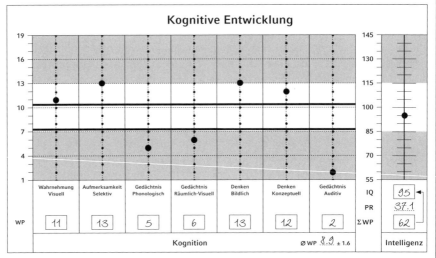

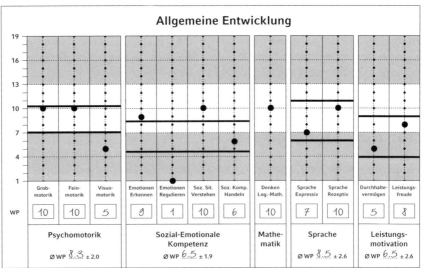

Abbildung 3: IDS-Profil von Till

schnittliche Werte (5 WP). Im Funktionsbereich *Sozial-Emotionale Kompetenz* zeigt Till unterschiedliche Leistungen. In den Untertests *Emotionen Erkennen* (9 WP) und *Soziale Situationen Verstehen* (10 WP) liegen seine Werte im Normbereich der Altersgruppe. Im Untertest *Emotionen Regulieren* (1 WP) erzielt er weit unterdurchschnittliche Ergebnisse und im Untertest *Sozial Kompetent Handeln* (6 WP) unterdurchschnittliche Ergebnisse. Die Leistungen in *Denken Logisch-Mathematisch* (10 WP) sind als durchschnittlich zu betrachten. Bei *Sprache Expressiv* (7 WP) und *Sprache Rezeptiv* (10 WP) erzielt er jeweils durchschnittliche Werte. Die *Leistungsmotivation* ist für *Durchhaltevermögen* (5 WP) als unterdurchschnittlich und für *Leistungsfreude* (8 WP) als durchschnittlich zu bezeichnen.

Stärken und Schwächen. Absolute wie auch relative Schwächen zeigen sich bei Till sehr deutlich im Bereich Gedächtnis, sowohl bei *Gedächtnis Phonologisch* als auch bei *Gedächtnis Räumlich-Visuell* und *Gedächtnis Auditiv*. In den anderen vier Bereichen der kognitiven Entwicklung (*Wahrnehmung Visuell, Aufmerksamkeit Selektiv, Denken Bildlich* und *Denken Konzeptuell*) liegen Tills relative Stärken. Im Funktionsbereich *Psychomotorik* weist er eine absolute und relative Schwäche bei der *Visuomotorik* auf, was vor allem mit seiner Ungeduld zu tun haben dürfte. Innerhalb des Funktionsbereichs *Sozial-Emotionale Kompetenz* zeigt sich ein unausgeglichener Entwicklungsstand. Eine absolute wie auch relative Schwäche zeigt Till bei *Emotionen Regulieren*. Absolute Defizite zeigen sich auch im Untertest *Sozial Kompetent Handeln*. Bei *Emotionen Erkennen* und *Soziale Situationen Verstehen* zeigen sich hingegen relative Stärken. Beim *Durchhaltevermögen* weist Till im Vergleich zu gleichaltrigen Kindern Defizite auf. Tills IDS-Profile sind für die Funktionsbereiche in Abbildung 3 und für die Gesamtentwicklung in Abbildung 4 dargestellt.

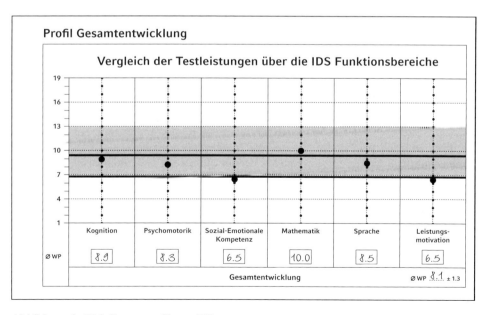

Abbildung 4: IDS-Gesamtprofil von Till

9.4.3 Weitere Untersuchungsergebnisse

Verhaltensbeobachtung. Während der Untersuchung arbeitet Till motiviert mit. Er ist von Anfang an sehr gesprächig und nimmt sehr schnell, fast undifferenziert, Kontakt zur Testleiterin auf. Im Verlauf der Testung muss allerdings die Motivation immer wieder hergestellt und der Test zügig durchgeführt werden, da Till schnell ungeduldig, motorisch unruhig wird und nicht ruhig sitzen kann. Bei jedem Untertest freut er sich zuerst, verliert dann aber schon nach ein paar Aufgaben und bei steigendem Schwierigkeits- und von ihm geforderten Anstrengungsgrad das Interesse und teilt mit, ihm sei langweilig, er wolle eine neue Aufgabe. Bei einigen Aufgaben (z. B. bei *Denken Bildlich*) ist zu beobachten, dass er wild rumprobiert und es ihm noch schwerfällt, planvoll vorzugehen und eine komplexe Aufgabe in ihre Einzelteile zu zerlegen. Häufig fällt auf, dass Till sehr impulsiv antwortet, Dinge eher oberflächlich wahrnimmt und sich nicht die nötige Zeit nimmt, die Komplexität der einzelnen Aufgaben gänzlich zu erfassen und dadurch vermeidbare Fehler produziert.

Nur bei *Aufmerksamkeit Selektiv* ist er, aufgrund des großen Zeitdrucks, bis zum Schluss mit Freude dabei. Bei Ball fangen und werfen wirft er den Ball zuerst nicht so, dass die Testleiterin ihn fangen kann, sondern versucht die Testleiterin mit dem Ball zu bewerfen. Bei den Aufgaben zu *Sozial-Emotionale Kompetenz* wird Till plötzlich ganz ruhig und wirkt traurig. Die Fragen bereiten ihm Mühe und bei *Emotionen Regulieren* kann er gar keine Frage beantworten. Er ist sichtlich erleichtert, als es mit anderen Aufgaben weitergeht.

Weitere Testbefunde. Aufgrund des mit der Mutter durchgeführten Kinder-DIPS wurde die Primärdiagnose Störung des Sozialverhaltens gestellt. Zusätzlich wurden eine Aufmerksamkeitsdefizit-/Hyperaktivitätsstörung und eine Enuresis Nocturna und Diurna diagnostiziert. Sowohl in der Child Behavior Checklist als auch in der Teacher Report Form waren die Werte in der Gesamtskala sehr hoch (T-Wert > 75 CBCL, T-Wert > 70 TRF). Sowohl die Werte in der Skala externalisierende als auch diejenigen der Skala internalisierende Probleme lagen im weit auffälligen Bereich. Till lag in allen Subskalen, außer der Skala körperliche Beschwerden und Schizoid-Zwanghaft, über dem klinisch-relevanten Grenzwert. Es liegt ein aktueller HAWIK-IV aus einer schulpsychologischen Untersuchung vor, indem Till mit einem IQ von 95 ein fast identisches Intelligenztestergebnis bezüglich des Gesamtwertes erzielte. Auch dort zeigten sich Schwächen im auditiven Kurzzeitspeicher. Im Allgemeinen Verständnis erreichte er im HAWIK-IV aber durchschnittliche Werte. Die Logopädin, bei der Till bis vor kurzem in Behandlung war, berichtet, dass Till keine Sprachentwicklungsverzögerung mehr aufweist, was auch die durchschnittlichen IDS-Ergebnisse in diesem Entwicklungsbereich bestätigen.

9.4.4 Interpretation und Intervention

Interpretation. Die kognitive Leistungsfähigkeit von Till ist als durchschnittlich einzuschätzen, wobei sich deutliche Schwächen im Bereich des Arbeitsgedächtnisses, der Handlungsplanung und in seinem Arbeitsverhalten zeigen. Die psychometrischen Testergebnisse unterstreichen die Diagnose einer Störung des Sozialverhaltens und einer

Aufmerksamkeitsdefizit-/Hyperaktivitätsstörung. Es zeigen sich erhebliche Defizite im Bereich der exekutiven Funktionen sowie auch im Bereich der Emotionsregulation und des sozial-kompetenten Handelns. Bei *Emotionen Regulieren* konnte Till gar keine Frage beantworten und bei *Sozial Kompetent Handeln* wurde deutlich, dass er noch keine effektive Strategie entwickelt hat, um eine schwierige soziale Situation selbstständig zu meistern. Seine häufigste Antwort war, dass er einen Erwachsenen zu Hilfe holen würde, wobei er nie seine Mutter nannte. Bei *Soziale Situationen Verstehen* bereitete ihm die zwischenmenschliche Konfliktsituation sehr große Mühe. Die Verkehrssituation konnte er dagegen problemlos erklären.

Intervention. Im Rahmen einer multimodalen, stationären kinder- und jugendpsychiatrischen Behandlung konnte die aggressive und dissoziale Symptomatik wesentlich reduziert werden. Till schien sehr von einem milieutherapeutischen Umfeld mit klaren Anweisungen und Abläufen und einer konsequenten Verstärkung prosozialer Verhaltensweisen (Tagesreflexionen) zu profitieren. Außerdem wurde mit ihm ein Toilettentraining mit entsprechender positiver Verstärkung durchgeführt.

Zudem erfolgte eine medikamentöse Kombinationsbehandlung mit Methylphenidat und Risperidon, welche seine Konzentrationsfähigkeit, Selbststeuerungsfähigkeit und Impulskontrolle wesentlich unterstützte. Diese wurden selbstverständlich auch in Einzelsitzungen angegangen, in denen mit Till im Rahmen von Rollenspielen der adäquate Umgang mit Provokationen sowie Möglichkeiten der Abgrenzung und des Ärgerausdrucks eingeübt wurden. Außerdem wurde mit ihm mit Spannungsprotokollen und Detektivbögen an der Selbstbeobachtung von innerer Anspannung und prosozialem Verhalten gearbeitet. Seine Daueraufmerksamkeit und Wahrnehmung wurden im Rahmen des Unterrichts in der Klinikschule mit Hilfe von Selbstinstruktionstrainings verbessert.

Durch intensive Elternberatung und einem gezielten videobasierten Elterntraining lernte die Mutter richtig, Aufforderungen zu äußern und Till begleitend zu loben, so dass sich die Mutter-Kind-Beziehung wesentlich verbesserte und die Beurlaubungswochenenden sehr positiv verliefen. Dennoch wurde deutlich, dass Till einen sehr hohen pädagogischen Bedarf aufweist und von einem strukturierten sozialpädagogischen Setting profitiert, so dass eine erfolgreiche Beschulung sowie ein Ausschöpfen seines kognitiven Potenzials wohl nur im Rahmen einer sonderpädagogischen Förderung sichergestellt werden kann. Deshalb wurde mit der Familie und dem Amt für Kindes- und Jugendschutz nach einem geeigneten Platz in einem Schulheim gesucht, in welchem Till durch eine enge Verschränkung von Schule und milieutherapeutischer Arbeit weiterhin eine optimale Förderung erfährt und sich die Mutter-Kind-Beziehung durch die begleitende Elternarbeit und einer Entlastung von schulischen Themen und typischen Alltagsproblemen weiter verbessern kann.

9.5 Zusammenfassung

Gerade bei der Interpretation von psychometrischen Leistungstests bei Kindern mit externalisierenden Störungen ist es wichtig, sich zu verdeutlichen, dass man nie die „wahren Fähigkeiten" einer Person beurteilen kann, sondern immer nur eine Testleistung beurteilt, von der man dann auf die Fähigkeiten einer Person schließt. In die Testleistungen fließen immer auch motivationale Faktoren, die Möglichkeit, die Beziehung zur Testleiterin und zum Testleiter kooperativ zu gestalten sowie andere Komponenten wie Schwächen der Aufmerksamkeit und der exekutiven Funktionen ein. All diese Bereiche sind durch externalisierende psychische Störungen schwer beeinträchtigt. Dies muss sich aber nicht zwangsläufig negativ auf die Validität des Testverfahrens auswirken, da diese Fertigkeiten und Persönlichkeitseigenschaften sich fast noch massiver auf die Außenkriterien der meisten kognitiven Leistungstests auswirken und zum Beispiel auch den Schulerfolg wesentlich beeinflussen. Dies verdeutlicht einerseits wie immens wichtig eine gute Verhaltensbeobachtung des Kindes in der Testssituation für die verlässliche Einordnung von Testergebnissen ist, andererseits zeigt dies auch, wie wichtig ein Testmaterial mit hohem Aufforderungscharakter ist.

Eine große Stärke der IDS liegt sicherlich in der Möglichkeit durch das vielseitige, abwechslungsreiche Testmaterial eine sehr angenehme Untersuchungsatmosphäre zu schaffen, die es somit ermöglicht, die Motivation der zu testenden Kinder aufrechtzuerhalten und trotzdem das Arbeitsverhalten abschließend beurteilen zu können. Ein weiterer Vorteil ist, dass sich aus den Verhaltensbeobachtungen und den Testprofilen direkt auch Strategien für die Therapieplanung ableiten lassen.

Gerade für externalisierende Störungen sind auch die Screenings für verschiedene Entwicklungsstörungen ein großer Vorteil gegenüber reinen Intelligenztests, da sie einen Anhaltspunkt für Defizite in den wichtigsten Entwicklungsbereichen geben. Viele Entwicklungsverzögerungen, wie zum Beispiel sprachliche oder motorische Defizite, gehen nicht selten mit der Entwicklung von disruptiven Störungen einher. Ein standardisiertes Screeningverfahren ist dabei von großem Vorteil, da es vielen Eltern von Kindern mit externalisierenden Störungen schwerfällt, den Entwicklungsstand ihres Kindes in diesen Bereichen korrekt einzuschätzen.

Gerade bei Kindern mit Störungen des Sozialverhaltens sind die IDS-Ergebnisse im Bereich *Sozial-Emotionale Kompetenz* sehr wertvoll, da sie wichtige Informationen für die Therapieplanung liefern können. Eine Schwierigkeit bei der Diagnostik mit den IDS in diesen Bereichen bei der Anwendung in therapeutischen Settings ist, dass die Fragen das Wissen eines Kindes zu adaptiven Emotionsregulationsstrategien und Verhaltensweisen einschätzen und nicht das tatsächliche Verhalten selbst (siehe auch Meyer, Hagmann-von Arx & Grob, 2009). So ist es möglich, dass manche Kinder hier Antworten produzieren, die sie in der Therapie gehört haben, aber nur teilweise umsetzen können. Bei Kindern, die sehr schnell viele Antworten produzieren, ist die adäquate Bewertung der Antworten dann oft schwierig. In diesem Bereich wären weitere Forschungsarbeiten wünschenswert, um den Einfluss von therapeutischen Interventionen und den Effekt von Erwartungen der Testleiterin oder des Testleiters an das Antwortverhalten der Kinder besser einordnen zu können.

Insgesamt erweitern die IDS das Spektrum der diagnostischen Möglichkeiten im Bereich der Störungen des Sozialverhaltens aber wesentlich, da sich viele Aspekte und häufige Komorbiditäten reliabel, sehr valide, ökonomisch und in einer Art und Weise, die den zu testenden Kindern (und den Testleiterinnen und den Testleitern) auch Spaß macht, erfassen lassen.

Literatur

Burke, J. D., Loeber, R. & Birmaher, B. (2002). Oppositional defiant disorder and conduct disorder: A review of the past 10 years, part II. *Journal of the American Academy of Child & Adolescent Psychiatry, 41,* 1275–1293.

Canino, G., Polanczyk, G., Bauermeister, J. J., Rohde, L. A. & Frick, P. J. (2010). Does the prevalence of CD and ODD vary across cultures? *Social Psychiatry and Psychiatric Epidemiology, 45,* 695–704.

Christian, R. E., Frick, P. J., Hill, N. L., Tyler, L. & Frazer, D. R. (1997). Psychopathy and conduct problems in children: II. Implications for subtyping children with conduct problems. *Journal of the American Academy of Child & Adolescent Psychiatry, 36,* 233–241.

Clark, C., Prior, M. & Kinsella, G. J. (2000). Do executive function deficits differentiate between adolescents with ADHD and oppositional defiant/conduct disorder? A neuropsychological study using the Six Elements Test and Hayling Sentence Completion Test. *Journal of Abnormal Child Psychology, 28,* 403–414.

Copeland, W. E., Miller-Johnson, S., Keeler, G., Angold, A. & Costello, E. J. (2007). Childhood psychiatric disorders and young adult crime: a prospective, population-based study. *American Journal of Psychiatry, 164,* 1668–1675.

Dilling, H., Mombour, W. & Schmidt, M. H. (Hrsg.). (1993). *Internationale Klassifikation psychischer Störungen. ICD-10 Kapitel V (F). Klinisch-diagnostische Leitlinien.* Bern: Huber.

Döpfner, M., Frölich, J. & Lehmkuhl, G. (2000). *Leitfaden Kinder- und Jugendpsychotherapie: Hyperkinetische Störungen* (Band 1). Göttingen: Hogrefe.

Frick, P. J. & Viding, E. (2009). Antisocial behavior from a developmental psychopathology perspective. *Development and Psychopathology, 21,* 1111–1131.

Handwerk, M. L., Larzelere, R. E., Soper, S. H. & Friman, P. C. (1999). Parent and child discrepancies in reporting severity of problem behaviors in three out-of-home settings. *Psychological Assessment, 11,* 14–23.

Henggeler, S. W., Schoenwald, S. W., Borduin, S. W., Rowland, M. D. & Cunningham, Ph. D. (2009). *Multisystemic Therapy for Antisocial Behavior in Children and Adolescents.* Second Edition. New York: Guilford Press.

Kim-Cohen, J., Caspi, A., Moffitt, T. E., Harrington, H., Milne, B. J. & Poulton, R. (2003). Prior juvenile diagnoses in adults with mental disorder: developmental follow-back of a prospective-longitudinal cohort. *Archives of General Psychiatry, 60,* 709–717.

Levene, K. S., Walsh, M. M., Augimeri, L. K. & Pepler, D. J. (2004). Linking identification and treatment of early risk factors for female delinquency. In M. M. Moretti, C. L. Odgers & M. A. Jackson (Eds.), *Girls and aggression. Contributing factors and intervention principles* (pp. 147–163). New York: Kluwer Academic/Plenum Publishers.

Maughan, B., Rowe, R., Messer, J., Goodman, R. & Meltzer, H. (2004). Conduct Disorder and Oppositional Defiant Disorder in a national sample: Developmental epidemiology. *The Journal of Child Psychology and Psychiatry, and allied disciplines, 45,* 609–621.

Meyer, C. S., Hagmann-von Arx, P. & Grob, A. (2009). Die Intelligence and Development Scale Sozial-Emotionale Kompetenz (IDS-SEK). Psychometrische Eigenschaften eines Tests zur Erfassung sozial-emotionaler Fähigkeiten. *Diagnostica, 55,* 234–244.

Moffitt, T. E. (2006). Life-course persistent versus adolescence-limited antisocial behavior. In C. Cicchetti & D. J. Cohen (Eds.), *Developmental psychopathology, Vol 3: Risk, disorder, and adaption* (pp. 570–598). New York: Wiley.

Moffitt, T. E., Arseneault, L., Jaffee, S. R., Kim-Cohen, J., Koenen, K. C., Odgers, C. L., et al. (2008). Research review: DSM-V conduct disorder: research needs for an evidence base. *The Journal of Child Psychology and Psychiatry, and allied Disciplines, 49,* 3–33.

Närhi, V., Lehto-Salo, P., Ahonen, T. & Marttunen, M. (2010). Neuropsychological subgroups of adolescents with conduct disorder. *Scandinavian Journal of Psychology, 51,* 278–284.

Pajer, K., Chung, J., Leininger, L., Wang, W., Gardner, W. & Yeates, K. (2008). Neuropsychological function in adolescent girls with conduct disorder. *Journal of the American Academy of Child and Adolescent Psychiatry, 47,* 416–425.

Rowe, R., Maughan, B., Costello, E. J. & Angold, A. (2005). Defining oppositional defiant disorder. *Journal of Child Psychology & Psychiatry, 46,* 1309–1316.

Saß, H., Wittchen, H.-U., Zaudig, M. & Houben, I. (2003). *Diagnostisches und Statistisches Manual Psychischer Störungen – Textrevision – DSM-IV-TR.* Göttingen: Hogrefe.

Schlack, R. & Hölling, H. (2007). Gewalterfahrungen von Kindern und Jugendlichen im subjektiven Selbstbericht. Erste Ergebnisse aus dem Kinder- und Jugendgesundheitssurvey (KiGGS). *Bundesgesundheitsblatt Gesundheitsforschung Gesundheitsschutz, 50,* 819–826.

Schmid, M. (2007). *Psychische Gesundheit von Heimkindern. Eine Studie zur Prävalenz psychischer Störungen in der stationären Jugendhilfe.* Weinheim: Juventa.

Schmid, M. & Kölch, M. (2009). Kinder- und Jugendkriminalität. In J. Müller (Hrsg.), *Neurobiologie forensisch relevanter psychischer Störungen* (S.195–212). Stuttgart: Kohlhammer.

Scott, S., Knapp, M., Henderson, J. & Maughan, B. (2001). Financial cost of social exclusion: Follow up study of antisocial children into adulthood. *BMJ: British Medical Journal, 323,* 191.

Speltz, M. L., DeKlyen, M., Calderon, R., Greenberg, M. T. & Fisher, P. A. (1999). Neuropsychological characteristics and test behaviors of boys with early onset conduct problems. *Journal of Abnormal Psychology, 108,* 315–325.

Toupin, J., Dery, M., Pauze, R., Mercier, H. & Fortin, L. (2000). Cognitive and familial contributions to conduct disorder in children. *The Journal of Child Psychology and Psychiatry, and allied disciplines, 41,* 333–344.

10 Asperger-Syndrom

Matthias Huber, Maria Asperger Felder, Esther Manser, Wilhelm Felder & Dorothée Loppacher

10.1 Diagnostische Aufgabenstellung des Kindes

Mit dem Begriff „Autistische Psychopathen im Kindesalter" beschrieb Hans Asperger (1938, 1944) eine Gruppe von Kindern, deren Störung heute unter der Bezeichnung Asperger-Syndrom bekannt ist. In den Diagnostischen Manualen (ICD-10 und DSM-IV) wird das Asperger-Syndrom (AS) zu den Autismus Spektrumsstörungen (ASS) gezählt. Simon Baron-Cohen, einer der führenden Autismusspezialisten, spricht nicht mehr von einer Krankheit im eigentlichen Sinn, sondern von einer angeborenen (und lebenslänglichen) Besonderheit oder Bedingung (Autism Spectrum Condition) dieser Menschen, bei welcher Kognition und Wahrnehmungsverarbeitung betroffen sind. Diese Besonderheit prägt das Wesen seit Geburt und hat Einfluss auf das Denken, die sozialen Fertigkeiten, die Emotionen, die Interaktion und die Handlungsfähigkeit. Die Ausprägung kann unterschiedlich stark sein (deutliche Eigenartigkeit eines Kindes bis zu schwerer Auffälligkeit, die eine Behinderung der Entwicklung darstellt). AS-Betroffene entwickeln im Laufe ihres Lebens Strategien, um mit den an sie gestellten Anforderungen zurechtzukommen.

Es wird heutzutage eine Prävalenz von 0,6 % für ASS (Fombonne, 2005, 2009) angenommen. Knaben sind häufiger betroffen und in einer anderen Art auffällig als Mädchen. Mehrheitlich wird eine genetische Ursache angenommen.

Diagnosestellung. Folgende Kriterien müssen für die Diagnosestellung eines AS erfüllt sein (Remschmidt & Kamp-Becker, 2006):
- Betroffenheit seit frühester Kindheit, wie bei den anderen ASS.
- Qualitative Auffälligkeiten der sozialen Interaktion: Desinteresse am Kontakt zu Gleichaltrigen, Bevorzugung von Selbstgewähltem, Spielen für sich allein, Unfähigkeit, den Kontakt mit anderen zu gestalten, Nichtverstehen von sozialen Situationen. Unverständnis für die Gedanken, Affekte und Überzeugungen anderer.
- Qualitative Auffälligkeiten der Kommunikation: Auffällige Sprache (Prosodie, Verständlichkeit, pedantische Sprache); Schweigsamkeit, wechselnd mit Spontansprache (im Interessengebiet); Schwierigkeit, mit anderen in Kontakt zu treten, ein Gespräch zu führen, Bedürfnisse angemessen kundzutun; wortwörtliches Verstehen der Sprache.
- Restriktive, stereotype Verhaltensweisen, fixierte Interessen (bis zu Spezialinteressen), Stereotypien, zwanghaftes Festhalten an Gleichbleibendem.
- Häufig besteht eine ausgeprägte Detailwahrnehmung (Müller & Nussbeck, 2006).
- Auffälligkeiten in der sensorischen Wahrnehmung (dadurch ausgeprägtes Gestörtsein).
- Eingeschränkte Handlungskompetenz.

Kinder kommen oft erstmals zur Abklärung, wenn sie Schwierigkeiten mit dem Kontakt zu Gleichaltrigen haben. Später, wenn sie die kognitiven, sozialen und emotionalen Aufgaben der Schule erfüllen müssen. Eine Betroffenheit durch das AS kann als Persönlichkeitsstruktur bei einer Reihe vordergründiger, anderer Symptome vorhanden sein: Schulisches Versagen, Schulverweigerung, Oppositionelles Verhalten, Ängste, Ausschluss aus der Gleichaltrigengruppe, Dissoziales Verhalten, Mobbingerfahrung, Zwanghaftes Verhalten, Schlafstörungen, Psychosomatische Beschwerden, Depressive Entwicklung (Remschmidt & Kamp-Becker, 2006).

Zur Diagnose einer Persönlichkeitsstruktur aus dem Autistischen Spektrum – Asperger-Syndrom stehen unterschiedliche Verfahren zur Verfügung:
- Klinische Beobachtungsinstrumente: ADOS (Diagnostische Beobachtungsskala für Autistische Störungen, Lord et al., 2001), ASDI (Asperger-Diagnostik-Interview, Steinhausen 2002).
- Tests zur Prüfung einzelner Fertigkeiten: z. B. Reading the Mind in the Eyes Test, Kinderversion (Baron-Cohen et al., 2001).
- Fragebögen für Eltern, Betreuer: FSK (Fragebogen zur sozialen Kommunikation, Bölte & Poustka, 2006), SRS (Skala zur Erfassung sozialer Reaktivität, Bölte & Poustka, 2008).
- Selbstbeurteilungsbögen (für Erwachsene): AQ (Autism Quotient, Baron-Cohen et al., 2001), EQ (Empathy Quotient, Baron-Cohen & Wheelright, 2004).

Anamnese. Trotz all dieser Instrumente ist eine genaue Anamnese, sowie die klinische Beobachtung (Beobachtung in der Testsituation, Interaktion in der Gleichaltrigengruppe) für eine Diagnose unabdingbar erforderlich. Dabei können/müssen Auffälligkeiten bei folgenden Entwicklungsaufgaben gefunden werden (Asperger Felder, 2010):
- Blickkontakt, Interesse am Kontakt mit Menschen, Fixierung auf Gegenstände.
- Soziales Lächeln, Lautieren.
- Erste Spiele und Interessen, gemeinsam geteilte Aufmerksamkeit.
- Entwicklung der Sprache, Austausch und Fragenstellen.
- Spiele mit Geschwistern, mit anderen Kindern.
- Erste Kontakte mit Gleichaltrigen, gemeinsame Spiele/Rückzugsverhalten.
- Umgang mit alltagspraktischen Verrichtungen: Anziehen, Zähneputzen, Sauberkeitsentwicklung.
- Gestalten eines Gesprächs, Sprachlosigkeit, Spontansprache.
- Bevorzugte Beschäftigung, Umgang mit Anforderungen von Außen.
- Beharren auf Gleichbleibendem, Umgang mit Veränderungen.

Klinische Beobachtung. Gestaltung des Kontaktes, Interaktion und Kommunikation:
- Spiele, Verstehen der anderen (Theory of Mind), Kooperation und Sich-wehren-können.
- Informationsverarbeitung: Reaktion auf Informationen und sensorische Reize.

10.2 Einsatz der IDS

Kinder mit AS zeigen oft ein inhomogenes Intelligenz- und Entwicklungsprofil (Bölte & Bormann-Kischkel, 2009; Zander & Dahlgren, 2010). Ein Verfahren, welches den Entwicklungsstand in verschiedenen Funktionsbereichen aufzeigt, ist demnach empfehlenswert. Die IDS bieten im Gegensatz zu anderen Intelligenz- und Entwicklungstests eine Einschätzung der sozial-emotionalen Fähigkeiten, was als Vorteil gewichtet werden kann. Materialien allgemeiner Entwicklungstests sind häufig farblich bunt und bieten dem zu testenden Kind die Möglichkeit, auf spielerische Art zu zeigen, was es kann. Kinder mit AS reagieren auf zu viele Reize und offene Aufgabenstellungen mit inneren Blockaden und Rückzug. Entwicklungstests neueren Datums wie der ET 6-6 (Petermann, Stein & Macha, 2006) und der WET (Kastner-Koller & Deimann, 2002) sind für Kinder unter 7 Jahren. Der PEP (Psychoeducational Profile/Entwicklungs- und Verhaltensprofil: Förderung autistischer und entwicklungsbehinderter Kinder) und der AAPEP (Adult and Adolescent Psychoeducational Profile/Entwicklungs- und Verhaltensprofil für Jugendliche und Erwachsene) von Schopler et al. (2004) sind förderdiagnostische Verfahren für Menschen mit Autismus, welche eher mit stark ausgeprägten Einschränkungen leben und somit für Kinder mit AS eher weniger bzw. ungeeignet. Der ADOS ist ein klinisch-diagnostisches Verfahren und bietet kein Intelligenz- oder Entwicklungsprofil (Lord et al., 2002). Weitere Testalternativen zu den IDS sind der HAWIK-IV, K-ABC, der CPM und der SPM (Dawson et al., 2007), jedoch messen letztere zwei nur einen kleinen umschriebenen Teil der Intelligenz. Die IDS ersetzen keine autismusspezifischen, klinischen und förderdiagnostischen Verfahren, können aber Hinweise bieten, eine weiterführende Abklärung zu empfehlen.

10.3   Fallbeispiel 1: Theo (10;3) mit Asperger-Syndrom

10.3.1 Anamnese und Problembeschreibung

Theo (10;3) besucht die fünfte Klasse und hat einen drei Jahre älteren Bruder. Theos Mutter ist Hausfrau, sein Vater arbeitet in der Erwachsenenbildung. Beide kümmern sich um die Erziehung.

Schwangerschaft und Geburt von Theo verliefen unauffällig. Theo war ein pflegeleichter Säugling, der wenig Schlaf brauchte und ruhig war in seinem Verhalten. Theos Essverhalten sei auffällig, seit er feste Kost zu sich nehme. Die Speisen auf seinem Teller dürfen nicht vermischt sein und werden nur nacheinander gegessen. Motorische Entwicklung und Sprachentwicklung verliefen zeitgerecht, doch habe Theo bis heute Mühe mit der Artikulation und besuche logopädischen Unterricht. Er verstehe nur das Wortwörtliche in der Sprache. Mit fünf Jahren wurde im Kinderspital eine Verzögerung der sozial-kommunikativen Fähigkeiten festgestellt ohne einen daraus resultierenden Handlungsbedarf.

Theo machte Rollenspiele, aber nicht indem er Neues erfand, sondern indem er einem inneren Plan folgend, ein bestimmtes Tier nachahmte. Er steckte stundenlang Mosaike mit farbigen Steinchen zusammen. Im Kindergarten fiel auf, dass Theo kaum direkten Kontakt zu Gleichaltrigen herstellte. Er sprach nicht, beobachtete nur, tat aber, wie ihm geheißen wurde. Er galt als äußerst genügsam, würde sich bis heute nie wehren und nicht mitteilen, wenn er Schmerzen habe oder verletzt sei. In dieser Zeit wurden vom Schulpsychologischen Dienst ein selektiver Mutismus und eine fein- und grobmotorische Entwicklungsverzögerung diagnostiziert. Theo sei seit jeher lärm- und geräuschempfindlich, bekomme oft Kopfweh und fühle sich erschöpft, wenn er unter Kindern sei.

In seiner Freizeit lese Theo Sachbücher und gehe schwimmen. In der ersten Klasse wurde ein SON-R durchgeführt, bei welchem Theo einen IQ von 136 erzielte und ein K-ABC, welcher einen Gesamtwert von IQ 145 ergab.

Dem behandelnden Schulpsychologen fielen vor einem Jahr stereotyp anmutende Verhaltensweisen auf, die den Verdacht einer Autismusspektrumstörung aufkommen ließen, eine Überlegung, die aber wieder verworfen wurde, weil Theo Blickkontakt einsetzte und über soziales Wissen verfügte. Da die kommunikativen und interaktiven Schwierigkeiten trotz hoher Intelligenz über die Zeit bestehen blieben, erfolgte eine Abklärung in der Autismus-Sprechstunde, welche ein AS bestätigte.

Die IDS werden als Erhebungsinstrument eingesetzt, um heraus finden zu können, wie Theo trotz Kommunikationsproblemen versteht, lernt und sich ausdrückt. Des Weiteren kann der Funktionsbereich *Sozial-Emotionale Kompetenz* aufzeigen, wie viel Theo in diesem Bereich inzwischen gelernt hat.

10.3.2 IDS-Testergebnisse

Kognitive Entwicklung. Die intellektuelle Leistungsfähigkeit von Theo liegt im überdurchschnittlichen Bereich (IQ=117; 90%-Konfidenzintervall IQ=112–124). In den einzelnen Untertests erreicht Theo durchschnittliche Werte in der *Aufmerksamkeit Selektiv* (WP 9), im *Gedächtnis Räumlich-Visuell* (WP 10) und im *Denken Konzeptuell* (WP 10). In der *Wahrnehmung Visuell* erreicht Theo einen Wert am oberen Durchschnitt (WP 12), im *Gedächtnis Phonologisch* (WP 14), im *Denken Bildlich* (WP 14) und im *Gedächtnis Auditiv* (WP 15) überdurchschnittliche Werte.

Allgemeine Entwicklung. Im Funktionsbereich *Psychomotorik* erreicht Theo Werte, die im Normbereich liegen, doch zeigt er in der *Grobmotorik* einen knapp durchschnittlichen Wert (WP 8) und in der *Fein-* und *Visuomotorik* überdurchschnittliche Werte (WP 13 und WP 14). Im Funktionsbereich der *Sozial-Emotionalen Kompetenz* erlangt Theo in *Emotionen Erkennen* (WP 9), in *Soziale Situationen Verstehen* (WP 10) und in *Sozial Kompetent Handeln* (WP 11) durchschnittliche Leistungen und im *Emotionen Regulieren* (WP 14) überdurchschnittliche. Im *Denken Logisch-Mathematisch* weist Theo ein durchschnittliches Ergebnis (WP 11) auf, in der *Sprache Expressiv* (WP 14) und *Sprache Rezeptiv* (WP 17) weit überdurchschnittliche Werte. Im Funktionsbereich der *Leistungsmotivation* zeigt Theo im *Durchhaltevermögen* ein Resultat von 13 WP. Die *Leistungsfreude* fällt unterdurchschnittlich aus (WP 6).

Stärken und Schwächen. Beim Untertest *Aufmerksamkeit Selektiv* ist Theo sehr konzentriert, doch zeigt er erhebliche Umstellungsschwierigkeiten, die sich in einem verzögerten Weitermachen auf der nächsten Linie ausdrücken. Sich flexibel von der einen Zeile zu lösen und die nächst untere in Angriff zu nehmen, bereitet Theo Mühe, was in der Folge zu einer Geschwindigkeitseinbuße führt und den Gesamtwert senkt. Theo erwischt alle Enten, lässt keine aus. In *Sprache Expressiv* wird deutlich, dass Theo immer wieder auf die gleiche Art Sätze konstruiert, die aber in sich als komplex zu bezeichnen sind. Im sozial-emotionalen Teil fällt auf, dass Theo regelmäßig dazu angehalten werden muss, weiter zu überlegen, da er, sobald er nicht in Sekundenschnelle eine Antwort

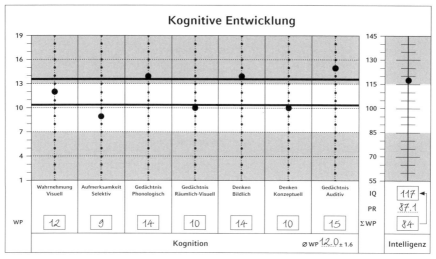
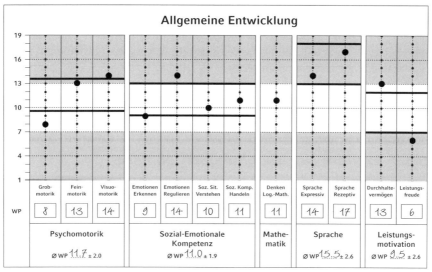

Abbildung 1: IDS-Profil von Theo

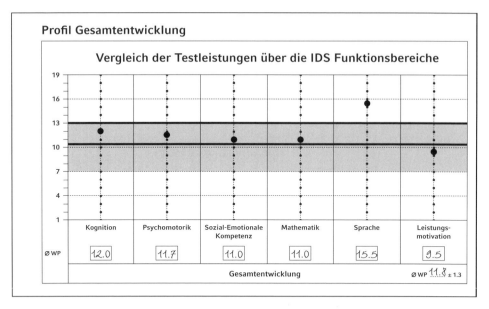

Abbildung 2: IDS-Gesamtprofil von Theo

hat, „ich weiß nicht" erwidert. Theo verfügt über theoretisches, soziales Wissen, doch braucht er lange, bis er eine Antwort findet. Es scheinen ihm nicht unmittelbar Assoziationen einzufallen, die eine korrekte Antwort begünstigen könnten. Bei der Emotionsregulierung fällt auf, dass Theo mehrmals das Gleiche sagt. Da er lange braucht, bis er eine Antwort gibt, ist fraglich, ob er diese Emotionsregulationsmechanismen im Alltag einsetzt. Theos Stärken liegen in der Verarbeitung von auditiv präsentierten Informationen und in den sprachlichen Fähigkeiten. Er kann sich fast alles, was ihm erzählt oder vorgesagt wird, wortwörtlich merken und mit klar definierten Aufgaben, die die Sprache betreffen, sehr gut umgehen. Theos IDS-Profile sind für die Funktionsbereiche in Abbildung 1 und für die Gesamtentwicklung in Abbildung 2 dargestellt.

10.3.3 Weitere Untersuchungsergebnisse

Verhaltensbeobachtung. Theo stellt während der gesamten Untersuchung keine einzige Frage, erzählt nicht mehr als das, was gefragt/gefordert wird, sagt nichts von sich aus und gibt keine zusätzlichen Ergänzungen oder Bemerkungen ab. Theo ist sehr höflich, zugewandt und aufmerksam. Er bleibt gerade und still sitzen, bewegt sich während der gesamten Testung kaum auf seinem Stuhl. Fehler, welche er bemerkt, korrigiert er nicht. Er hält nur kurz inne und wirkt dann nachdenklich-verloren, wartet, bis die nächsten Aufgaben an ihn heran getragen werden. Es besteht durchgehend eine hohe Antwortlatenz. Besonders stark zeigt sie sich im sozial-emotionalen Teil. Theo antwortet mehrmals mit „ich weiß nicht". Auf besondere Anregung, er solle nochmals überlegen, kann sich Theo äußern. Wird die Aufgabe durch die Testleitung nochmals mündlich wiederholt, vergrößert sich die Antwortlatenz zusätzlich. Theo gibt keine Spontanantworten, denkt bei allen Aufgaben unabhängig der Komplexität fast gleich lange nach. Seine Mimik bleibt über die gesamte Testsituation gleichbleibend freundlich, sodass anhand dieser nicht eingeschätzt werden kann, wie es ihm beim Aufgabenlösen geht. Ob ihm die Aufgaben gefallen oder ob sie ihn belasten, kann von außen nicht erkannt werden. Beim Nachfragen antwortet Theo in Worten, dass sie ihm gefallen hätten, ohne Stimme oder Mimik dahingehend einzusetzen, dass es auch ohne verbale Äußerung erkennbar geworden wäre. Nach Ende der Testung fällt im Warteraum auf, dass Theo auf die plötzliche Anrede eines anderen ihm unbekannten Jungen, „kannst du Tischfußball spielen?", dies zwar bejaht, ohne jedoch zu verstehen, dass damit die Frage verbunden ist, ob er mit dem Jungen jetzt spielen wolle.

10.3.4 Interpretation und Intervention

Interpretation. Theo ist überdurchschnittlich intelligent, was sich in einem relativ ausgeglichenen Intelligenz- und Entwicklungsprofil zeigt. Theos Werte sind alle im durchschnittlichen oder überdurchschnittlichen Bereich. Obwohl Theo seine eigene Sprache zum Kommunizieren kaum benutzt, sehr schweigsam ist und nur das Nötigste antwortet, liegen seine ausgesprochenen Stärken im Funktionsbereich Sprache und in den auditiven Bereichen des Gedächtnisses. Es wird deutlich, dass Theo aufgrund der autistischen Struktur seine sprachlichen Fähigkeiten im Alltag nicht oder nur bedingt nutzen kann. Gleichermaßen zeigen die anamnestischen Angaben der Eltern und Lehrpersonen, dass Theo seine sprachlichen Fähigkeiten und sein soziales Wissen nicht in dem Maße einsetzt, wie es vom theoretischen Wissen her möglich wäre. Die hohe Antwortlatenz unabhängig des Schwierigkeitsgrades einer Frage deutet darauf hin, dass Theo nicht sofort weiß, was von ihm erwartet wird, wenn er eine Frage gestellt bekommt (Komplexitätsgrad der erwarteten Antwort). Ebenso, dass er Fragen nicht wie andere Kinder nach ihrer Wichtigkeit einteilen kann. Dies dürfte die generell hohe Antwortlatenz in Schule und Elternhaus zusätzlich erklären.

Intervention. Theo braucht in der Kontaktaufnahme und im Dialog viel Zeit, um sich auf ein Gegenüber und auf eine Frage einzustellen. Es ist deshalb wichtig, ihm während eines Dialoges und vor allem nach jeder an ihn gestellten Frage genügend Zeit zu lassen, damit er in seiner eigenen Geschwindigkeit überlegen und nachdenken kann. Da Theo nicht nachfragt, wenn er etwas nicht versteht, muss mitberücksichtigt werden, dass die stereotyp eingesetzte Antwort „ich weiß nicht" diesen Umstand ausdrückt. In der Konsequenz daraus, braucht Theo detailliertere Auskunft darüber, was man von ihm wissen möchte. Da er sich selbst während der Testung nie korrigierte, auch dann nicht, wenn er die richtige Antwort gewusst hätte, ist es bedeutsam, ihm zu erklären, welche Möglichkeiten bestehen, einem Gegenüber mitzuteilen, dass man einen Fehler korrigieren möchte. Im Auswertungsgespräch mit den Eltern und Theo war dies ebenfalls ein Thema. Die Eltern ergänzten, dass sich Theo auch im Alltag nicht mitteile, wenn er etwas möge oder nicht möge. So wissen die Eltern bis heute nicht, welche Speisen Theo besonders mag und welche nicht. In der Folge wurde mit den Eltern und Theo besprochen, welche Strategien und Verhaltensmöglichkeiten unter Umständen genutzt werden könnten, um Theo zu helfen, sich über seine Vorlieben zu äußern. Kommunikation kann gefördert werden, wenn das Thema, das diskutiert wird, ein vertrautes ist (Huber, 2009). Das heißt, ein Ziel wäre es, Theo mit Kindern in Kontakt zu bringen, die ein ähnliches Interessengebiet pflegen wie er, da in diesem Worte, Begriffe, Definitionen und Inhalte vertraut und klar sind. Da Theo seine Mimik und Gestik nicht wie andere Kinder einsetzen kann, das Gegenüber demnach selten weiß, wie es ihm geht, nicht weiß, ob er überfordert, unterfordert ist, ob er sich wohl fühlt oder nicht, kann es hilfreich sein, mit Theo Strategien zu entwickeln, die er einsetzen kann, um zu zeigen, wenn er Hilfe benötigt. Wie viele Kinder mit einem Asperger-Syndrom zeigt Theo (wenn auch diskrete) Schwierigkeiten in der Grobmotorik, sodass sportliche Betätigung, in seinem Fall Schwimmen, hierbei unterstützend sein dürfte.

10.4 Fallbeispiel 2: Peter (8;2) mit Asperger-Syndrom

10.4.1 Anamnese und Problembeschreibung

Peter ist Einzelkind, sein Vater arbeitet als Informatiker und seine Mutter ist Erwachsenenbildnerin. Die Eltern teilen sich die Erziehungsarbeit.

Schwangerschaft und Geburt von Peter verliefen unauffällig. Peter habe als Kleinkind nie auf Dinge gezeigt, um eine gemeinsam geteilte Aufmerksamkeit herzustellen. Er lächelte zeitgerecht, begann früh zu sprechen und zeigte gegenüber der Umgebung ein unauffälliges Neugierdeverhalten. Peter sei seit jeher motorisch aktiv gewesen, doch gleichzeitig überfordert durch Umgebungsreize, was er durch Schreien und Ohren zuhalten bei Lärm und Geräuschen ausdrückt. Die motorische Entwicklung erfolgte zeitlich verzögert, weswegen Peter einmal pro Woche Psychomotoriktherapie erhielt. In der Spielgruppe hatte Peter keine Probleme mit der Trennung von der Mutter. Er beschäftigte sich mit dem Aneinanderreihen von Spielsteinen. Im Kindergarten hatte Peter Mühe, sich in die Gleichaltrigengruppe zu integrieren, obwohl Interesse am Kontakt bestand. Peter weise überdurchschnittlich umfangreiche Kenntnisse im Bereich Technik auf. Seit Kleinkindalter leidet Peter unter Einschlafstörungen, weil er über alles, was am Tag geschehen sei, nachdenken müsse. Zu Hause fiel den Eltern früh auf, dass Peter in den alltagspraktischen Tätigkeiten sehr langsam ist und von außen nicht beschleunigt werden kann. Handlungsplanung und -umsetzung für alltagspraktische Tätigkeiten (Zähne putzen, Anziehen) sind stark eingeschränkt. Ein K-ABC von 2008 zeigt eine überdurchschnittliche Intelligenz mit einer Stärke im Ganzheitlichen Denken.

Aufgrund der Schwierigkeiten mit Abläufen im Alltag, „Stillsitzenkönnen" und Lernen auf Anweisung, wurde Peter in die Einführungsklasse eingeschult (aktuell zweite Einführungsklasse). Peter habe in der Schule Schwierigkeiten zu lernen, was ihm angeboten werde, er sei sehr eigenständig. Peters ausgeprägte Angst vor größeren Kindern führte dazu, dass er sich bis vor kurzem nicht auf den Pausenhof traute und sich im Schulzimmer versteckte. Da Peter in der Schule gehäuft unvorhersehbare Wutausbrüche bekam, wird er medikamentös behandelt, was eine positive Wirkung hat. Peter ist ausgeglichener, kann sensorische Reize besser aushalten. Peter hat einen Freund in der Schule. In seiner Freizeit baut und konstruiert Peter technische Geräte nach.

Da Peter mit einer großen Diskrepanz zwischen theoretischem Alltagswissen und dem praktischem Handeln lebt, ist Ziel dieser Untersuchung, Peters Leistungsfähigkeit einzuschätzen und zu schauen, welche Besonderheiten während der Testung mit den IDS im Verhalten und in der Art des Leistungsprofils darauf hindeuten könnten, dass Peter autistisch denkt und wahrnimmt.

10.4.2 IDS-Testergebnisse

Kognitive Entwicklung. Die intellektuelle Leistungsfähigkeit von Peter liegt im überdurchschnittlichen Bereich (IQ=116; 90%-Konfidenzintervall IQ=109–123). In den einzelnen Untertests erreicht Peter in den Aufgaben *Wahrnehmung Visuell* (WP 14), *Gedächtnis Räumlich-Visuell* (14 WP) und *Denken Konzeptuell* (15 WP) überdurchschnittliche Werte. Die selektive Aufmerksamkeitsleistung von Peter ist durchschnittlich (9 WP). Die einzelnen Gedächtnisleistungen sind nicht einheitlich. Im Bereich *Gedächtnis Phonologisch* (8 WP) erzielt Peter einen knapp durchschnittlichen Wert und im *Gedächtnis Auditiv* (11 WP) einen durchschnittlichen Wert. Im Untertest *Denken Bildlich* zeigt Peter gute durchschnittliche (12 WP) Leistungen.

Allgemeine Entwicklung. Die Werte des Funktionsbereiches *Psychomotorik* liegen für die *Grobmotorik* (6 WP) in unterdurchschnittlichen Bereich und für die *Feinmotorik* (10 WP) und die *Visuomotorik* (10 WP) im Normbereich. Im Funktionsbereich der *Sozial-Emotionalen Kompetenz* erzielt Peter im *Emotionen Erkennen* (6 WP) und in *Soziale Situationen Verstehen* (WP 5) unterdurchschnittliche Werte, im Untertest *Emotionen Regulieren* (8 WP) knapp durchschnittliche und im *Sozial Kompetent Handeln* (14 WP) mit der vollen Punktzahl überdurchschnittliche Ergebnisse. Die Leistungen im *Denken Logisch-Mathematisch* (12 WP) sind im oberen Durchschnittsbereich. In den Untertests *Sprache Expressiv* (13 WP) und *Sprache Rezeptiv* (14 WP) liegen überdurchschnittliche Leistungen vor. Die Leistungsmotivation ist für das *Durchhaltevermögen* (13 WP) als gut durchschnittlich zu bezeichnen, die *Leistungsfreude* liegt knapp im unteren Durchschnitt (8 WP).

Stärken und Schwächen. Die Erfassung der kognitiven wie auch der allgemeinen Entwicklung zeigt ein uneinheitliches Profil mit großen Diskrepanzen zwischen den Bereichen. Ebenso zeigt Peter innerhalb der einzelnen Funktionsbereiche ein unausgeglichenes Entwicklungsprofil. Absolute wie auch relative Schwächen liegen bei Peter im Bereich der *Aufmerksamkeit Selektiv* und des *Gedächtnis Phonologisch*, wobei hier Peters Probleme, unter Zeitdruck und auf Kommando zu arbeiten und zu antworten, zur geringeren Leistung in Relation zu den anderen Subtests geführt haben dürften. In der allgemeinen Entwicklung zeigen sich Peters Schwächen, im Bereich der *Grobmotorik* seine Koordination gezielt einzusetzen und im *Emotionen Erkennen* und in *Soziale Situationen Verstehen*, nonverbale Signale zu decodieren. Relative Stärken liegen bei Peter in der *Wahrnehmung Visuell*, im *Denken Konzeptuell* und im *Gedächtnis Räumlich-Visuell*. Sehr stark ist Peter im Bereich *Sprache Expressiv* und *Rezeptiv*, im *Durchhaltevermögen* und im *Sozial Kompetent Handeln*. Peter hat in seiner Familie und in der Schule soziales Wissen aufgebaut, vermag es im Alltag aber noch nicht flexibel einzusetzen. Peter schweift mehrmals von der Fragestellung ab, beschreibt, was er sieht und nicht,

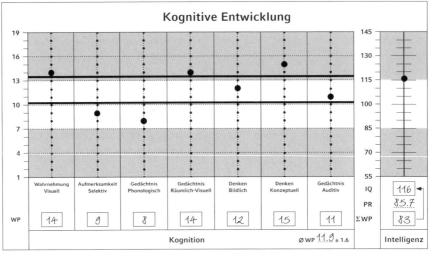
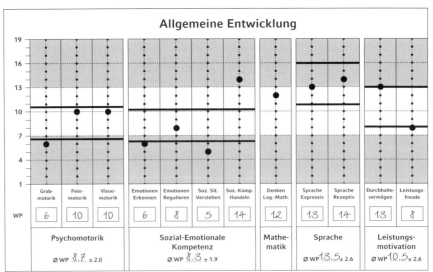

Abbildung 3: IDS-Profil von Peter

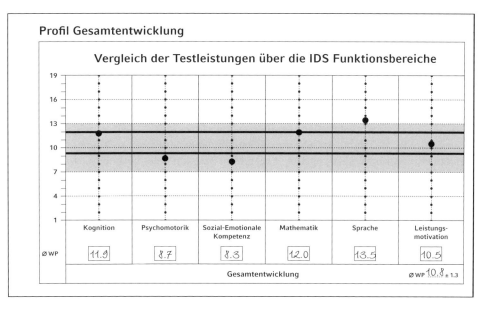

Abbildung 2: IDS-Gesamtprofil von Peter

was er tun würde in dieser Situation. Es gelingt ihm aber, wenn man ihm Zeit gibt, auf seine Weise vom Beschreibenden her, langsam aufbauend zum sozialen Inhalt zu gelangen, auch wenn die Art, wie er zum Ziel kommt, speziell ist. Peters IDS-Profile sind für die Funktionsbereiche in Abbildung 3 und für die Gesamtentwicklung in Abbildung 4 dargestellt.

10.4.3 Weitere Untersuchungsergebnisse

Verhaltensbeobachtung. Peter arbeitet während 2½ Stunden engagiert mit, wirkt dabei angespannt, aber sehr bemüht. Aufgaben, welche nicht in seinen Altersbereich fallen und deutlich zu schwierig sind, kann Peter nicht wie andere Kinder einfach so weglassen, sondern bleibt überdauernd daran haften, will sie trotzdem können. Er legt zum Beispiel immer wieder die gleichen Teile falsch aneinander, perseverierend und ärgert sich. Peter ist hektisch in der Art, wie er eine Aufgabe löst, wenn er sie nicht in den ersten fünf Sekunden schafft. Dies hindert ihn daran, in Ruhe zu überlegen, macht ihn motorisch unruhig. Aufgrund des Fehlens von Zeitverständnis, bringt ihm die Mitteilung, er habe noch mehr Zeit zur Verfügung, nichts, da er nicht weiß, wie lange dieser zeitliche Abschnitt dauert und wann er beendet sein wird. Als Peter im Untertest *Aufmerksamkeit Selektiv* die Enten durchstreichen muss, teilt er mit, dass er unter Zeitdruck nicht gut arbeiten könne und wird motorisch unruhig. Die Mitteilung, dass es bei diesem Test nicht nur um die Zeit, sondern auch um die Genauigkeit gehe, alle Enten zu erwischen und um das Vermögen, auf Kommando auf die nächste Zeile zu rutschen, hilft ihm. Dennoch wirkt Peter belastet und wird von Zeile zu Zeile zögerlicher. Es ist kein Lern- oder Geschwindigkeitszuwachs erkennbar, stattdessen ein Blockierungsverhalten, das zu zögerndem Durchstreichen führt, ihn verlangsamt. Im *Emotionen Erkennen* fällt auf, dass bei Korrekturen, die von Testleiterseite gemacht werden müssen, um den Untertest *Emotionen Regulieren* abzufragen, Peter an seiner Erstantwort hängen bleibt. Die Flexibilität, sich auf eine andere Bedeutung einzulassen, ist eingeschränkt, kann aber unter Zuhilfenahme sprachlicher Mittel umgelenkt werden, indem ihm erklärt wird, seine Antwort stimme auch, doch nun gehe es darum, zu schauen, wie es wäre, wenn das Kind nicht gelangweilt sei, sondern zusätzlich noch traurig sei, und das Traurigsein das Relevante sei, um die nächste Frage beantworten zu können. Aufgaben, welche das motorische Gleichgewicht betreffen, bereiten Peter besonders viel Mühe. Im Untertest *Denken Konzeptuell* fällt eine stark detailfokussierte Wahrnehmung auf, da Peter anfangs nicht den Hund als ganzes auf dem Bild betrachtet, um hinter das Konzept zu kommen, welche Zuordnung passt, sondern Fellfarbunterschiede der einzelnen Hunde oder die Richtung der Kopfbewegungen vergleicht, sodass er durch Details, die nichts mit der Aufgabenlösung zu tun haben, abgelenkt ist. Peter reagiert irritiert auf jedes kleinste Umgebungsgeräusch, im und auch außerhalb des Raumes. Peter teilt nicht mit, wenn er eine Pause braucht oder wenn er überfordert ist mit einem Item.

10.4.4 Interpretation und Intervention

Interpretation. Peters Intelligenz ist überdurchschnittlich, alle Werte liegen im Normbereich, das Intelligenzprofil jedoch ist heterogen. In der *Aufmerksamkeit Selektiv* und im *Gedächtnis Phonologisch* liegt er im unteren Durchschnittsbereich, in der *Wahrnehmung Visuell*, im *Gedächtnis Räumlich-Visuell* und *Denken Konzeptuell* im überdurchschnittlichen Bereich. In der allgemeinen Entwicklung sind die Werte ebenfalls heterogen, mit unter- und überdurchschnittlichen Ergebnissen zwischen den einzelnen Bereichen, wie auch innerhalb eines Funktionsbereiches. So erreicht Peter in *Sozial Kompetent Handeln* die volle Punktzahl, aber im *Emotionen Erkennen* und im *Soziale Situationen Verstehen* weit unterdurchschnittliche Ergebnisse. Die Diskrepanz zwischen theoretischem und praktischem Wissen ist derart groß, dass Peter im Alltag auffällig ist.

Intervention. Peter ist trotz überdurchschnittlicher Intelligenz ein Kind mit besonderen Bedürfnissen, nicht nur im sozial-emotionalen Bereich, sondern auch im Lernen unter (Zeit-)Druck und in der Art, wie er Informationen verarbeitet und interpretiert. Da Peter im logischen Denken sehr weit entwickelt ist, die „reine" Logik aber im Alltag oft eine untergeordnete Rolle spielt, stattdessen Umgangssprache und soziale Sprache zentral sind, ist Peter immer wieder Erlebnissen von Nichtverstanden werden ausgesetzt. Für Peter ist es nützlich, wenn ihm Erwachsene die soziale Umwelt erklären und soziale Handlungsabläufe aufzeigen. Wichtig ist, Peter zu leiten, wenn er vor lauter Details nicht erkennen kann, was das Ziel einer Aufgabe ist. Das Zeitmanagement betreffend, dürfte er von einem Time-Timer, einer alternativen Zeitangabe, profitieren, bei welchem verstrichene oder bevorstehende Zeit als Fläche angegeben wird. Damit Peter sein Tempo an Situationen anzupassen lernt, profitiert er von verbalisierten Handlungsalternativen wie z. B. „das genaue und fehlerfreie Arbeiten ist bei dieser Aufgabe auch sehr wichtig" und von Zusatzerklärungen, wenn er Aufgaben nicht zu können braucht. Dies, weil er sich nicht mit Gleichaltrigen vergleicht und somit Leistungsfähigkeit und Stärken in Relation zu Peers nicht einschätzen kann. Peter leidet unter der Schwierigkeit, viel lernen zu wollen, aber nicht immer zu können, da gewisse Handlungsabläufe nicht automatisiert sind und er immer wieder von Außenreizen überlastet wird. Peter braucht deshalb neben Strukturierungshilfen regelmäßige Ruhezeiten, Rückzugsmöglichkeiten, die ihm dazu verhelfen, sich zu beruhigen. Peters Einschlafstörungen deuten darauf hin, dass er erst am Abend, wenn keine weiteren Anforderungen an ihn gestellt werden, genügend Ruhe findet, sich mit dem, was am Tag lief, zu befassen. Strategien anzubieten, die ihm helfen, im Rückblick den Tag zu verarbeiten, dürften von Nutzen sein. Fortlaufendes, gemeinsames Einordnen von Tagesgeschehen oder eine Art chronologisches Abfragen, was am Tage läuft, könnten helfen. Peters umfangreiches Wissen, das er im Alltag nur rudimentär einsetzen kann, die Überlastungsreaktionen auf sensorische Reize, die starke Detailfokussierung im Wahrnehmen und Denken, seine unabhängige Art, Aufgaben zu lösen, seine Flexibilitätsprobleme, wenn Aufgaben anders als gedacht gelöst werden sollten, die erheblichen Schwierigkeiten im sozial-emotionalen Teil und die anamnestischen Angaben der Eltern, die diese Besonderheiten beschreiben (u. a. Fehlen von Zeigegesten als Kleinkind, Schwierigkeiten im Umgang mit Peers) deuten darauf hin, dass eine autistische Struktur vorliegen könnte und eine weiterführende Diagnostik bei Fachstellen klar indiziert ist.

10.5 Zusammenfassung

Kinder mit Asperger-Syndrom profitieren von Aufgabenstellungen, welche hoch strukturiert sind, was die IDS in dieser Hinsicht bieten. Der sozial-emotionale Teil der IDS deckt einen Bereich ab, der in allen anderen Entwicklungstests fehlt und als Vorabklärung, ob eine autistische Struktur vorliegen könnte, sehr geeignet ist. Ebenso können der Sprachteil und das auditive Erinnerungsvermögen bei einem Kind mit Asperger-Syndrom, das zwar sprechen kann, Sprache aber wenig einsetzt, einen wichtigen Beitrag leisten, um aufzeigen zu können, ob es Sprache erinnern *(Gedächtnis Auditiv)*, verstehen *(Sprache Rezeptiv)* und korrekt einsetzen kann *(Sprache Expressiv)*. Ein Nachteil ergibt sich wie bei allen Intelligenz- und Entwicklungstests aus der Tatsache heraus, dass es auch hier nicht möglich ist, zu erkennen, ob das Kind das soziale Wissen im Alltag gelingend einsetzen kann. Einem Umstand, dem man jedoch mit sorgfältiger anamnestischer Erhebung unter Einbezug nicht nur der Eltern, sondern auch der Kindergärtner/ -innen, Lehrer und involvierten Therapeuten Rechnung tragen kann. Ein Überhang an Aufgaben aus dem visuell-räumlichen Denken kommt Kindern mit AS gelegen, da sie in diesem Bereich oft stark sind oder sich angesprochen fühlen.

Da einige der Aufgaben zeitabhängig sind, dürften Kinder mit AS in diesen Subtests benachteiligt sein. Aufgrund des Zeitdruckes, der in seiner Bedeutung nicht richtig eingeordnet werden kann, werden Kinder mit AS stark unter Druck gesetzt, was Leistungseinbußen zur Folge hat. Dass der sprachliche Teil nicht in den IQ-Wert einfließt, kann als Nachteil gewertet werden, da Kinder mit AS in sprachlichen Bereichen oft Stärken aufweisen, was sich bei den IDS aber nicht als Zahl objektivieren lässt. Hinzu kommt, dass diese Kinder ihre sprachlichen Kompetenzen oft ohne direkte Hilfe der Umwelt entwickeln, sodass die Sprachkompetenz nicht im selben Ausmaße wie bei anderen Kindern als kulturabhängiger Wert gedeutet werden darf.

Intelligenzwert und Entwicklungsstand als Einschätzung zur Findung angemessener Interventionsstrategien und Fördermaßnahmen zu nutzen, kann nur bedingt empfohlen werden. Da Kinder mit AS häufig auch bei einfachen Aufgaben viel nachzudenken pflegen, so, als wären es schwierige, auch häufig eine andere hierarchische Einteilung von Schwierigkeitsgraden von Aufgaben vornehmen als die Durchschnittpopulation, kann es vorkommen, dass sie schwierigere Aufgaben besser beantworten können, als einfachere, denn sie haben mehr Erfahrung im komplizierten Denken als im einfachen. Der korrekte Einsatz des Abbruchkriteriums dürfte das Testergebnis folglich verfälschen. Das Reüssieren bei schwierigen und Scheitern bei einfachen Aufgabenstellungen deutet zusätzlich auf eine Flexibilitätsproblematik hin. Das heißt konkret, die Fähigkeit, sich flexibel auf Aufgaben unterschiedlicher Schwierigkeitsgrade einzulassen, ist eingeschränkt. Aufgrund dessen wird unter Umständen nicht der Intelligenzquotient gemessen, sondern der „Flexibilitätsquotient". Wie bei allen Tests, die als eine Art Vorscreening eingesetzt werden, ist eine ausführliche Anamnese mit den Eltern unumgänglich, um erkennen zu können, inwieweit das theoretische soziale Wissen (= Testwissen) in alltagspraktische Handlungen umgesetzt werden kann. Die IDS bieten somit eine Einschätzung, ersetzen aber weder Anamnese noch eine klinische Untersuchung.

Interessant ist der Aspekt, die IDS auch bei bereits diagnostizierten Kindern zu nutzen, um eine Grobeinschätzung zum Beispiel der Psychomotorik zu machen und um die sozialemotionale Kompetenz, bzw. die Art, wie das Kind mit den Fragen umgeht, über den Verlauf hinweg zu bestimmen. Dass auch nur einzelne der Funktionsbereiche geprüft werden können, welche interpretierbare Werte erzeugen, ist als Vorteil dieses Tests zu sehen.

Literatur

Asperger, H. (1938). Das psychisch abnorme Kind. *Sonderdruck Wiener Klinische Wochenschrift 49.* Wien: Springer.
Asperger, H. (1944). Autistische Psychopathen im Kindesalter. *Nervenarzt, 72,* 535–540.
Asperger Felder, M. (2010). *Skriptum zum Verhaltenstherapie-Curriculum Universität Bern.* Unveröffentlichtes Manuskript, Universität Bern.
Baron-Cohen, S. & Wheelright, S. (2004). The Empathy Quotient: An Investigation of Adults with Asperger Syndrome or High Functioning Autism and Normal Sex Differences. *Journal of Autism and Developmental Disorders, 34,* 163–175.
Baron-Cohen S., Wheelwright, S., Hill, J., Raste, Y. & Plumb, I. (2001). „The Reading the Mind in the Eyes" Test Revised Version: A Study With Normal Adults, and Adults with Asperger Syndrome or High-Functioning Autism. *Journal of Child Psychological Psychiatry, 42,* 241–51.
Bölte, S. & Bormann-Kischkel, C. (2009). Testpsychologie. In S. Bölte (Hrsg.), *Autismus. Spektrum, Ursachen. Diagnostik, Intervention, Perspektive* (S. 175–186). Bern: Hans Huber.
Bölte, S. & Poustka, F. (2006). *Fragebogen zur Sozialen Kommunikation – Autismus Sreening (FSK).* Bern: Hans Huber.
Bölte, S. & Poustka, F. (2008). *SRS Skala zur Erfassung sozialer Reaktivität. Dimensionale Autismus-Diagnostik. Deutsche Fassung der Social Responsiveness Scale (SRS) von John N. Constatino und Christian P. Gruber.* Bern: Hans Huber.

Dawson, M., Soulière, I., Gernsbacher, M. A. & Mottron, L. (2007). The Level and Nature of Autistic Intelligence. *Psychological Science, 18, 657–662.*

Fombonne, E. (2005). Epidemiology of autistic disorder and other pervasive developmental disorders. *Journal of Clinical Psychiatry, 66, 3–8.*

Fombonne, E. (2009). Epidemiology of pervasive developmental disorders. *Pediatric Research, 65, 591–8.*

Huber, M. (2009). Interaktions- und Spezialinteressen- fokussierte Beratung. In S. Bölte (Hrsg.), *Autismus. Spektrum, Ursachen, Diagnostik, Intervention, Perspektiven.* Bern: Hans Huber.

Kastner-Koller, U. & Deimann, P. (2002*). Wiener Entwicklungstest WET.* Göttingen: Hogrefe.

Lord, C., Rutter, M., Pamela, C., Di Lavore, P. & Risi, S. (2002). *ADOS – Autism Diagnostic Observation Schedule (ADOS).* Los Angeles: Western Psychological Services.

Müller, Ch. & Nussbeck, S. (2006). *Informationsverarbeitung bei Kindern mit Autismus. Eine Studie zur zentralen Kohärenz mit Puzzleaufgaben.* Hamburg: Kovac.

Petermann, F., Stein, I. A. & Macha, T. (2006). *Entwicklungstest 6 Monate bis 6 Jahre.* Frankfurt: Harcourt.

Remschmidt, H. & Kamp-Becker, I. (2006). *Asperger-Syndrom.* Springer: Heidelberg.

Saß, H., Wittchen, H. U. & Zaudig, M. (2003*). Diagnostisches und Statistisches Manual Psychischer Störungen – Textrevision – DSM-IV-TR.* Göttingen: Hogrefe.

Schopler, E., Reichler, Bashford, A., Lansing, M. D. & Marcus, L. M. (2004). *PEP-R. Entwicklungs- und Verhaltensprofil.* Dortmund: Modernes Lernen.

Steinhausen, H.-C. (2002). *Asperger-Syndrom-Diagnostik-Interview ASDI.* Universität Zürich. (www.zkjpd.unizh.ch/praxmat/pdf/ASDI.pdf)

Zander, E. & Dahlgren, S. O. (2010). WISC-III Index Score Profiles of 520 Swedish Children With Pervasive Developmental Disorders. *Psychological Assessment, 22, 213–222.*

11 Neuropädiatrische Auffälligkeiten

Peter Weber & Djana Albert

11.1 Diagnostische Aufgabenstellung des Kindes

Die pädiatrische Betreuung von Kindern und Jugendlichen mit neurologischen Grunderkrankungen hat zum primären Ziel, die Bedingungen der neuroorganischen Grunderkrankung zu diagnostizieren und mit der Einleitung medizinisch-therapeutischer Maßnahmen eine Heilung herbeizuführen. Gerade im Bereich der Neuropädiatrie leiden im Vergleich zu anderen Bereichen der Pädiatrie aber viele Patienten an einer chronischen Erkrankung. Medizinisch-therapeutische Maßnahmen können die Symptomatik verbessern, eine komplette Heilung der Erkrankung kann aber nicht erreicht werden. Neben der defizitorientierten Diagnostik der Erkrankung nach ICD-Kriterien sind deshalb auch die Auswirkungen der Erkrankung und ihrer Behandlung auf die funktionelle Entwicklung der Kinder, ihrer Sozialisation, Aktivität und sozialen Partizipation gemäß ICF-Kriterien zu berücksichtigen.

Eine umfassende neuropädiatrische Betreuung von Kindern und Jugendlichen mit einer chronisch-neurologischen Erkrankung bedarf neben medizinischen Maßnahmen immer auch einer sozialmedizinischen und pädiatrisch-neuropsychologischen Perspektive. Diagnostisch bestehen die Aufgaben darin,
- den allgemeinen Entwicklungsstand des Patienten,
- seine kognitiven und sprachlichen Teilleistungsstärken und -schwächen,
- seine soziale und emotionale Entwicklung,
- die Auswirkungen medizinischer Maßnahmen, inklusiv medikamentöser Behandlungen differenziert auf diese Entwicklungsschritte zu erfassen und
- daraus differenzierte therapeutische Förder- und Behandlungsziele im Bereich der sonderpädagogischen Betreuung abzuleiten, aber auch z. B. ergotherapeutische oder neuropsychologische Behandlungsprogramme zu erstellen (Strassburg et al., 2008).

Typische Beispiele für neuropädiatrisch betreute Kinder, Jugendliche und Familien, die neben einer krankheitsorientierten, auch einer aktivitätsorientierten Diagnostik bedürfen sind Patienten mit
- Epilepsien (Prävalenz ca 1 %),
- Zerebralparesen aufgrund frühkindlicher Hirnschädigungen (Prävalenz ca. 0,1 %),
- neurologischen Residuen nach Hirnschädigungen (Prävalenz ca. 0,1 %) infolge
  - von Hirntumoren ggf. inklusive im Rahmen der Primärbehandlung notwendiger Bestrahlungen des Gehirns,
  - von Entzündungen der Hirnhäute (Meningitis) oder des Hirnparenchyms (Enzephalitis),
  - chronischer Entzündungen des Gehirns wie bei Patienten mit Multipler Sklerose oder
  - eines Schädel-Hirn-Traumas,
- neurokutanen Syndromen (z. B. der Neurofibromatose Typ I oder der tuberösen Hirnsklerose) (gesamthaft Prävalenz <0,1 %),

- Frühgeburtlichkeit (Prävalenz ca. 7 %),
- mentaler Retardierung und anderen Entwicklungssyndromen, wie z. B. den frühkindlichen Autismus (Prävalenz ca. 2–3 %),
- genetischen Syndromen (Prävalenz ca. 0,1 %),
- angeborenen Hirnfehlbildungen inkl. kongenitalem Hydrocephalus (Prävalenz <0,1 %),
- angeborenen neuromuskulären Erkrankungen, bei denen auch die Hirnreifung betroffen ist, wie z. B. Patienten mit einem Morbus Duchenne (Prävalenz <0.1 %),
- neurometabolischen Erkrankungen (Prävalenz <0,1 %) (Aksu, 2008).

Die diagnostische Aufgabenstellung bei Kindern mit dieser Vielzahl unterschiedlicher Erkrankungen gleicht sich trotz der differenten organmedizinischen Rahmenbedingungen: für alle Fälle gilt, Informationen zu sammeln, die eine optimale, nicht nur krankheitssymptomorientierte, sondern v. a. auch sozialisations- und entwicklungsfokussierte Betreuung der Patienten und ihrer Familien gewährleisten. Ziel dieser Diagnostik in diesem Kontext ist die Erstellung eines globalen und differenzierten Entwicklungsprofils.

11.2   Einsatz der IDS

In der Betreuung neurologisch kranker Kinder ist es wichtig, in der neuropsychologischen Diagnostik und bei der Interpretation neuropsychologischer Defizite den Entwicklungsaspekt des Kindesalters zu berücksichtigen. Daher ist es zentral sowohl differenziert den kognitiven, als auch den allgemeinen Entwicklungsstand zu erfassen. Die beiden ausgewählten Fälle von Kindern mit einer fokalen Epilepsie resp. einem neonatalen Hirninfarkt zeigen, dass bereits früh im Kindesalter erworbene Hirnfunktionsstörungen oder -läsionen nicht immer vollumfänglich kompensiert werden können. Bei beiden Kindern ist die linke Hemisphäre, die als die bevorzugte Hemisphäre für die Verarbeitung der Sprachfunktionen gilt, involviert. Da die sprachliche Leistungsfähigkeit bei diesen Kindern eingeschränkt sein kann, eignen sich die IDS vorzüglich auch zur pädiatrisch neuropsychologischen Diagnostik, da die sprachlichen Kompetenzen separat erfasst und nicht in die Erfassung der intellektuellen Leistungsfähigkeit eingeschlossen werden. Anhand des Leistungsprofils der IDS werden Stärken und Schwächen global ersichtlich, die in einem zweiten diagnostischen Schritt zusätzlich mit speziellen neuropsychologischen Testverfahren untersucht werden können.

11.3   Fallbeispiel 1: Jonas (9;9) mit Rolando-Epilepsie

11.3.1 Anamnese und Problemstellung

Jonas ist das Jüngste von vier Kindern. Seine Schwester und sein Vater leiden an einer hereditären sensomotorischen Neuropathie, seine Mutter und die anderen Geschwister sind gesund. Die Schwangerschaft, die Geburt und die Adaptation waren unauffällig. Die motorischen Entwicklungsschritte erfolgten langsam, jedoch im Normbereich. Die expressive Sprachentwicklung war leicht verzögert. Jonas erhielt wegen artikulatorischer Schwierigkeiten Logopädie. Sein Spielverhalten als Kleinkind war sprunghaft und wenig ausdauernd. Er spiele heute noch sehr gerne im Freien. Im Kindergarten agierte er nicht so selbstständig wie die anderen Kinder, wirkte verträumt und zeigte leichte motorische Ungeschicklichkeit, insbesondere beim Turnen. Diese Entwicklungsprobleme führten im Alter von 6;9 Jahren zu einer ersten entwicklungsneurologischen Abklärung. Während der neuropsychologischen Erstuntersuchung wirkte Jonas abwesend und reagierte nicht adäquat auf Ansprechen. Die daraufhin durchgeführte EEG-Untersuchung zeigte eine fokale Erhöhung der zerebralen Anfallsbereitschaft linkshemisphärisch, vereinbar mit einer Rolando-Epilepsie, die in der Folge medikamentös mit Sulthiam behandelt wurde. In der Regelklasse hatte Jonas seit Beginn Mühe beim Rechnen, Lesen, Schreiben und zeigte fehlende Motivation für die Schule, die bis heute persistiert. Auch hatte er Schwierigkeiten sich mündlich auszudrücken. Aktuell besucht er die vierte Klasse mit integrierter schulischer Förderung. Zur Verarbeitung neuer Lerninhalte benötige Jonas viel Zeit. Auch zeige er immer noch Tagträumereien und äußere sich eher wenig im Unterricht. Die erneute Untersuchung hatte zum Ziel, den Entwicklungsstand in den verschiedenen Bereichen zu erfassen und zu evaluieren, um daraus die Fördermaßnahmen anzupassen. Die aktuelle Untersuchung erfolgte nach Beendigung der antikonvulsiven Medikation, im aktuellen EEG finden sich nur noch vereinzelte sharp-waves.

11.3.2 IDS-Testergebnisse

Kognitive Entwicklung. Die intellektuelle Leistungsfähigkeit von Jonas liegt im unterdurchschnittlichen Bereich (IQ = 81; 90%-Konfidenzintervall IQ = 74–88). Die Leistung des Untertests *Wahrnehmung Visuell* (8 WP) ist durchschnittlich. Die Leistungen der Untertests *Aufmerksamkeit Selektiv* (3 WP), *Gedächtnis Räumlich-Visuell* (5 WP), *Denken Konzeptuell* (6 WP) und *Gedächtnis Auditiv* (5 WP) sind unterdurchschnittlich. Im Bereich *Gedächtnis Phonologisch* (10 WP) und *Denken Bildlich* (11 WP) erreicht Jonas gut durchschnittliche Werte.

Allgemeine Entwicklung. Die Werte des Funktionsbereichs *Psychomotorik* liegen allesamt im oberen Normbereich der Altersgruppe: *Grobmotorik* (12 WP), *Feinmotorik* (12 WP) und *Visuomotorik* (11 WP). Im Bereich der *Sozial-Emotionalen Kompetenz* zeigt Jonas in den Untertests *Emotionen Erkennen* (11 WP), *Soziale Situationen Verstehen* (8 WP) und *Sozial Kompetent Handeln* (11 WP) durchschnittliche Leistungen und im Untertest *Emotionen Regulieren* (2 WP) einen weit unterdurchschnittlichen Wert. Dieser ist auf die erschwerte sprachliche Ausdrucksfähigkeit zurückzuführen. Die Leistungen im *Denken Logisch-Mathematisch* (10 WP) und die sprachlichen Leistungen, *Sprache Expressiv* (7 WP) und *Sprache Rezeptiv* (9 WP), liegen im Bereich der Altersnorm. Die *Leistungsmotivation* ist in den Bereichen *Durchhaltevermögen* (9 WP) und *Leistungsfreude* (8 WP) durchschnittlich.

Stärken und Schwächen. Das Leistungsprofil der kognitiven Entwicklung weist innerhalb der Untertests deutliche Diskrepanzen auf. Relative Stärken zeigen sich beim Mer-

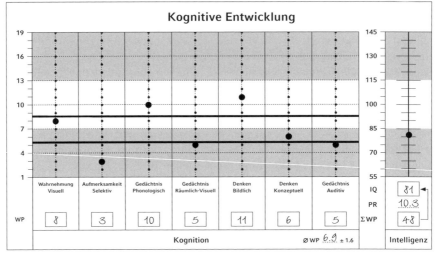
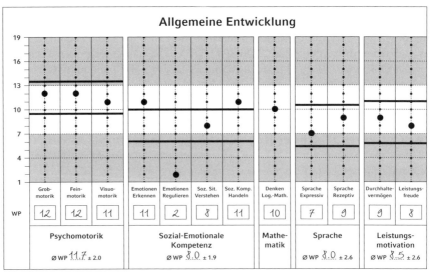

Abbildung 1: IDS-Profil von Jonas

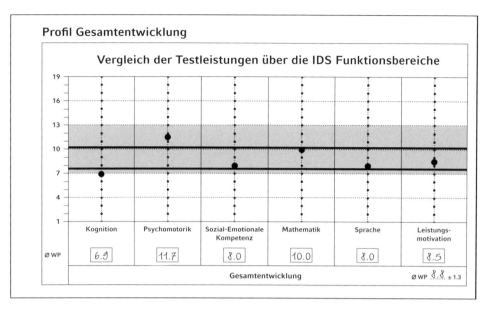

Abbildung 2: IDS-Gesamtprofil von Jonas

ken phonologischer Informationen und beim problemlösenden Denken (Untertest *Denken Bildlich*). Absolute und relative Schwächen zeigt Jonas in den Bereichen selektive Aufmerksamkeit sowie räumlich-visuelles und auditives Gedächtnis. Ein deutliches Defizit findet sich auch im Untertest *Denken Konzeptuell*. Das Leistungsprofil der allgemeinen Entwicklung ist konstant. Hier zeigt sich einzig im Funktionsbereich *Sozial-Emotionale Kompetenz* eine absolute Schwäche im Untertest *Emotionen Regulieren*, die jedoch, wie oben schon erwähnt, hauptsächlich durch die sprachliche Ausdrucksschwäche bedingt ist. Relative Stärken zeigt Jonas bei *Emotionen Erkennen* und *Sozial Kompetent Handeln* (s. Abb. 1). Über alle Funktionsbereiche hinweg sind die Leistungen in der *Psychomotorik* als individuelle Stärke und die Leistungen in der *Kognition* als individuelle Schwäche zu bewerten (s. Abb. 2).

11.3.3 Weitere Untersuchungsergebnisse

Verhaltensbeobachtung. Jonas ist ein aufgestellter, ausgeglichener und noch etwas verspielter Junge. Er ist Rechtshänder. Beim Lösen schulähnlicher Aufgaben zeigt er moderate Motivation, er lässt sich jedoch problemlos zum Mitmachen ermutigen. In der zweistündigen Untersuchung zeigt er wenig Spontansprache und äußert sich nur, wenn er aufgefordert wird. Die Satzbildung und Artikulation sind unauffällig. Es fällt jedoch auf, dass er Mühe hat einen Sachverhalt in eigene Worte zu fassen. Die Aufgabenstellungen werden verstanden und mit viel Ausdauer und gutem Problemlöseverhalten umgesetzt. Sein Arbeitstempo ist langsam. Beim Lösen der Aufgaben zeigte er mäßige Leistungsfreude, d. h. anspruchsvollere Aufgaben korrekt gelöst ließen ihn unbeeindruckt und hatten keinen Einfluss auf das weitere Arbeitsverhalten. Sein Durchhaltevermögen war durchwegs positiv.

Weitere Testbefunde. Zusätzlich zu den IDS wurde das Lesesinnverständnis mit dem Untertest aus dem K-ABC geprüft. Sein Lesefluss ist langsam, der Inhalt wird verstanden. In einem weiteren Schritt werden zusätzlich neuropsychologische Testverfahren (VLMT, DCS, Rey-Figur, Zahlensymboltest, ZVT, Wortschatz-Test (HAWIK-IV), RWT, Mottier) eingesetzt.

11.3.4 Interpretation und Intervention

Interpretation. Die Diskrepanz zwischen der kognitiven und allgemeinen Entwicklung ist zentral. Das kognitive Leistungsprofil von Jonas liegt knapp unterhalb der Altersnorm. Insbesondere die Aufmerksamkeitsschwäche und die expressive Sprachschwierigkeit sind ausgeprägt und können zu erschwerten Bedingungen bei der Verarbeitung von neuen Lerninhalten führen. Bei der Rolando-Epilepsie ist das Auftreten leichter kognitiver Störungen der visuomotorischen Wahrnehmung, Störungen der Aufmerksamkeit und aufgrund der charakteristischen Verteilung der epileptischen Entladungen über der zentro-temporalen Hirnregion auch Störungen der Sprachentwicklung nicht selten. Die verminderte Leistung im Untertest *Gedächtnis Räumlich-Visuell* ist als Folge der Aufmerksamkeitsschwäche zu interpretieren und die ungenügende Leistung im Untertest *Gedächtnis Auditiv* im Rahmen der expressiven Sprachschwäche. Die Schwäche bei der Emotionsregulation kann einerseits auf die Sprachschwäche, andererseits aber auch auf fehlende Regulationsstrategien im Umgang mit negativen Emotionen interpretiert werden. Die Schulunlust, die seit Schulbeginn vorhanden ist, kann durch verschiedene Faktoren beeinflusst werden: Eine permanente Überforderung, der Leistungsvergleich mit den anderen Kindern oder eine Interaktionsproblematik mit der Lehrperson.

Intervention. Die Weiterführung der integrativen Förderung ist sehr wichtig. Innerhalb dieser Stunden sollte besonders die sprachliche Ausdrucksfähigkeit geschult werden, da Jonas nicht motiviert ist neben der Schule noch regelmäßig eine externe Therapie zu besuchen. Im Funktionsbereich *Psychomotorik* bestätigt sich die berichtete Bewegungsfreude. Daher wäre es hilfreich, wenn Jonas gewisse Lerninhalte über motorische Aktivitäten erlernen könnte, das heißt, er nicht nur am Pult sitzen bleiben muss, sondern in Bewegung eine Aufgabe lösen kann. Im Vordergrund steht nebst der sprachlichen Ausdrucksschwäche die Aufmerksamkeitsproblematik, die in der Schule als Tagträumerei wahrgenommen wird. Da bis heute die Umsetzung pädagogischer Maßnahmen nicht den gewünschten Erfolg gebracht hat, wäre eine medikamentöse Intervention z.B. mit Stimulanzien zu diskutieren. Aus der Literatur ist gut bekannt, dass Kinder mit einer Epilepsie ein erhöhtes Risiko für Aufmerksamkeitsstörungen aufweisen. Soweit sie von der Anfallssituation her gut eingestellt sind, ist eine Behandlung mit Stimulanzien möglich und vergleichbar effektiv, wie bei der Behandlung der konstitutionellen Aufmerksamkeitsstörung. Eine weitere verhaltenstherapeutische Maßnahme wäre der Besuch eines Konzentrationstrainings in einer Gruppe.

11.4 Fallbeispiel 2: Elena (7;10) Status nach neonatalem Stroke links

11.4.1 Anamnese und Problemstellung

Elena ist das zweite von drei Kindern gesunder Eltern. Ihre Brüder (17 J. und 4 J.) sind gesund. Die Schwangerschaft verlief unauffällig und die Geburt erfolgte termingerecht, normaler APGAR 9/10/10. Am zweiten Lebenstag kam es zu wiederholten Zuckungen des rechten Armes und Beines. Als pathophysiologische Grundlage für das Geschehen wurde per MRI ein Hirninfarkt parieto-okzipital links diagnostiziert. Die Ätiologie ist ungeklärt. Nebst der antikonvulsiven Behandlung wurde mit Physiotherapie begonnen, mit deren Hilfe sie gute motorische Fortschritte machte. Im Verlauf zeigte Elena eine leichte motorische Asymmetrie zu Ungunsten der rechten Körperseite und eine langsame Sprachentwicklung. Sie hantierte mehrheitlich mit der linken Hand. Im Alter von zwei Jahren erhielt sie neben Physiotherapie zusätzlich heilpädagogische Frühförderung, beide Therapien endeten im Alter von 3;6 Jahren. Die psychomotorische Entwicklung gemäß dem Denver-Test war altersentsprechend. Im Alter von vier Jahren besuchte Elena die Spielgruppe, in der sie gut integriert war. Zu Hause reagierte Elena zunehmend aggressiv, jähzornig und unruhig. Im Kindergarten machte Elena gut mit und hatte leichte Schwierigkeiten beim Lernen von Liedern und beim Zählen. Zwischenzeitlich besucht Elena die zweite Einführungsklasse. Leistungsmäßig habe sie durchweg Schwierigkeiten (Lesen, Schreiben, Rechnen), ihr Arbeitstempo sei langsam und geschriebene Zahlen könne sie nicht benennen. Sozial sei sie gut integriert. Zu Hause komme es immer wieder zu Wutausbrüchen. Sie schreie, schlage ihren Bruder oder schlage die Tür zu. In der Schule zeige sie keine aggressiven Verhaltensweisen. Eine psychotherapeutische Intervention wurde bis anhin nicht wahrgenommen. Die neuropsychologische Untersuchung hatte zum Ziel, Elenas Leistungsfähigkeit zu erfassen und zu evaluieren, um daraus die geeigneten Fördermaßnahmen für die weitere schulische Entwicklung anzupassen.

11.4.2 IDS-Testergebnisse

Kognitive Entwicklung. Die intellektuelle Leistungsfähigkeit von Elena liegt im unteren Durchschnittsbereich (IQ=88; 90%-Konfidenzintervall IQ=81–95). Die Werte der einzelnen Untertests liegen meist im unteren Normbereich. *Wahrnehmung Visuell* (9 WP) und *Aufmerksamkeit Selektiv* (9 WP) sind durchschnittlich. Die phonologische und räumlich-visuelle Gedächtnisleistung (je 7 WP) liegen im untersten Normbereich, die auditive Gedächtnisleistung (10 WP) im guten Durchschnittsbereich. Im Untertest *Denken Bildlich* (6 WP) zeigt Elena unterdurchschnittliche und im Untertest *Denken Konzeptuell* (7 WP) durchschnittliche Leistungen (s. Abb. 3).

Allgemeine Entwicklung. Die Werte des Funktionsbereichs *Psychomotorik* zeigen eine Diskrepanz zwischen der unterdurchschnittlichen Leistung des Untertests *Grobmotorik* (5 WP) und den durchschnittlichen Leistungen *Feinmotorik* (12 WP) und *Visuomotorik* (10 WP). Im Bereich der *Sozial-Emotionalen Kompetenz* zeigt Elena in den Untertests

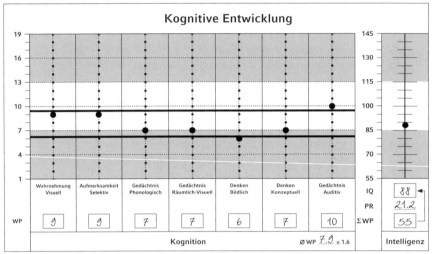
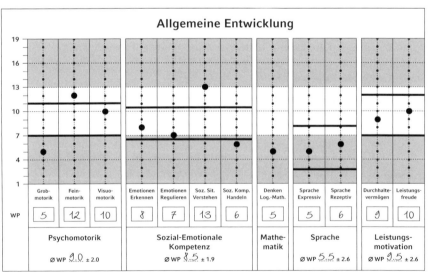

Abbildung 3: IDS-Profil von Elena

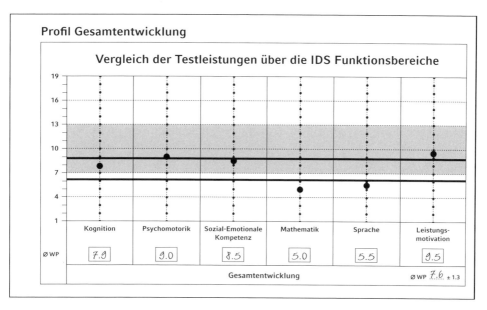

Abbildung 4: IDS-Gesamtprofil von Elena

Emotionen Erkennen (8 WP), *Emotionen Regulieren* (7 WP) und *Soziale Situationen Verstehen* (13 WP) durchschnittliche und im Untertest *Sozial Kompetent Handeln* (6 WP) unterdurchschnittliche Leistungen. Die Leistungen im *Denken Logisch-Mathematisch* (5 WP) sind unterdurchschnittlich. Die sprachlichen Leistungen, *Sprache Expressiv* (5 WP) und *Sprache Rezeptiv* (6 WP), liegen nicht im Bereich der Altersnorm. Die *Leistungsmotivation* ist in den Bereichen *Durchhaltevermögen* (9 WP) und *Leistungsfreude* (10 WP) durchschnittlich.

Stärken und Schwächen. Das Leistungsprofil der kognitiven Entwicklung ist relativ konstant und zeigt, dass Elena Informationen auditiv gut verarbeiten kann. Eine absolute Schwäche zeigt Elena beim problemlösenden Denken (Untertest *Denken Bildlich*). Das Leistungsprofil der allgemeinen Entwicklung ist nicht homogen und zeigt Diskrepanzen sowohl zwischen den verschiedenen Funktionsbereichen als auch innerhalb der Funktionsbereiche. Eine absolute Schwäche zeigt Elena (entsprechend ihrer beinbetonten Halbseitensymptomatik) beim Ausführen grobmotorischer Aufgaben, im Gegensatz dazu zeigt sie eine relative Stärke bei feinmotorischen Aufgaben (s. Abb. 3). Im Funktionsbereich *Sozial-Emotionale Kompetenz* fällt die individuelle Stärke im Bereich *Soziale Situationen Verstehen* und die absolute Schwäche im Bereich *Sozial Kompetent Handeln* ins Auge. Absolute Schwächen zeigen sich auch in den Bereichen *Mathematik* und *Sprache* (s. Abb. 4).

11.4.3 Weitere Untersuchungsergebnisse

Verhaltensbeobachtung. Elena ist Linkshänderin, großgewachsen, wirkt ruhig und arbeitet während der zweistündigen Untersuchung motiviert mit. Die Testanweisungen werden meist verstanden und korrekt umgesetzt. Bei Unklarheiten wird umgehend nachgefragt. Ihre zu Beginn beobachtbare Schüchternheit legt sich schon nach der ersten durchgeführten Aufgabe. Ihr Arbeitstempo ist fluktuierend. Insbesondere bei sprachbezogenen Aufgaben benötigt Elena viel Zeit. Die Aufgaben werden aufmerksam und ausdauernd gelöst. Wenn Elena nicht umgehend eine Lösung findet bleibt sie motiviert an der Aufgabe und sucht nach anderen Möglichkeiten das Ergebnis zu erlangen. Ihre sprachliche Ausdrucksfähigkeit ist nicht altersadäquat. Es fällt ihr nicht einfach eine Geschichte in eigenen korrekt gebildeten Sätzen nachzuerzählen. Trotz dieser Schwierigkeiten ließ ihre Motivation nicht nach und sie zeigte durchwegs gutes Durchhaltevermögen.

Weitere Testbefunde. Ergänzend zu den IDS wurde noch ihr Zahlenverständnis (ZAREKI-R) und die visuelle Wahrnehmung (VOT) geprüft. Zahlen von 1 bis 10 werden erkannt; Zahlen zwischen 11 bis 20 können nur nach abzählen benannt werden.

11.4.4 Interpretation und Intervention

Interpretation. Bei Elena lassen sich allgemein schwächere, jedoch noch in der Altersnorm liegende, kognitive Leistungen nachweisen. Sie hat Schwierigkeiten bei der Verarbeitung sequenzieller *(Gedächtnis Phonologisch)* und räumlich-visueller Informationen und Mühe beim problemlösenden (bildlichen) und konzeptuellen Denken. Die Wahrnehmung höherer visueller Informationen ist intakt. Inhaltsbezogene Informationen werden altersadäquat verarbeitet. In der allgemeinen Entwicklung finden sich inter- und intraindividuelle Schwächen. Insbesondere die Leistungen der Bereiche *Grobmotorik* (Störung der Gleichgewichtsregulation mit milder beinbetonter Hemisymptomatik rechts), *Mathematik* und *Sprache* (bei linkshemisphärischer Läsion) sind nicht altersadäquat entwickelt, was gut vereinbar ist mit der Grunderkrankung. Es zeigt, dass früh im Kindesalter erworbene Hirnfunktionsstörungen nicht immer vollumfänglich kompensiert werden können. Leichte Schwierigkeiten zeigen sich auch bei der Emotionsregulierung, im Sinne einer fehlenden Strategiefindung bei der Bewältigung von negativen Emotionen, das zu nicht adäquaten Handlungen führen kann. Die berichteten Wutausbrüche im häuslichen Setting können einerseits auf diese fehlende Strategiebildung zurückgeführt werden, andererseits kann es auch eine reaktive Verhaltensweise bei Leistungsüberforderung darstellen.

Intervention. Elena ist ein motiviertes und lernfreudiges Kind, das im sprachlichen und emotionalen Bereich zusätzliche Förderung benötigt. Wichtig ist, dass ihre intrinsische Motivation beibehalten werden kann. Zur Schulung der sprachlichen Fähigkeiten wird die Wiederaufnahme der Logopädie empfohlen. In der Schule sollte darauf geachtet werden, dass Elena versucht, kurze korrekte Sätze zu bilden und Geschichten sowie eigene Erlebnisse zusammenhängend in eigenen Worten erzählt. Zur Beratung im Umgang mit Elenas Wutausbrüchen und zur Vermittlung von Emotionsregulationsstrategien, wird eine kindzentrierte psychologische und erziehungsberaterische Intervention vorgeschlagen. Dabei scheint die Beratung der Eltern sehr wichtig zu sein. Ihnen sollten pädagogisch-therapeutische Strategien vermittelt werden, damit die Eltern-Kind-Beziehung positiv gestärkt wird. Die grobmotorischen Unsicherheiten werden ergotherapeutisch angegangen. Die Eltern haben Elena für die Therapie angemeldet. Zur Reevaluation der weiteren Entwicklungsschritte im Hinblick auf die weitere Beschulung und spätere Berufsausbildung werden Verlaufskontrollen stattfinden.

11.5 Zusammenfassung

Bei Kindern mit chronisch neuropädiatrischen Grunderkrankungen ist neben der engen medizinischen Betreuung immer auch die Auswirkung der Erkrankung oder ihrer Behandlung auf die Entwicklung zu berücksichtigen. Die beiden oben genannten Fallbeispiele machen anhand einer fokalen morphologischen Läsion (Zustand nach Hirninfarkt) und einer fokalen Funktionsstörung (idiopathisch-fokale Epilepsie) deutlich, wie komplex der Zusammenhang zwischen neuroorganischer Grunderkrankung und Entwicklung der Kinder ist.

Anders als im Erwachsenenalter sind die Auswirkungen morphologischer oder funktioneller Läsionen auf die Entwicklung bei Kindern flexibler. Die Entwicklung kognitiver, sozialer und emotionaler Funktionen erfolgt in noch reifenden neuronalen Netzwerken. Erkrankungen in bestimmten Regionen können die Funktion dieser Regionen stören, haben aber auch Auswirkungen auf die weitere Reifung der neuronalen Verbindungen, so dass eine pädiatrisch neuropsychologische Lokalisationsdiagnostik oftmals schwieriger ist und die Kinder eher durch multiple und unspezifische Entwicklungsprobleme auffallen. Zusätzlich ist auf der Basis der frühen Hirnplastizität die Übernahme von Funktionen der erkrankten Hirnregion durch andere, z. B. kontralaterale Hirnregionen möglich, z. T. auf Kosten der genuinen Funktionsleistung dieser Regionen (crowding-effect). Als zusätzlicher modifizierender Faktor müssen die Behandlungsmaßnahmen, v. a. die Einflüsse zentralnervös wirksamer Medikamente auf die Hirnreifung und Entwicklung berücksichtigt werden. Darüber hinaus sind v. a. Aspekte der Krankheitsverarbeitung in der Familie und beim Kind insbesondere auf die soziale und emotionale Entwicklung zu berücksichtigen.

Die Stärke der IDS liegt in der Berücksichtigung aller relevanten Entwicklungsbereiche. Die IDS eignet sich gut, Stärken und Schwächen der Kinder mit neurologischen Grunderkrankungen differenziert zu diagnostizieren und daraus neben einer defizitorientierten Symptomerfassung auch ressourcenorientiert Handlungsanweisungen für (sonder-)pädagogische, motorik- und perzeptionsorientierte Therapien wie die Physiotherapie, Logopädie oder Ergotherapie abzuleiten.

Die Schwächen der IDS für den Bereich der Neuropädiatrie liegen darin, dass viele Kinder mit neurologischen Grunderkrankungen eine intellektuelle Leistungsfähigkeit im z. T. deutlich unterdurchschnittlichen Bereich haben, eine starke Differenzierung des Entwicklungsstandes bei diesen Kindern oft nicht möglich ist mit einem Verfahren, das im Prinzip für normal begabte Kinder evaluiert ist. Hier wären spezielle Normen für geistig behinderte Kinder wünschenswert. Darüber hinaus bedürfen Kinder mit einer chronischen Beeinträchtigung in der Regel Folgeuntersuchungen. Die relativ enge Altersbegrenzung der IDS schränkt seine Anwendungsmöglichkeiten in diesem Bereich ein, wobei die Erstellung eines konzeptuell gleichen Verfahrens für jüngere Kinder wie auch Jugendliche in Bearbeitung ist.

Literatur

Aksu, F. (2008). (Hrsg.). *Neuropädiatrie* (3. Aufl.). Bremen: Uni-med Verlag.
Strassburg, H. M., Dacheneder, W. & Kress, W. (2008). *Entwicklungsstörungen bei Kindern* (4. Aufl.). München: Urban und Fischer.

III Anhang

Glossar für die Praxis

Aufgabenlösung. *Darf einem Kind nach der Bearbeitung einer Aufgabe die richtige Lösung mitgeteilt werden?*

Nein, es ist nicht erlaubt, dem Kind eine Rückmeldung zu seinen Leistungen zu geben im Sinne von „Das hast du richtig gemacht!" oder „Das war jetzt falsch!" Sie dürfen aber das Mitmachen des Kindes loben wie „Du machst gut mit!".

Auswerteprogramm. *Welche Systemvoraussetzungen verlangt das Auswerteprogramm?*

Das IDS-Auswerteprogramm liegt dem kompletten Testset bei. Es handelt sich um eine Einplatzversion, das folgende Systemvoraussetzungen verlangt: IBM-kompatibler PC 800 MHz, 512 MB RAM, CD/DVD Laufwerk und Betriebssystem WIN 2000/XP/VISTA.

Bodeneffekte. *Bestehen in den IDS Bodeneffekte und welche Auswirkungen haben diese für die Testinterpretation?*

Enthält ein Test zu wenig leichte Items, kann es sein, dass Kinder im unteren Leistungsbereich nur wenige oder gar keine Aufgaben richtig lösen können. In diesem Fall ist ein Test zu schwierig und misst im unteren Leistungsbereich nicht mehr zuverlässig. In den IDS sind bei jüngeren Kindern vereinzelt Bodeneffekte zu verzeichnen. Im IDS-Manual im Anhang A wird darauf hingewiesen, dass Bodeneffekte insbesondere die Untertests *Denken Konzeptuell*, *Visuomotorik*, *Emotionen Regulieren* und *Sprache Expressiv* betreffen. Aufgrund zu wenig leichter Items erzielt beispielsweise ein 5;0-jähriges Kind in den genannten Untertests bei einer Rohwertsumme von 0 Punkten mindestens 4 Wertpunkte und nicht den Minimalwert von einem Wertpunkt. Für die Testinterpretation bedeutet dies, dass in diesem Fall zwar angegeben werden kann, dass eine Leistung unterhalb des altersentsprechenden Mittelwertes erzielt wurde, aber nicht genau differenziert werden kann, ob die Leistung im unterdurchschnittlichen oder weit unterdurchschnittlichen Bereich liegt.

Deckeneffekte. *Bestehen in den IDS Deckeneffekte und welche Auswirkungen haben diese für die Testinterpretation?*

Enthält ein Test zu wenig schwierige Items, kann es sein, dass Kinder im oberen Leistungsbereich fast alle oder alle Aufgaben richtig lösen. In diesem Fall ist ein Test zu leicht und misst im oberen Leistungsbereich nicht mehr zuverlässig. In den IDS sind insbesondere bei älteren Kindern vereinzelt Deckeneffekte zu verzeichnen. Im IDS-Manual im Anhang A wird darauf hingewiesen, dass Deckeneffekte insbesondere die Untertests der allgemeinen Entwicklung betreffen. Aufgrund zu wenig schwieriger Items erzielt beispielsweise ein 10;6-jähriges Kind in den genannten Untertests bei einer maximalen Rohwertsumme nicht den Maximalwert von 19 Wertpunkten. Für die Testinterpretation bedeutet dies, dass in diesem Fall zwar angegeben werden kann, dass eine

Leistung oberhalb des altersentsprechenden Mittelwertes erzielt wurde, aber nicht genau differenziert werden kann, ob die Leistung im überdurchschnittlichen oder weit überdurchschnittlichen Bereich liegt.

Förderinstrument. *Was bedeutet die Aussage „IDS ist ein Förderinstrument"?*

Der Intelligenzwert der IDS erlaubt eine Aussage zur Minder- oder Hochbegabung eines Kindes. Aus einem IDS-Profil dürfen aber ansonsten keine klinischen Diagnosen abgeleitet werden. Aus den individuellen Stärken und Schwächen ergeben sich zwar häufig Hinweise auf das Vorhandensein klinisch bedeutsamer Störungsbilder und mögliche Ansätze für Trainings- und Therapiemaßnahmen. Es ist aber nicht zulässig, aus den IDS-Profilen klinische Diagnosen abzuleiten, da die Diagnose selbst auf störungsspezifischen Informationen basieren muss. Daher werden die IDS als Förder- und nicht als Diagnoseinstrument verstanden.

Funktionsbereich Leistungsmotivation. *Kann von der Testleistung im Funktionsbereich Leistungsmotivation auf die Leistungsmotivation im schulischen Umfeld geschlossen werden?*

Da Testergebnisse immer auch durch die Motivation der Kinder beeinflusst werden, ermöglicht der Funktionsbereich *Leistungsmotivation* die Einschätzung der situationsspezifischen Leistungsmotivation des Kindes während der Testsituation. Zum einen bietet dieser Funktionsbereich der Testleiterin und dem Testleiter die Möglichkeit, die Testdurchführung standardisiert zu reflektieren, und zum anderen ermöglicht der Funktionsbereich die Kontrolle, ob das Kind während der Bearbeitung der IDS Durchhaltevermögen und Leistungsfreude zeigte. Es ist hingegen nicht zulässig, die Testergebnisse des Funktionsbereiches *Leistungsmotivation* auf weitere Leistungssituationen zu übertragen respektive die Leistungen in diesem Funktionsbereich zu generalisieren.

Funktionsbereich Mathematik. *Warum geht der Funktionsbereich Mathematik nicht in die Intelligenzwertberechnung mit ein?*

Nach Baltes (1990) umfasst Kognition sowohl Mechanik (Basisoperationen wie elementare Gedächtnisprozesse und relativ wissensunabhängige Denkoperationen) als auch Pragmatik (Anwendung der Mechanik auf Wissenssysteme im sozialen Kontext). Die IDS stellen mit dem Intelligenzwert ein auf die Mechanik abzielendes Maß kognitiver Fähigkeiten zusammen. Die Funktionsbereiche *Mathematik* und *Sprache* schätzen hingegen eher erlernte, pragmatische Kognitionsbereiche ein. Die mathematischen und sprachlichen Leistungen gehen nicht in den Intelligenzwert ein, da diese im Vorschulalter mit der familialen Lernumgebung zusammenhängen und Kindern mit geringeren Möglichkeiten, kulturelles Wissen zu erlangen, insbesondere im Übergang vom Kindergarten in die Schule Nachteile erwachsen könnten. Da aber die mathematischen und sprachlichen Untertests ebenfalls kognitive Aspekte abbilden, können die Ergebnisse in diesen Untertests die Testleistungen des IDS-Funktionsbereiches *Kognition* stützen.

Funktionsbereich Sozial-Emotionale Kompetenz. *Können die Testergebnisse im Funktionsbereich Sozial-Emotionale Kompetenz Verhaltensbeobachtungen oder Elternangaben ersetzen?*

Nein, die Testergebnisse des Funktionsbereiches *Sozial-Emotionale Kompetenz* können weder Verhaltensbeobachtung noch Eltern- oder Betreuerangaben ersetzen. Der Funktionsbereich *Sozial-Emotionale Kompetenz* schätzt das Wissen eines Kindes ein, ob es beispielsweise Strategien zur Regulation von negativen Emotionen oder angemessene Verhaltensweisen zu sozialen Situationen kennt. Ob das Kind die angegebenen Verhaltensweisen im Alltag auch wirklich zeigt, kann mit den IDS nicht beantwortet werden. Hier liefern Ergebnisse aus Verhaltensbeobachtungen, Gesprächen mit Eltern und weiteren Betreuungspersonen oder Fragebogenauswertungen entscheidende Zusatzinformationen. Der Funktionsbereich *Sozial-Emotionale Kompetenz* dient daher nicht als Ersatz sondern als Ergänzung dieser Informationen für ein ganzheitliches Verständnis der kindlichen sozial-emotionalen Kompetenzen.

Funktionsbereich Sprache. *Warum geht der Funktionsbereich Sprache nicht in die Intelligenzwertberechnung mit ein?*

Siehe Hinweise bei „Funktionsbereich Mathematik".

Hilfestellung. *Darf man ein Kind unterstützen und ihm zusätzliche Hilfestellung bieten?*

In der Normierung der IDS wurden die im Manual aufgeführten Hilfestellungen verwendet. Würden bei einer Testdurchführung zusätzliche Hilfestellungen angeboten werden, wären die Testergebnisse nicht mehr mit den Normdaten vergleichbar. Es ist daher nicht zulässig, dem Kind zusätzliche Hilfen zu bieten. Im Einzelfall – z. B. bei der Testung von geistig behinderten Kindern – kann es jedoch notwendig sein, das Kind zusätzlich zu motivieren, die Aufmerksamkeit vermehrt auf die Aufgaben zu lenken oder die Testung auf mehrere Untersuchungstermine aufzuteilen.

Interindividuelle Analyse. *Wie erfolgt in den IDS die interindividuelle Analyse?*

Im Fokus der Auswertung der IDS-Testergebnisse steht die Dynamik bereichsspezifischer Stärken und Schwächen des Kindes. Diese werden sowohl zum individuellen Entwicklungsprofil (intraindividuelle Analyse) als auch zu dem der Altersgruppe (interindividuelle Analyse) in Beziehung gesetzt. Die interindividuelle Analyse zeigt, ob bei einem Kind in den einzelnen Untertests wie auch in den Funktionsbereichen altersentsprechende Entwicklungsrückstände respektive -vorsprünge vorliegen. In einem ersten Schritt werden die Rohwertsummen der Untertests in Wertpunkte mit $M=10$ und $SD=3$ transformiert. In einem zweiten Schritt werden die Wertpunktmittelwerte pro Funktionsbereich berechnet. Die Wertpunkte werden inhaltlich wie folgt interpretiert: 1 bis 3 Wertpunkte: weit unterdurchschnittlich, 4 Wertpunkte: Übergang von weit unter- zu unterdurchschnittlich, 5 bis 6 Wertpunkte: unterdurchschnittlich, 7 Wertpunkte: Übergang von unter- zu durchschnittlich, 8 bis 12 Wertpunkte: durchschnittlich, 13 Wertpunkte: Übergang von durch- zu überdurchschnittlich, 14 bis 15 Wertpunkte: überdurchschnittlich, 16 Wertpunkte: Übergang von über- zu weit überdurchschnittlich, 17 bis 19 Wertpunkte: weit überdurchschnittlich.

Intraindividuelle Analyse. *Wie erfolgt in den IDS die intraindividuelle Analyse?*

Im Fokus der Auswertung der IDS-Testergebnisse steht die Dynamik bereichsspezifischer Stärken und Schwächen des Kindes. Diese werden sowohl zum individuellen Entwicklungsprofil (intraindividuelle Analyse) als auch zu dem der Altersgruppe (interindividuelle Analyse) in Beziehung gesetzt. Die intraindividuelle Analyse berücksichtigt, ob innerhalb desselben Kindes Stärken und Schwächen vorliegen. Intraindividuelle Analysen können einerseits auf der Ebene der Funktionsbereiche oder auf Ebene der Gesamtentwicklung stattfinden. Zur Berechnung der intraindividuellen Stärken und Schwächen auf Ebene der Funktionsbereiche werden zunächst die Rohwertsummen der einzelnen Untertests in Wertpunkte transformiert und dann die Wertpunktmittelwerte pro Funktionsbereich bestimmt (siehe „*Interindividuelle Analyse*"). Zu diesem individuellen Wertpunktmittelwert wird anschließend die Wertpunktstandardabweichung der Normstichprobe pro Funktionsbereich addiert und subtrahiert. Liegen Wertpunkte innerhalb dieses Wertpunktebandes handelt es sich für das Kind selbst um eine durchschnittliche Leistung. Liegen Wertpunkte oberhalb respektive unterhalb dieser Wertpunktebänder, handelt es sich für das Kind um individuelle Stärken respektive Schwächen. Auf der Ebene der Gesamtentwicklung wird der Wertpunktmittelwert über alle Funktionsbereiche berechnet und die Wertpunktstandardabweichung der Normstichprobe der Gesamtentwicklung addiert und subtrahiert. Liegen Wertpunktmittelwerte von Funktionsbereichen innerhalb dieses Wertpunktebandes, handelt es sich für das Kind selbst um eine durchschnittliche Leistung. Liegen Wertpunktmittelwerte oberhalb respektive unterhalb dieses Wertpunktebandes, handelt es sich für das Kind um individuelle Stärken respektive Schwächen.

Prozenträngen. *Wie interpretiert man Prozenträngen?*

Prozenträngen geben die Rangposition der Leistung innerhalb einer Vergleichsgruppe an. Wenn beispielsweise ein Kind in den kognitiven Untertests der IDS eine Wertpunktsumme von 60 erzielt, entspricht dies einem Intelligenzwert von IQ = 93 und einem Prozentrang von 32. Der Prozentrang 32 bedeutet, dass 32 % der Kinder der Normstichprobe ein schlechteres oder gleich gutes Ergebnis und 68 % der Kinder der Normstichprobe ein besseres Ergebnis erzielten.

Sprachkompetenzen. *Inwiefern spielen Sprachleistungen des Kindes bei der IDS-Testung eine Rolle?*

Die IDS sind kein sprachfreies Verfahren. Spricht ein Kind kein Deutsch oder spricht es gar nicht, können die IDS nicht durchgeführt werden. Bei fremdsprachigen Kindern oder sprachlich auffälligen Kindern können die Untertests *Gedächtnis Auditiv*, *Sprache Expressiv* und *Sprache Rezeptiv* Hinweise auf die sprachlichen Kompetenzen eines Kindes geben. Zudem ist bei der Interpretation des Funktionsbereiches *Sozial-Emotionale Kompetenz* Vorsicht geboten. Hier muss die Testleiterin oder der Testleiter mit berücksichtigen, dass eine schwache Leistung nicht nur durch mangelndes Wissen im Bereich der sozial-emotionalen Kompetenzen sondern auch durch mangelnde sprachliche Kompetenzen zu Stande gekommen sein kann.

Testabbruch. *Wann muss die Durchführung eines Untertests abgebrochen werden?*

Um einer möglichen Frustration des Kindes entgegen zu wirken, enthalten viele Untertests Abbruchkriterien. In den meisten Untertests wird die Testung abgebrochen, wenn dreimal in Folge eine Aufgabe falsch oder nicht gelöst wurde (*Gedächtnis Phonologisch, Gedächtnis Räumlich-Visuell, Denken Bildlich, Denken Konzeptuell, Emotionen Erkennen, Denken Logisch-Mathematisch, Sprache Expressiv, Sprache Rezeptiv*). Im Untertest *Wahrnehmung Visuell* erfolgt aufgrund des Positionsauswertungsverfahrens der Abbruch, wenn zweimal in Folge drei oder weniger Punkte erzielt wurden. Den Untertest *Aufmerksamkeit Selektiv* bearbeiten alle Kinder während neunmal 15 Sekunden. In den Untertests *Gedächtnis Auditiv, Grobmotorik, Feinmotorik, Visuomotorik, Emotionen Regulieren, Soziale Situationen Verstehen, Sozial Kompetent Handeln, Durchhaltevermögen* und *Leistungsfreude* gibt es kein Abbruchkriterium.

Testalteräquivalente. *Wie interpretiert man Testalteräquivalente?*

Testalteräquivalente kennzeichnen das Alter in Jahren und Monaten, in denen eine bestimmte Rohwertsumme der durchschnittlichen Leistung (also 10 Wertpunkten) einer Altersstufe entspricht. Wenn beispielsweise ein 10;0-jähriges Kind im Untertest *Gedächtnis Auditiv* eine Rohwertsumme von 22 Punkten erzielt, entspricht dies 2 Wertpunkten und damit einer weit unterdurchschnittlichen Leistung. Im Anhang dieses Fallbuches kann abgelesen werden, dass 22 Rohwertpunkte einer durchschnittlichen Leistung eines 6;0- bis 6;5-jährigen Kindes entsprechen (da ein 6;0- bis 6;5-jähriges Kind für 22 Rohwertpunkte 10 Wertpunkte erhalten würde). Obwohl Testalteräquivalente auch für Nichtexperten in der Regel gut verständlich sind, ist anzumerken, dass Testalteräquivalente die relative Position eines Kindes im Vergleich zu gleichaltrigen Kinder wie auch die beträchtliche Variabilität normaler Entwicklung nicht berücksichtigen. Testalteräquivalente bieten daher nur eine vereinfachte und grobe Einschätzung des kindlichen Entwicklungsstandes.

Testdurchführung, unvollständige. *Kann ein Intelligenzwert berechnet werden, auch wenn nicht alle kognitiven Untertests vorgegeben wurden?*

Zur Intelligenzwertberechnung werden die Wertpunkte der sieben kognitiven Untertests (*Wahrnehmung Visuell, Aufmerksamkeit Selektiv, Gedächtnis Phonologisch, Gedächtnis Räumlich-Visuell, Gedächtnis Auditiv, Denken Bildlich* und *Denken Konzeptuell*) addiert und in einen Intelligenzwert transformiert. Konnte ein Untertest nicht durchgeführt werden oder musste ein Untertest abgebrochen werden, ist es möglich, den Intelligenzwert zu schätzen. Hierzu wird der fehlende Wertpunkt durch den gerundeten Wertpunktmittelwert der durchgeführten Untertests ersetzt. Konnten zwei oder mehr Untertests nicht (vollständig) durchgeführt werden, ist keine Schätzung des Intelligenzwertes erlaubt.

Testverkürzung. *Gibt es eine Kurzform der IDS?*

Nein, es gibt keine Kurzform der IDS. Die IDS sind jedoch modulartig aufgebaut. Dies ermöglicht, dass nicht immer der Gesamttest durchgeführt werden muss. Je nach diagnostischer Fragestellung und individueller Ausgangslage können einzelne Funktionsbereiche auch unabhängig voneinander eingesetzt werden.

Testwiederholung. *Nach welchem Zeitraum können die IDS wiederholt werden?*

Zum wiederholten Einsatz der IDS liegen keine Empfehlungen vor. Es wird aber davon ausgegangen, dass ab einem Abstand von einem Jahr bei einer wiederholten Vorgabe der IDS Lern- und Übungseffekte ausgeschlossen werden können. Während Übungseffekte beispielsweise in den Untertests *Aufmerksamkeit Selektiv* und *Denken Bildlich* und Lerneffekte in den Untertests *Gedächtnis Auditiv* und *Denken Konzeptuell* erwartet werden müssen, ist in den Untertests *Gedächtnis Phonologisch* und *Gedächtnis Räumlich-Visuell* kaum mit Übungs- und Lerneffekten zu rechnen.

Umgangssprache. *Können die IDS in der Mundart bzw. dem Dialekt des Kindes durchgeführt werden oder muss hochdeutsch gesprochen werden?*

Wenn in den Instruktionen keine entsprechenden Hinweise gegeben werden, können die IDS in der Mundart bzw. dem Dialekt des Kindes durchgeführt werden. Einzig in den Untertests *Sprache Expressiv* und *Sprache Rezeptiv* wird darauf hingewiesen dass 9- bis 10-jährige Kinder die Sätze in der Standardsprache sprechen respektive die Sätze in Standardsprache vorgegeben werden müssen.

Untertest Aufmerksamkeit Selektiv. *Beim Untertest Aufmerksamkeit Selektiv arbeiten einzelne Kinder so schnell, dass sie dadurch zahlreiche Enten überspringen und Enten sozusagen zufällig durchstreichen. Was tun?*

Im Untertest *Aufmerksamkeit Selektiv* müssen Kinder Zielreize, das sind Enten mit zwei orangen Merkmalen und Blickrichtung rechts, zwischen ähnlichen aber nicht identischen Reizen bestimmen. Dieses Aufgabenformat erfordert somit die selektive (auch fokussierte) Aufmerksamkeit und durch eine Zeitbegrenzung zusätzlich auch Bearbeitungsgeschwindigkeit. Das Kind wird daher in der Instruktion aufgefordert, so schnell wie möglich ohne Fehler zu arbeiten. Vereinzelt arbeiten Kinder so schnell, dass sie dadurch zahlreiche Enten überspringen und die Enten fast zufällig anstreichen. Durch diese instruktionswidrige Bearbeitung erzielen diese Kinder ein besseres Resultat als Kinder, die sorgfältig und dafür langsamer arbeiten. Hier besteht die Möglichkeit, den Untertest zu unterbrechen und dem Kind die Instruktion erneut vorzugeben. Hält sich ein Kind auch nach einer weiteren Vorgabe der Instruktion nicht an das Aufgabenformat, besteht die Möglichkeit, den Untertest nicht zu werten und den Intelligenzwert zu schätzen (siehe „*Testdurchführung, unvollständige*").

Untertest Denken Bildlich. *Wie erfolgt die Bewertung, wenn ein Kind die Holzklötzchen in die Höhe baut?*

Im Untertest *Denken Bildlich* soll das Kind mit drei- und viereckigen Klötzchen geometrische Figuren nachlegen. Einzelne Kinder legen die Holzklötzchen trotz entsprechender Instruktion nicht auf die weiße Unterlage, sondern bauen die Holzklötzchen in die Höhe. In diesem Fall soll das Kind darauf hingewiesen werden, dass es die Holzklötzchen nicht aufstellen, sondern auf die weiße Unterlage legen soll, genau so, wie es in der Beispielaufgabe gemacht wurde. Trotz dieser Hilfestellung können einige, insbesondere leistungsschwächere Kinder ihre Strategie der Aufgabenbearbeitung nicht ändern und versuchen weiterhin, die Holzklötzchen in die Höhe zu bauen. Für diese Kinder ist es nicht möglich, die zweite und dritte Aufgabe zu lösen. Wird die vierte und fünfte Aufgabe jedoch richtig in die Höhe gebaut, werden diese Aufgaben als richtig bewertet.

Untertest Feinmotorik. *Im Untertest Feinmototrik ist es für die Kinder schwierig, die Perlen und Würfel aus der Schachtel zu "fischen". Was tun?*

Die im Testkoffer mitgelieferte Schachtel gestaltet es aufgrund der Kantenhöhe für die Kinder schwierig, die Perlen und Würfel zu greifen. Für die Normierung wurde eine Plastikdose verwendet. Sie sehen diese Plastikdose auf dem Foto. Sie können sich für Ihre Testungen eine ähnliche Dose zulegen oder die Perlen und Würfel lediglich auf den Tisch legen. Achten Sie bei letzterem darauf, dass Sie die Perlen auf die Löcher stellen, damit sie nicht wegrollen.

Untertest Gedächtnis Auditiv. *Wie viel Zeit muss zwischen der Vorgabe und dem Abruf der Geschichte liegen?*

Der Untertest *Gedächtnis Auditiv* schätzt das Langzeitgedächtnis (auch Textgedächtnis) ein. Das Kind soll eine zu Beginn der Testung gehörte Geschichte am Ende des kognitiven Funktionsbereiches frei und gestützt erinnern. Hier gilt es zu beachten, dass zwischen dem Erzählen und dem Abfragen der Geschichte mindestens 20 Minuten liegen müssen, da diese Zeitspanne notwendig ist, um eine Speicherung von Information im Langzeitgedächtnis zu erreichen. Ob zwischen Vorgabe und Abruf der Geschichte mehr Zeit verstreicht (z. B. durch eine Pause, Toilettengang etc.) ist für die Testleistung im Untertest *Gedächtnis Auditiv* nicht maßgebend. Ein Nacherzählen der Geschichte erst an einem zweiten Testungstermin ist nicht zulässig. Muss die Testung abgebrochen werden, bevor die Geschichte nacherzählt werden konnte, kann der Untertest *Gedächtnis Auditiv* nicht zu Ende durchgeführt werden. Da dadurch der Intelligenzwert nicht berechnet werden kann, besteht hier die Möglichkeit, den Intelligenzwert zu schätzen (siehe *"Testdurchführung, unvollständige"*).

Vertrauensintervall (Konfidenzintervall). *Warum ist es sinnvoll, bei der Testauswertung das Vertrauensintervall zu beachten?*

Ein Testergebnis ist aufgrund der nicht perfekten Reliabilität (Rel < 1) eines Testverfahrens mit einem Messfehler behaftet. Ein Vertrauensintervall berücksichtigt die „Ungenauigkeit" eines Testverfahrens und gibt an, mit welcher Wahrscheinlichkeit ein von einem Kind erreichter Testwert in einem bestimmten Intervall liegt. In den IDS steht für den Intelligenzwert das 90%-Vertrauensintervall zur Verfügung. Erzielt beispielsweise ein Kind in den IDS einen Intelligenzwert von IQ = 83, wird hierzu das 90-prozentige Vertrauensintervall mit 76 bis 90 angegeben. Dies bedeutet, dass der Intelligenzwert des Kindes mit 90-prozentiger Wahrscheinlichkeit zwischen 76 und 90 liegt. In 10 % Prozent der Fälle kann es sein, dass der „wahre" Wert höher oder niedriger ausfällt.

Testverzeichnis

AAPEP	Adolescent and Adult Psychoeducational Profile/Entwicklungs- und Verhaltensprofil für Jugendliche und Erwachsene
ADOS	Diagnostische Beobachtungsskala für Autistische Störungen
AQ	Autismus-Spektrum-Quotient
ASDI	Asperger-Syndrom Diagnostik-Interview
BESMath-2	Berner Screening Mathematik
CBCL	Child Behavior Checklist
CFT 1	Grundintelligenztest Skala 1
CFT 20-R	Grundintelligenztest Skala 2 – Revision
CPM	Coloured Progessive Matrices
DCS	Diagnosticum für Cerebralschädigung
DES	Diagnostische Einschätzskalen zur Beurteilung des Entwicklungsstandes und der Schulfähigkeit
DISYPS-II	Diagnostik-System für psychische Störungen nach ICD-10 und DSM-IV für Kinder und Jugendliche – II
EQ	Empathie Quotient
ET 6-6	Entwicklungstest sechs Monate bis sechs Jahre
FAVK	Fragebogen zum aggressiven Verhalten von Kindern
FEEL-KJ	Fragebogen zur Erhebung der Emotionsregulation bei Kindern und Jugendlichen
FEW-2	Frostigs Entwicklungstest der visuellen Wahrnehmung – 2
FSK	Fragebogen zur Sozialen Kommunikation – Autismus Screening
GES	Griffiths Entwicklungsskalen
HAWIK-IV	Hamburg-Wechsler-Intelligenztest für Kinder – IV
HAWIVA-III	Hannover-Wechsler-Intelligenztest für das Vorschulalter – III
H-LAD	Heidelberger Lautdifferenzierungstest
HSET	Heidelberger Sprachentwicklungstest
HSP	Hamburger Schreib-Probe
JTCI	Junior Temperament und Charakter Inventar
K-ABC	Kaufman Assessment Battery for Children
K-CAB	Kaufman Computerized Assessment Battery

Kinder-DIPS	Diagnostisches Interview bei psychischen Störungen im Kindes- und Jugendalter
PEP	Psychoeducational Profile/Entwicklungs- und Verhaltensprofil
RWT	Regensburger Wortflüssigkeits-Test
SDQ	Strength and Difficulties Questionnaire
SETK-2	Sprachentwicklungstest für zweijährige Kinder
SETK 3-5	Sprachentwicklungstest für drei- bis fünfjährige Kinder
SLRT	Salzburger Lese- und Rechtschreibtest
SON-R 2½-7	Non-verbaler Intelligenztest von 2;6 bis 7;11 Jahren
SON-R 5½-17	Non-verbaler Intelligenztest von 5½ bis 17 Jahren
SPM	Standard Progressive Matrices
SRS	Skala zur Erfassung sozialer Reaktivität – Dimensionale Autismus-Diagnostik
TRF	Teacher Report Form
VLMT	Verbaler Lern- und Merkfähigkeitstest
VOT	Hooper Visual Organization Test
WET	Wiener Entwicklungstest
WPPSI-III	Wechsler Preschool and Primary Scale of Intelligence – Third Edition
ZAREKI-R	Testverfahren zur Dyskalkulie – Revidierte Fassung
ZLT	Zürcher Lesetest
ZVT	Zahlen-Verbindungs-Test

IDS-Testalteräquivalente

Kognition

Wahrnehmung Visuell	
Rohwertsumme	Testalteräquivalent
0–14	<5;0
15–18	5;0–5;5
19–20	5;6–5;11
21	6;0–6;5
22	6;6–6;11
23	7;0–7;5
24	7;6–7;11
25	8;0–8;5
26	8;6–8;11
27	9;0–9;5
28	9;6–9;11
29	10;0–10;5
30	10;6–10;11
31–46	>10;11

Aufmerksamkeit Selektiv	
Rohwertsumme	Testalteräquivalent
0–47	<5;0
48–56	5;0–5;5
57–60	5;6–5;11
61–70	6;0–6;5
71–81	6;6–6;11
82–86	7;0–7;5
87–93	7;6–7;11
94–100	8;0–8;5
101–103	8;6–8;11
104–108	9;0–9;5
109–114	9;6–9;11
115–116	10;0–10;5
117–125	10;6–10;11
126–225	>10;11

Gedächtnis Phonologisch	
Rohwertsumme	Testalteräquivalent
0–4	<5;0
5	5;0–6;5
6	6;6–7;5
7	7;6–9;5
8	9;6–10;11
9–12	>10;11

Gedächtnis Räumlich-Visuell	
Rohwertsumme	Testalteräquivalent
0–3	<5;0
4	5;0–6;5
5	6;6–7;11
6	8;0–9;5
7	9;6–10;11
8–11	>10;11

Denken Bildlich	
Rohwertsumme	Testalteräquivalent
0–3	<5;0–5;5
4	5;6–6;5
5	6;6–7;5
6	7;6–9;11
7	10;0–10;11
8–11	>10;11

Gedächtnis Auditiv	
Rohwertsumme	Testalteräquivalent
0–17	<5;0
18–19	5;0–5;5
20–21	5;6–5;11
22–24	6;0–6;5
25–26	6;6–6;11
27–28	7;0–7;5
29	7;6–7;11
30–31	8;0–8;5
32–34	8;6–8;11
35–36	9;0–10;5
37	10;6–10;11
38–48	>10;11

Denken Konzeptuell	
Rohwertsumme	Testalteräquivalent
0–3	<5;0
4	5;0–5;11
5	6;0–6;11
6	7;0–7;11
7	8;0–9;11
8	10;0–10;11
9–12	>10;11

Psychomotorik

Grobmotorik	
Rohwertsumme	Testalteräquivalent
0–4	<5;0–5;5
5	5;6–6;5
6	6;6–6;11
7	7;0–7;5
8	7;6–8;11
9	9;0–10;11
10–12	>10;11

Feinmotorik	
Rohwertsumme	Testalteräquivalent
0–6	<5;0
7	5;0–5;5
8	5;6–6;11
9	7;0–9;5
10	9;6–10;11
11–12	>10;11

Visuomotorik	
Rohwertsumme	Testalteräquivalent
0–4	<5;0
5–6	5;0–5;5
7	5;6–6;5
8–9	6;6–6;11
10	7;0–8;11
11	9;0–9;11
12	10;0–10;11
13–16	>10;11

Sozial-Emotionale Kompetenz

Emotionen Erkennen	
Rohwertsumme	Testalteräquivalent
0–5	<5;0
6	5;0–5;5
7	5;6–6;5
8	6;6–10;5
9	10;6–10;11
10	>10;11

Emotionen Regulieren	
Rohwertsumme	Testalteräquivalent
0–6	<5;0
7	5;0–5;5
8	5;6–5;11
9	6;0–6;11
10	7;0–7;11
11	8;0–8;5
12	8;6–9;11
13	10;0–10;5
14	10;6–10;11
15–18	>10;11

Soziale Situationen Verstehen	
Rohwertsumme	Testalteräquivalent
0–8	<5;0
9	5;0–5;5
10	5;6–5;11
11	6;0–6;5
12	6;6–6;11
13	7;0–7;5
14–15	7;6–8;11
16	9;0–10;5
17	10;6–10;11
18–24	>10;11

Sozial Kompetent Handeln	
Rohwertsumme	Testalteräquivalent
0–5	<5;0
6	5;0–5;5
7	5;6–5;11
8	6;0–6;5
9	6;6–8;5
10	8;6–10;11
11–12	>10;11

Mathematik

Denken Logisch-Mathematisch

Rohwert-summe	Testalter-äquivalent
0–4	<5;0
5	5;0–5;5
6	5;6–6;5
7	6;6–6;11
8	7;0–7;5
9–10	7;6–7;11
11	8;0–8;5
12	8;6–8;11
13	9;0–10;5
14	10;6–10;11
15–18	>10;11

Sprache

Sprache Expressiv

Rohwert-summe	Testalter-äquivalent
0–2	<5;0
2.5–3	5;0–5;5
3.5	5;6–5;11
4–4.5	6;0–6;5
5–5.5	6;6–6;11
6–6.5	7;0–7;5
7–7.5	7;6–7;11
8	8;0–8;5
8.5–9	8;6–8;11
9.5	9;0–9;5
10	9;6–10;11
10.5–12	>10;11

Sprache Rezeptiv

Rohwert-summe	Testalter-äquivalent
0–3.5	<5;0
4	5;0–5;5
4.5	5;6–5;11
5–5.5	6;0–6;5
6	6;6–6;11
6.5	7;0–7;5
7	7;6–7;11
7.5	8;0–8;5
8	8;6–8;11
8.5	9;0–10;5
9	10;6–10;11
9.5–12	>10;11

Leistungsmotivation

Durchhaltevermögen

Rohwert-summe	Testalter-äquivalent
0–10	<5;0
11	5;0–5;5
12	5;6–6;11
13	7;0–7;5
14	7;6–10;11
15–16	>10;11

Leistungsfreude

Rohwert-summe	Testalter-äquivalent
0–11	<5;0
12	5;0–6;11
13	7;0–10;11
14–16	>10;11

Die Autorinnen und Autoren des Bandes

Dr. phil. Djana Albert
Neuropsychologin
Jugendforensische Abteilung
Forensisch-Psychiatrische Klinik
Wilhelm Klein-Strasse 27
4012 Basel
Schweiz
E-Mail: djana.albert@upkbs.ch

Dr. med. Maria Asperger Felder
Fachärztin für Kinder- und Jugend-
psychiatrie FMH
Mainaustraße 12
8008 Zürich
Schweiz
E-Mail: asp.fe@bluewin.ch

Dipl.-Psych. Karin Banholzer
Kinder- und Jugendpsychiatrische Klinik,
UPK Basel
Schaffhauserrheinweg 55
4058 Basel
Schweiz
E-Mail: karin.banholzer@upkbs.ch

M. Sc. Lea Erbacher
Schulpsychologischer Dienst Zofingen
Untere Brühlstraße 11
4800 Zofingen
Schweiz
E-Mail: lea.erbacher@ag.ch

Prof. Dr. med. Wilhelm Felder
Kinder- und Jugendpsychiatrische
Poliklinik
KJPP UPD Bern
Effingerstraße 12
3011 Bern
Schweiz
E-Mail: wilhelm.felder@gef.be.ch

Dr. rer. nat. Letizia Gauck
Baff! – Begabungen finden und fördern
Neubadrain 79
4102 Binningen
Schweiz
www.begabungsdiagnostik.ch
E-Mail: info@begabungsdiagnostik.ch

Prof. Dr. phil. Alexander Grob
Universität Basel
Lehrstuhl für Entwicklungs- und
Persönlichkeitspsychologie
Missionsstraße 60/62
4055 Basel
Schweiz
E-Mail: alexander.grob@unibas.ch

Jürgen Gruber
Sonderpädagogische Beratungsstelle der
Haldenwang-Schule
Schule für Körper- und Geistigbehinderte
Münchriedstraße 10
78224 Singen
Deutschland
E-Mail: beratungsstelle@haldenwang-schule-singen.de

Dr. phil. Priska Hagmann-von Arx
Universität Basel
Lehrstuhl für Entwicklungs- und
Persönlichkeitspsychologie
Missionsstraße 60/62
4055 Basel
Schweiz
E-Mail: priska.hagmann@unibas.ch

Die Autorinnen und Autoren des Bandes

M. Sc. Matthias Huber
Autismus-Sprechstunde der Kinder- und
Jugendpsychiatrischen Poliklinik
KJPP UPD Bern
Effingerstraße 12
3011 Bern
Schweiz
E-Mail: matthias.huber@gef.be.ch

lic. phil. Dorothée Loppacher
Erziehungsberatung des Kantons Bern
Effingerstraße 6
3011 Bern
Schweiz
E-Mail: dorothee.loppacher@erz.be.ch

Dr. med. Esther Manser
Autismus-Sprechstunde der Kinder- und
Jugendpsychiatrischen Poliklinik
KJPP UPD Bern
Effingerstraße 6
3011 Bern
Schweiz
E-Mail: esther.manser@gef.be.ch

lic. phil. Jeannine Mätzler
Schulpsychologischer Dienst Bad
Zurzach
Promenadestraße 6
5330 Bad Zurzach
Schweiz
E-Mail: jeannine.maetzler@ag.ch

M. Sc. Tania Pérez
Kinder- und Jugendpsychiatrische Klinik,
UPK Basel
Schaffhauserrheinweg 55
4058 Basel
Schweiz
E-Mail: tania.perez@upkbs.ch

lic. phil. Graziella Roselli Köster
Schulpsychologischer Dienst der Stadt
Zürich
Lindenplatz 4
8048 Zürich
Schweiz
E-Mail: graziella.roselli@zuerich.ch

lic. phil. Eveline Schlegel
Schulpsychologischer Dienst Bülach
Solistraße 25
8180 Bülach
Schweiz
E-Mail: eveline.schlegel@buelach.ch

Prof. Dr. med. Dipl.-Psych. Klaus Schmeck
Kinder- und Jugendpsychiatrische Klinik,
UPK Basel
Schaffhauserrheinweg 55
4058 Basel
Schweiz
E-Mail: klaus.schmeck@upkbs.ch

Dr. Dipl.-Psych. Marc Schmid
Kinder- und Jugendpsychiatrische Klinik,
UPK Basel
Schaffhauserrheinweg 55
4058 Basel
Schweiz
E-Mail: marc.schmid@upkbs.ch

lic. phil. Urs Schuhmacher
Schulpsychologischer Dienst Zofingen
Untere Brühlstraße 11
4800 Zofingen
Schweiz
E-Mail: urs.schuhmacher@ag.ch

lic. phil. Simon Walther
Schulpsychologischer Dienst Bad Zurzach
Promenadestraße 6
5330 Bad Zurzach
Schweiz
E-Mail: simon.walther@ag.ch

Prof. Dr. med., Dipl.-Psych. Peter Weber
Universitäts-Kinderspital beider Basel
Abteilung Neuro-/Entwicklungspädiatrie
Spitalstraße 33
4056 Basel
Schweiz
E-Mail: peter.weber@ukbb.ch

lic. phil. Claudia Zuber-Jenni
Bachtelen – Sonderpädagogisches
Zentrum für Verhalten und Sprache
Bachtelenstraße 24
2540 Grenchen
Schweiz
E-Mail: claudia.zuber@bachtelen.ch